SES 2de

Sciences économiques et sociales

Sous la direction de

Didier ANSELM
Professeur au lycée Charles-Gabriel de Pravaz,
Pont-de-Beauvoisin (38)
ESPE, académie de Grenoble (38)

Nicolas OLIVIER
Professeur au lycée Jean Monnet,
Franconville (95)

Éric Cassagne
Professeur au lycée Pape Clément, Pessac (33)

Aurélie Girerd-Chanet
Professeure au lycée de Glières, Annemasse (74)

Marc Jayat
Professeur au lycée Stanislas, Paris (75)

Jean-Yves Phelep
Professeur au lycée Jeanne d'Arc, Clermont-Ferrand (63)

Monique Servanin
Professeure au lycée Marcelin Berthelot, Saint-Maur-des-Fossées (94)
ESPE, académie de Versailles (78)

Hatier

PROGRAMME DE SECONDE DU BULLETIN OFFICIEL N°1 DU 22 JANVIER 2019

QUESTIONNEMENTS	OBJECTIFS D'APPRENTISSAGE
Comment les économistes, les sociologues et les politistes raisonnent-ils et travaillent-ils ?	■ Comprendre : – qu'une des questions de base de l'économie est : « Qu'est-ce qu'une allocation efficace des ressources rares ? » ; – que celles de la sociologie sont : « Comment fait-on société ? Comment explique-t-on les comportements sociaux ? » ; – et que celle de la science politique est : « Comment se conquiert et s'exerce le pouvoir politique ? ». ■ Comprendre que ces disciplines réalisent des enquêtes et utilisent des données et des modèles (représentations simplifiées de la réalité). ■ À partir d'exemples, comprendre la distinction entre causalité et corrélation et savoir mettre en évidence un lien de causalité.
Science économique	
Comment crée-t-on des richesses et comment les mesure-t-on ?	■ Savoir illustrer la diversité des producteurs (entreprises, administrations, économie sociale et solidaire) et connaître la distinction entre production marchande et non marchande. ■ Savoir que la production résulte de la combinaison de travail, de capital, de technologie et de ressources naturelles. ■ Connaître les principaux indicateurs de création de richesses de l'entreprise (chiffre d'affaires, valeur ajoutée, bénéfice). ■ Savoir que le PIB correspond à la somme des valeurs ajoutées. ■ Savoir que la croissance économique est la variation du PIB et en connaître les grandes tendances mondiales sur plusieurs siècles. ■ Savoir que le PIB est un indicateur global qui ne rend pas compte des inégalités de revenus. ■ Connaître les principales limites écologiques de la croissance.
Comment se forment les prix sur un marché ?	■ Savoir illustrer la notion de marché par des exemples. ■ Comprendre que dans un modèle simple de marché des biens et services, la demande décroît avec le prix et que l'offre croît avec le prix et être capable de l'illustrer. ■ Comprendre comment se fixe et s'ajuste le prix dans un modèle simple de marché et être capable de représenter un graphique avec des courbes de demande et d'offre qui permet d'identifier le prix d'équilibre et la quantité d'équilibre. ■ À l'aide d'un exemple, comprendre les effets sur l'équilibre de la mise en place d'une taxe ou d'une subvention.

QUESTIONNEMENTS	OBJECTIFS D'APPRENTISSAGE
Sociologie et science politique	
Comment devenons-nous des acteurs sociaux ?	■ Savoir que la socialisation est un processus. ■ Être capable d'illustrer la pluralité des instances de socialisation et connaître le rôle spécifique de la famille, de l'école, des médias et du groupe des pairs dans le processus de socialisation des enfants et des jeunes. ■ Savoir illustrer le caractère différencié des processus de socialisation en fonction du milieu social, du genre.
Comment s'organise la vie politique ?	■ Connaître les principales spécificités du pouvoir politique. ■ Connaître les principales institutions politiques (rôle et composition) de la cinquième République et le principe de la séparation des pouvoirs (exécutif, législatif, judiciaire). ■ Comprendre comment les modes de scrutin (proportionnel, majoritaire) déterminent la représentation politique et structurent la vie politique. ■ Comprendre que la vie politique repose sur la contribution de différents acteurs (partis politiques, société civile organisée, médias).
Regards croisés	
Quelles relations entre le diplôme, l'emploi et le salaire ?	■ Comprendre que la poursuite d'études est un investissement en capital humain et que sa rentabilité peut s'apprécier en termes de salaire escompté, d'accès à l'emploi et de réalisation de ses capabilités. ■ Savoir que le manque de qualification est une cause du chômage. ■ Comprendre que le salaire est déterminé par le niveau de formation. ■ Savoir qu'à niveau de diplôme égal, le salaire peut varier selon différents facteurs notamment l'expérience acquise, le type d'entreprise, le genre. ■ Comprendre que les chances d'accès aux formations diplômantes sont socialement différenciées.

OBJECTIFS D'APPRENTISSAGE CONCERNANT L'UTILISATION DES DONNÉES QUANTITATIVES ET DES REPRÉSENTATIONS GRAPHIQUES

Calcul, lecture, interprétation

- Proportion, pourcentage de répartition.
- Taux de variation, taux de variation cumulé, coefficient multiplicateur, indice simple.
- Moyenne arithmétique simple et pondérée.

Lecture et interprétation

- Indice synthétique.
- Médiane.
- Valeur nominale, valeur réelle.
- Tableau à double-entrée.
- Représentations graphiques : diagrammes de répartition, représentation de séries chronologiques.

SOMMAIRE

Introduction aux SES

1 Comment les économistes, les sociologues et les politistes raisonnent-ils et travaillent-ils ?

Science économique

2 Comment crée-t-on des richesses et comment les mesure-t-on ?

3 Comment se forment les prix sur un marché ?

© Hatier, 2019. ISBN : 978-2-401-04606-1

Sociologie et science politique

4 Comment devenons-nous des acteurs sociaux ?

5 Comment s'organise la vie politique ?

Regards croisés

6 Quelles relations entre diplôme, emploi et salaire ?

FICHES MÉTHODE

FICHES OUTILS

MANUEL : MODE D'EMPLOI !

Ce manuel a été pensé pour vous accompagner dans la découverte des SES (sciences économiques et sociales) et des six chapitres qui composent le programme officiel de seconde. Chaque chapitre est conçu de manière à aborder les thèmes du programme de **manière concrète et progressive**.

Les chapitres et notions du programme de seconde

Explorer et saisir les enjeux

- Une double page d'exploration
- Une double page d'introduction

Des documents factuels pour découvrir les notions

Les notions travaillées en carte mentale

Travailler et analyser

- Des doubles pages d'activités
- Une page **Atelier**
- Une double page **Projet**

Des exercices et des documents pour travailler les notions

Des mises en activité avec des supports variés (textes, images, graphiques, etc.)

S'entraîner et approfondir

- Une page « Maîtriser les savoir-faire »
- Une page « S'autoévaluer »
- Des fiches méthode / outils

Un travail pour acquérir des méthodes

Des exercices d'autoévaluation

Réviser et mémoriser

- Une page « Synthèse »
- Des exercices de mémorisation active
- Un dico SES

Une synthèse du cours pour retenir l'essentiel

Des outils pour faciliter l'apprentissage

S'orienter

- Un atelier orientation
- Un panorama des études en lien avec les SES

Vers les études post-bac

Vers la spécialité SES

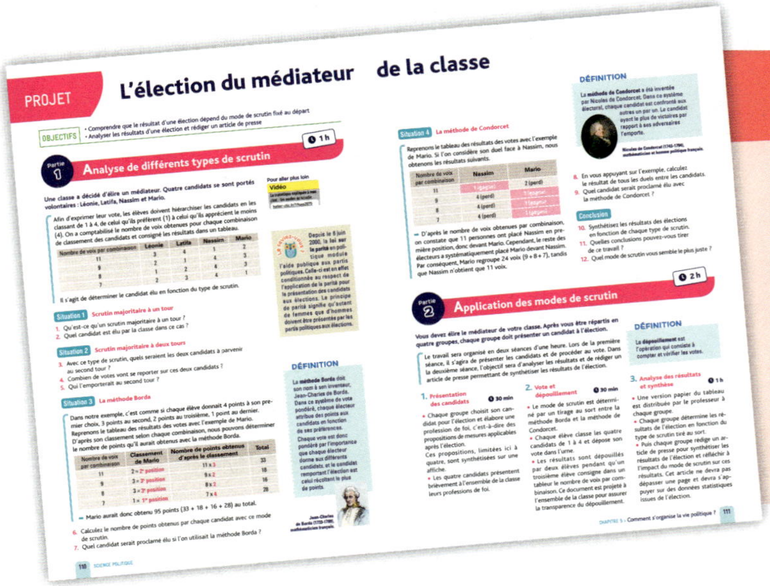

Projets

➜ Pour aborder chaque chapitre avec une **mise en activité** s'appuyant sur un **scénario précis**.

➜ Un travail souvent **en groupe** avec une **production finale** à réaliser.

Savoir-faire et Orientation

➜ Pour **travailler les savoir-faire** liés aux notions du programme et les **compétences à acquérir en SES**.

➜ Pour préparer votre **futur parcours au lycée** (choix des spécialités pour la classe de première) mais également vos **choix de formation post-baccalauréat**.

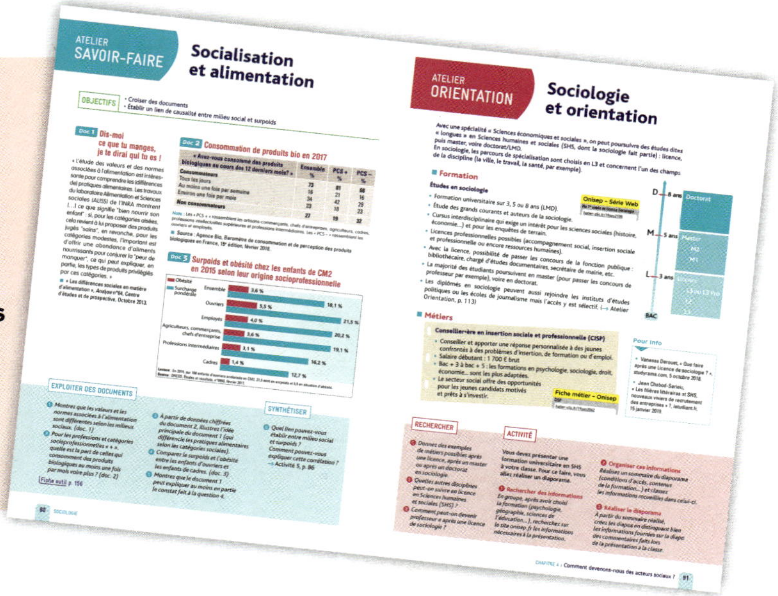

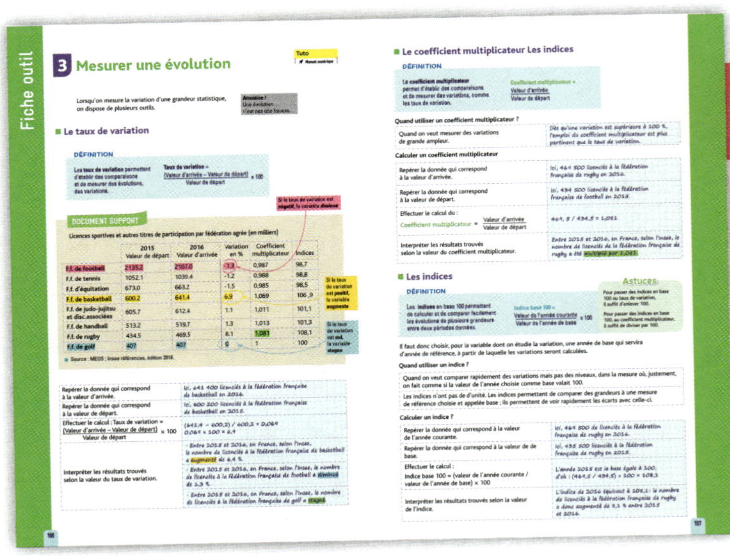

Outils et méthodes

➜ Comprendre les **enjeux liés aux méthodes** utilisées dans les cours de SES.

➜ Apprendre de **manière concrète et progressive** à appliquer une méthode ou utiliser un outil en SES.

RESSOURCES NUMÉRIQUES

Manuel numérique

Hatier-clic

S'entraîner

Des exercices interactifs pour comprendre et maîtriser les idées du chapitre.

Exo interactif
Manuel numérique

Réviser et apprendre

Des schémas de synthèse et les tableaux pour la mémorisation active.

Schéma imprimable
Manuel numérique

Tableau à imprimer
Manuel numérique

Comprendre

Des documents interactifs pour comprendre pas à pas un mécanisme, une notion, etc.

Doc interactif
Manuel numérique

Savoir faire

Des vidéos mode d'emploi pour s'approprier les outils d'analyse

Tuto
Manuel numérique

Découvrir, approfondir, illustrer

Vidéo
hatier-clic.fr

Site web
hatier-clic.fr

Podcast
hatier-clic.fr

Mémoriser

Schémas de synthèse et cartes pour la mémorisation active

Mémocartes
hatier-clic.fr

Schéma interactif
hatier-clic.fr

Depuis votre manuel papier

1 Repérez l'adresse Internet sur les pictogrammes dans le manuel.

» 2 Tapez l'adresse dans la barre de recherche de votre navigateur.

» 3 Accédez directement à la ressource !

Vidéo
Une expérience sur l'influence du groupe
hatier-clic.fr/ses2001

Hatier-clic
www.hatier-clic.fr/ses2001

Depuis votre manuel numérique

Cliquez simplement sur le pictogramme (connexion Internet requise).

Zoom LES RESSOURCES DANS LE MANUEL NUMÉRIQUE

CHAPITRE 1

Comment les économistes, les sociologues et les politistes raisonnent-ils et travaillent-ils ?

EXPLORER AVEC DES IMAGES

La consommation, un fait économique, politique et social

Consommer, c'est choisir

Consommer, imiter et/ou se différencier

Des mesures pour influencer la consommation

1. *Si le consommateur est rationnel et si les produits sont d'identique qualité, quel élément va être déterminant dans son choix au moment de l'achat ?*
2. *Si un consommateur hésite entre aller au cinéma pour 10 € avec des amis ou acheter le DVD du film pour 15 €, quel type de raisonnement peut-il faire pour se décider ?*
3. *Comment « les autres » peuvent-ils influencer notre consommation ? Illustrez par des exemples.*
4. *En quoi les pouvoirs publics peuvent-il influencer la consommation des ménages ?*

EXPLORER AVEC UNE EXPÉRIENCE

Individu et groupe

« Pour cette expérience, un groupe de complices est installé dans une salle d'attente. À chaque retentissement d'un "bip", le groupe se lève et se rassoit. Rapidement, ils sont rejoints par une femme qui s'apprête à être piégée. Tout d'abord perplexe, la jeune femme va rapidement se conformer aux actions du groupe… et ce n'est pas tout. »

■ Harold Paris, « Brain Games : Une expérience sociale folle sur l'influence du groupe », positivr.fr, 5 août 2017.

1. *Décrivez les différentes étapes de l'expérience.*
2. *Pourquoi les individus adoptent-ils ce comportement conforme ?*
3. *Selon vous, nos comportements sont-ils dictés par notre volonté d'appartenance à un groupe ou sommes-nous libres de choisir ?*

EXPLORER AVEC UN ARTICLE DE PRESSE

L'État et la loi

« On le sait, la limitation à 80 km/h est loin d'avoir fait l'unanimité, et continue d'attiser la colère des automobilistes, près de deux mois après sa mise en place le 1er juillet dernier. […]

En effet, les dégradations des radars fixes seraient en nette hausse depuis le mois de juillet, puisque l'on en dénombre quatre fois plus qu'auparavant. Des actes de vandalisme qui vont du simple jet de peinture à la destruction totale des appareils, considérés selon l'association 40 Millions d'automobilistes comme le "symbole de l'abus fiscal français". L'organisation déplore en effet le passage en force d'une mesure refusée à la quasi-unanimité et demande au gouvernement d'entendre "le message que lui envoient les automobilistes".

Pourtant, il semblerait que l'État ne soit pas vraiment de cet avis. […] Pour rappel, dégrader un radar vous expose à une peine de 30 000 € d'amende et deux ans d'emprisonnement. Si vous décidez de vous joindre à un groupe, vous pouvez alors encourir jusqu'à 100 000 € d'amende et sept ans de prison, de quoi refroidir les plus mécontents. »

■ Marie Lizak « 80 km/h : quatre fois plus de radars vandalisés », auto-moto.com, 23 août 2018.

■ Un radar fixe dégradé

1. *Selon vous, comment est décidée une nouvelle loi dans notre société et par qui ?*
2. *Quel est l'objectif de la loi limitant la vitesse à 80 km/h sur une partie des routes départementales ?*
3. *Peut-on s'opposer à la loi ?*

Comment les économistes, les sociologues et les politistes raisonnent-ils et travaillent-ils ?

DÉCOUVRIR LES ENJEUX

Les sciences économiques et sociales (SES) analysent les grands phénomènes économiques, sociaux et politiques contemporains. Elles permettent aux élèves de mieux comprendre le monde dans lequel ils vivent et participent à leur formation de citoyen.

Les SES sont composées principalement de trois sciences : l'économie, la sociologie et la science politique. Il s'agit de caractériser la démarche des chercheurs de ces disciplines.

La société, une somme d'individus ?

Quelle démarche en SES ?

Comme toutes les sciences, les SES utilisent des méthodes rigoureuses : observations et études, utilisation de données, construction de modèles...

Expliquer un phénomène social (chômage, par exemple → **chapitre 6**), c'est en identifier les **causes**. Pour cela, il faut mettre en évidence à quels autres faits (niveau de qualification, évolution des salaires...) ce phénomène est lié, ce qu'on appelle une **corrélation**, et en quoi ceux-ci peuvent l'expliquer, c'est-à-dire un **lien de causalité**.

En économie, en sociologie et en science politique, on réalise des **modèles** explicatifs, des représentations simplifiées de la réalité étudiée. On simplifie pour mieux comprendre.

Une chaîne de production

Comment les économistes raisonnent-ils ?

Pour produire et satisfaire leurs besoins, les hommes disposent de **ressources** en quantité limitée (matières premières, énergie, temps de travail...). Dans ce monde de **rareté**, il s'agit donc de faire des choix : que produire ? en quelle quantité ? Comment produire ? C'est à ces questions que les **économistes** cherchent à répondre (→ **chapitres 2 et 3**).

Comment les sociologues raisonnent-ils ?

Quelles sont la nature et l'intensité des **liens** qui relient les individus d'un **même groupe social** ? Comment un individu s'intègre-t-il à une société ? par quels processus ? C'est à ces questions que répondent les **sociologues** (→ **chapitre 4**). Les champs d'étude sont variés : la famille, les réseaux sociaux, la délinquance, les inégalités... Ils s'intéressent aussi aux évolutions de la société, ce qu'ils appellent le **changement social**.

Comment les politistes raisonnent-ils ?

La **science politique** est l'analyse du pouvoir politique : comment il se conquiert et comment il s'exerce.

Les politistes étudient donc le fonctionnement effectif des institutions politiques. Ils analysent les élections, le rôle de l'État, le droit, les partis politiques, les opinions... Par exemple, comprendre comment est décidée une loi est un objet d'étude pour le politiste (→ **chapitre 5**).

Comment les économistes, les sociologues et les politistes raisonnent-ils et travaillent-ils ?

La démarche en SES : corrélation et causalité

- Mise en évidence de relations entre variables
- Causes/conséquences

Activité 1 p. 14-15
Projet p. 24 « Réaliser une enquête en SES »

La démarche en SES : l'utilisation de modèles

- Modélisation, schémas
- Représentations simplifiées, circuit économique

Activité 2 p. 16-17
Atelier p. 26 « L'idéal-type chez Max Weber »

La démarche de l'économiste

Activité 3 p. 18-19

- Rareté, allocation des ressources
- Consommation, production, marché

La démarche du sociologue

Activité 4 p. 20-21

- Société, relations sociales, changement social
- Individualisme méthodologique, holisme

La démarche du politiste

Activité 5 p. 22-23

- Pouvoir politique (autorité), l'État
- La politique
  Le politique
  Les politiques

1 La démarche en SES : corrélation et causalité

OBJECTIF Identifier des corrélations et des causalités pour comprendre la réalité économique et sociale

Doc 1 Le chocolat rend-il intelligent ?

« Franz Messerli […] a eu l'idée de vérifier de manière très théorique l'impact [de la consommation de chocolat] sur l'intelligence. Pour estimer la consommation de chocolat, il est allé s'en référer aux ventes des plus grands producteurs dans 22 pays du monde. Pour mesurer l'intelligence, quoi de mieux que les prix Nobel ? […]
Le chercheur, non sans ironie, se dit stupéfait par les résultats observés. Plus la consommation de chocolat par habitant est forte, plus un territoire a de chances de fournir un prix Nobel, si on le rapporte à sa population. […]
Pourtant, ces résultats ne surprennent pas Eric Cornell, distingué en 2001 pour ses travaux de physique. "La consommation nationale de chocolat est corrélée à la richesse d'un pays et la recherche de haute qualité est elle aussi corrélée avec la richesse d'un pays. […] Il n'y a pourtant aucun lien entre les deux." »

Janlou Chaput, « Science décalée : faut-il manger du chocolat pour être prix Nobel ? », futura-sciences.com, 2 décembre 2017.

DÉFINITION

Corrélation

Il y a **corrélation** quand deux variables (A et B) varient simultanément soit dans le même sens (A et B augmentent ou baissent en même temps), soit en sens opposé (A est en hausse, B en baisse). Cette covariation peut s'expliquer par une **relation de cause à effet** (la variation de B s'explique par celle de A et/ou l'inverse) mais ce n'est pas toujours le cas : elle peut être fortuite ou dépendre d'une troisième variable.

Nombre de prix Nobel par dix millions d'habitants en fonction de la consommation nationale de chocolat en kilogrammes par personne et par an

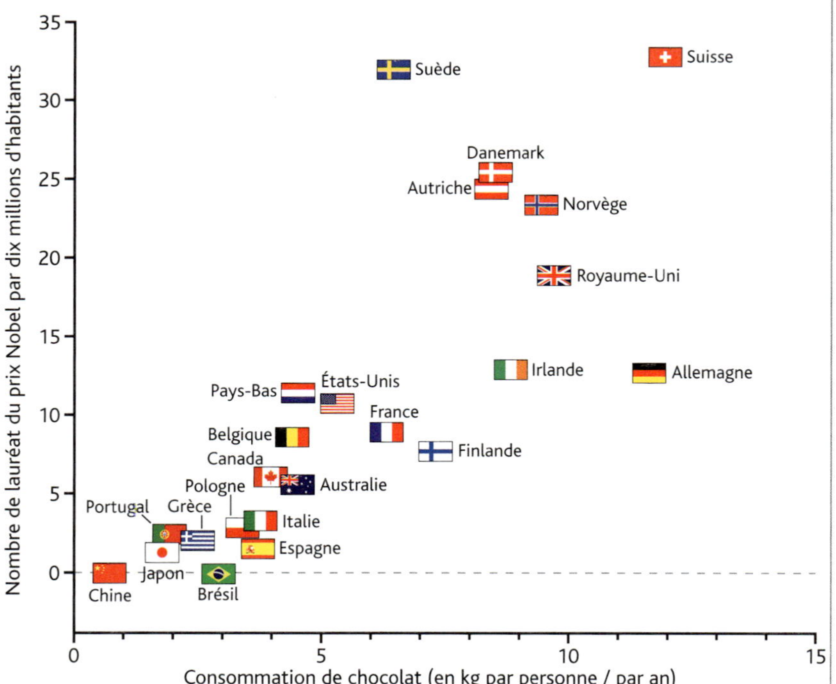

Source : Franz H. Messerli, *The New England Journal of Medicine*, 2012.

Doc interactif
Manuel numérique

1. *Quelles sont les deux variables étudiées dans l'étude de F. H. Messerli ? Comment sont-elles mesurées ?*
2. *Formulez la corrélation mise en évidence dans l'étude et illustrez-la avec des données du graphique.*
3. *Selon l'étude, quelle serait la prétendue relation de cause à effet entre les deux variables ?*
4. *Quelle est la cause réelle (la troisième variable) de cette corrélation selon E. Cornell ?*

Fiche outil p. 162

Pour aller plus loin
Vidéo
Chocolat, corrélation et moustache de chat
hatier-clic.fr/ses2002

Exercice — Quel lien statistique entre 2 variables ?

Les représentations graphiques (→ **graphique du doc. 1**) peuvent favoriser la mise en évidence de l'existence (ou non) de corrélation entre deux variables X et Y ainsi que la nature de celle-ci.

Trois cas sont possibles, correspondant respectivement à :
– une corrélation **positive** (cas 1, X et Y varient dans le même sens) ;
– une corrélation **négative** (cas 2, quand X augmente, Y diminue) ;
– à une **absence de corrélation** (cas 3, il n'y a pas de liaison entre X et Y).

1. La corrélation mise en évidence dans le doc. 1 est-elle positive ou négative ?

2. Dites, selon vous, pour chaque couple de variables ci-dessous, s'il y a ou non corrélation et, si les variables sont liées, quelle est la nature de la corrélation (positive ou négative) :

a. *Revenu et épargne d'un ménage* • **b.** *Taille des pieds et nombre de fautes d'orthographe dans une dictée* • **c.** *Superficie des forêts et consommation de lait* • **d.** *Prix et demande d'un bien* • **e.** *Âge et dépenses de santé* • **f.** *Richesse d'un pays et dépenses d'éducation* • **g.** *Part des hommes dans une population et consommation alimentaire* • **h.** *Nombre de cigognes et naissances.*

Pour aller plus loin
Animation
Faites parler les données
hatier-clic.fr/ses2003

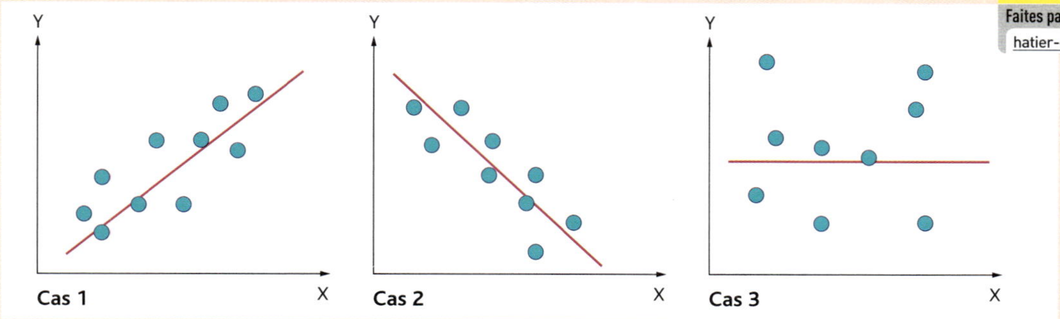

Doc 2 La nécessité de chercher les causes

« Expliquer un phénomène social, c'est en identifier les causes. […] Une explication peut donner l'impression d'être "complète" ou non. Ainsi, la proposition causale, "le blocage des loyers provoque une détérioration du parc immobilier", n'est pas une explication causale complète. Son énoncé soulève immédiatement la question : pourquoi en est-il ainsi ? La réponse est que, lorsque les propriétaires de logement ont le sentiment que les coûts d'entretien de leur logement risquent d'excéder les bénéfices qu'ils escomptent en tirer du loyer, ils peuvent avoir envie de retirer leur bien du marché de la location. Désormais, l'explication est "complète" : elle ne suscite pas de question supplémentaire. Les causes ultimes responsables de la corrélation liant les deux variables […] (blocage des loyers, raréfaction des logements en location) résident dans les décisions des propriétaires. »

■ Raymond Boudon, « Action », *Dictionnaire de la pensée sociologique*, PUF, 2005.

1. *Pourquoi la proposition « le blocage des loyers provoque une détérioration du parc immobilier » n'est pas une explication causale complète ? En quoi est-ce une corrélation ?*
2. *Comment R. Boudon explique-t-il qu'un blocage des loyers peut entraîner une réduction des logements à louer ?*
3. *Réalisez un schéma qui illustre cette relation de causalité.*

APPLIQUER

Taux de chômage selon le niveau de diplôme et la durée depuis la sortie de formation initiale en 2017 (en %)

Niveau de diplôme	Sortis depuis 1 à 4 ans de formation initiale
Sans diplôme, CEP, brevet	48,4
Bac, CAP, BEP	24,1
Bac +2 ou plus	8,8
Ensemble	17,8

Lecture : En 2017, 8,8 % des personnes actives âgées de 15 ans ou plus, ayant un diplôme de niveau bac +2 ou plus et ayant achevé leur formation initiale depuis 1 à 4 ans sont au chômage.

Champ : France hors Mayotte en 2017, population des ménages, personnes actives de 15 ans ou plus.

■ Source : Insee, enquêtes Emploi.

Quelle corrélation peut-on établir entre le niveau de diplôme et le chômage ?
Vous illustrerez vos propos à partir de données chiffrées tirées du tableau.
Quel lien de causalité pouvez-vous mettre en évidence ?

Fiche outil p. 155

2 La démarche en SES : l'utilisation de modèles

OBJECTIF Identifier le besoin de données et de modèles pour comprendre la réalité économique et sociale

Doc 1 Un modèle, une représentation simplifiée

« Pour représenter une voiture [...], il est possible de constituer un modèle réduit, une maquette, qui représente l'objet original sous une forme plus petite.
Ce modèle réduit est d'autant plus précis qu'il a le plus grand nombre des propriétés de ce qu'il représente ; il respecte les proportions, a plus ou moins de détails [...]. Un modèle théorique résume la forme de l'objet, la résistance des matériaux, la nature de leurs alliages, etc., sous forme d'équations.
Dans l'un et l'autre cas, il y a donc, au départ, un objet ou un phénomène réel, qu'il s'agit de représenter dans la pensée. On ne retient de l'objet que certains éléments significatifs, en fonction de ce que l'on cherche ; ces éléments sont exprimés dans le modèle soit par des matériaux physiques (maquette), soit par des traits (plans, dessins), soit par des mots et par des règles logiques permettant de déduire des propositions nouvelles, qui seront ensuite traduites en séquences concrètes dans le monde réel. »

■ J. Brémond et A. Gélédan, *Dictionnaire des sciences économiques et sociales*, Paris, Belin, 2002.

1. *Qu'y a-t-il de commun entre le modèle réduit et le modèle théorique ?*
2. *Selon vous, qu'est-ce qui les différencie ?*

Exercice — Le circuit économique : une représentation simplifiée de l'économie

Exo interactif — Manuel numérique

Le circuit économique met en évidence les relations au niveau de l'ensemble de la société, les interdépendances des agents (dans le graphique ci-dessous limitées aux ménages et aux entreprises) lors des opérations qui les relient (production, consommation...).

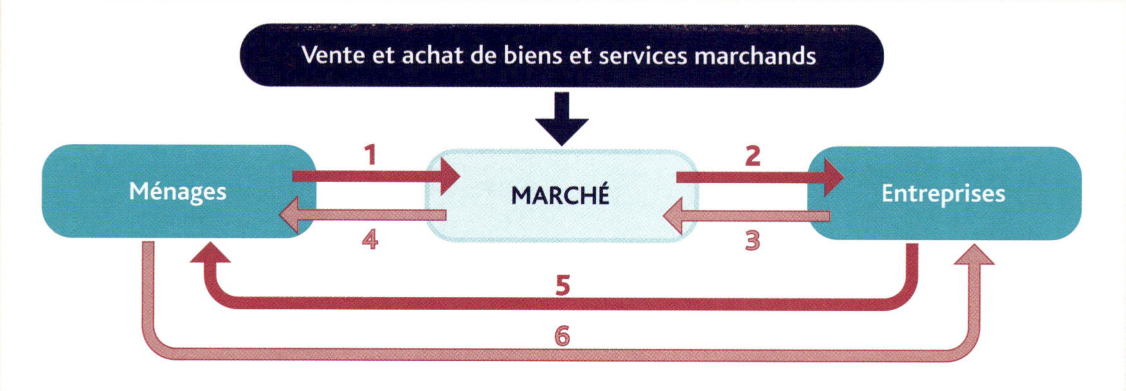

1. Cherchez sur le site de l'Insee les définitions de « ménages », « entreprises », et « biens et services marchands », puis illustrez-les par des exemples.
2. Reproduisez le schéma en associant chaque chiffre à un des éléments suivants :
a. *salaires versés* • **b.** *produit des ventes* • **c.** *travail fourni par les salariés* • **d.** *biens et services achetés* • **e.** *paiement des achats* • **f.** *vente de biens et services.*
3. De quelle couleur sont les flèches qui correspondent aux flux monétaires ? aux flux réels (physiques) ?
4. Complétez votre schéma en y ajoutant deux autres agents économiques « Administrations publiques » (État et administrations publiques locales) et « Sociétés financières » (banques et assurances).

Pour aller plus loin
Vidéo
Illustration du circuit économique
hatier-clic.fr/ses2005

Doc 2 Mesurer pour prévoir

Indicateur synthétique de confiance des ménages

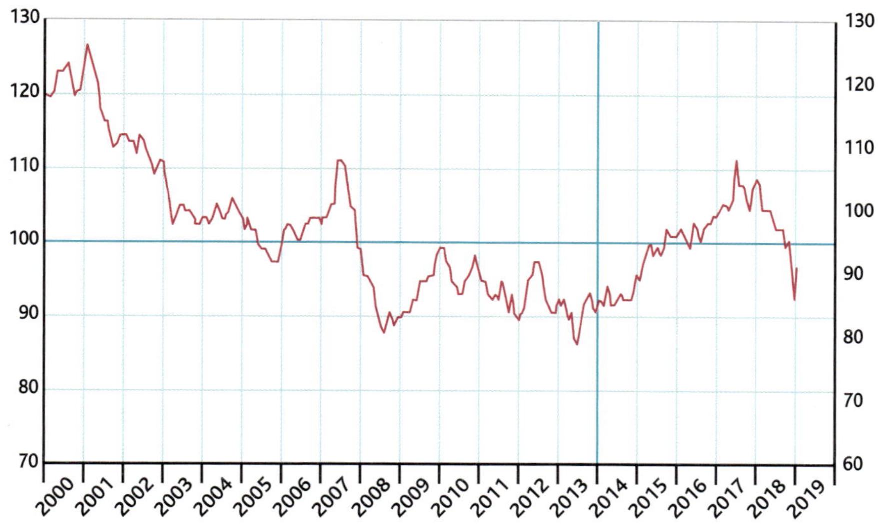

Objectif : Étudier l'opinion qu'ont les ménages sur leur environnement économique et sur certains aspects de leur situation économique personnelle. **Méthode** : Interrogations faites par téléphone auprès d'environ 2 000 ménages. **Mesure** : 100 est la moyenne de long terme de l'indicateur synthétique ; si le solde des opinions (différence entre les opinions positives et les opinions négatives) est positif, l'indicateur augmente et inversement.
Source : Insee, Données tirées de l'enquête mensuelle de conjoncture, 29 janvier 2019.

1. *Repérez une période où la confiance des ménages a diminué.*
2. *Repérez une période où la confiance des ménages a augmenté.*
3. *Quel peut être l'impact d'une confiance en hausse sur la consommation et l'épargne des ménages ?*
4. *Pourquoi la mesure de la confiance des ménages dans la situation économique peut-elle intéresser l'économiste ?*

Fiche outil p. 160
Fiche outil p. 162

Doc 3 Construire un modèle

« Supposons qu'un chercheur étudie l'inflation. Il lui faut définir avec précision ce qu'est l'inflation, trouver une mesure de la hausse des prix, retenir certains éléments explicatifs [...]. Pour étudier un phénomène, il faut cerner ce qui paraît significatif du phénomène étudié, trouver des variables explicatives et leur mode d'action. A priori on ne sait pas dans la formation des prix toute une série d'éléments. Le chercheur peut décider d'étudier l'influence sur l'inflation des coûts de production, des profits, de la monnaie, des inégalités de revenus [...]. Il faut aussi établir des relations entre les variables explicatives et le phénomène étudié. Ainsi, l'économiste peut considérer qu'une diminution de l'offre faisant face à une demande inchangée fera monter les prix, ou qu'une inégalité des revenus impliquera des luttes sociales revendicatives tendant à augmenter les revenus et impliquant une réaction sur les prix pour maintenir un profit important... Ces éléments constituent les règles de fonctionnement du modèle. »

■ J. Brémond et A. Gélédan, *Dictionnaire des sciences économiques et sociales*, Paris, Belin, 2002.

DÉFINITION

Modèle
Représentation schématique, descriptive et/ou explicative, de mécanismes réels.
Par ses enquêtes, ses analyses statistiques et/ou ses explications, le chercheur en SES reconstitue le fonctionnement d'un phénomène social.

1. *Quels sont les trois étapes nécessaires à l'étude de l'inflation ?*
2. *Quelles sont la (les) variable(s) expliquée(s) et la (les) variable(s) explicative(s) dans cette étude ?*
3. *Construisez un schéma simplifié explicatif de l'inflation en y incluant définition, mesure et explications.*

Pour aller plus loin
Vidéo
Le calcul de l'indice des prix à la consommation
hatier-clic.fr/ses2006

Le saviez-vous ?

Max Weber, sociologue allemand (1864-1920) a modélisé l'action sociale. Il s'agit de comprendre les actions des individus en relation avec l'organisation de la société grâce au concept d'**idéal-type**. Définir un idéal-type, c'est définir une catégorie en discernant ses traits principaux simplifiés qui lui donnent du sens. C'est donc un modèle d'un phénomène social qu'on cherche à étudier.

→ Pour illustrer le concept d'idéal-type, voir Atelier *Savoir-Faire* p. 26.

DÉBATTRE

En sciences sociales, un modèle peut-il rendre compte de la réalité ?

3 La démarche de l'économiste

OBJECTIF Identifier les principales questions que traite la science économique

DÉFINITIONS

Allocations des ressources

Les **ressources** dont disposent les être humains pour produire sont rares, c'est-à-dire en quantité limitée (eau, terres, énergie, temps...). Comment utiliser celles-ci pour satisfaire le plus de besoins humains qui sont multiples et illimités ? C'est à cette question de l'**allocation des ressources** que cherche à répondre l'économiste.

Économie

Étude de l'ensemble des comportements liés à la production, à la distribution et à la consommation des biens et des services produits en quantité limitée.

Doc 1 Comment répartir la richesse créée ?

« De quoi parle l'économie ? Du partage de la richesse. Qui regarde le gâteau, qui tient le couteau ? [...] L'économie, c'est fondamentalement la question de la répartition. Pourquoi ? Parce que la question du partage est liée à celle de la rareté et que, sans rareté, il n'y a pas de problème économique. [...]. Certes, "comment fabrique-t-on le gâteau ?" est aussi une belle question que peuvent accaparer les économistes. Quels sont les ingrédients du gâteau ? Des voitures, de la pollution, des médicaments, des logiciels, des livres ? De la terre ? Des paysages ? [...] Avec quelles énergies fabrique-t-on ce gâteau ? Du travail, du capital, de l'argent, des techniques, du savoir... »

■ Bernard Maris, *Antimanuel d'économie*, Bréal, 2015.

1. *Le texte s'appuie sur une comparaison. Selon vous, que représente ici le gâteau?*
2. *Relevez l'ensemble des questions auxquelles l'économiste tente de répondre.*
3. *Pourquoi n'y a-il pas de problème économique sans rareté ?*

Doc 2 Le choix du consommateur, entre utilité et prix

« Entrez dans un hypermarché. Des milliers de produits différents sont disponibles, et <u>il est très peu probable que vous – ou quiconque – puissiez-vous offrir tout ce que vous pouvez désirer</u>. Et de toute façon l'espace de votre chambre ou votre appartement est limité. Allez-vous donc acheter une autre bibliothèque ou un mini-réfrigérateur ? Étant donné les limites de votre budget et de votre espace de vie, vous devez choisir quels produits acheter et quels produits laisser en rayon. Le fait que ces produits soient pour commencer en rayon implique un choix – le gérant du magasin choisit de les y mettre, et le fabricant des produits de les produire. Toute activité économique implique des choix individuels. »

■ Paul Krugman, Robin Wells, *Microéconomie*, De Boeck, 2016.

■ Un hypermarché, lieu de décisions

DÉFINITION

Utilité

Notion proche de celle de besoin en économie ; plus l'utilité d'un produit est élevée pour un consommateur, plus le prix qu'il est prêt à payer est élevé. Si l'utilité est forte pour un grand nombre de consommateurs alors les producteurs seront incités à augmenter leur offre.

1. *Expliquez le passage souligné.*
2. *En fonction de quels éléments le choix du consommateur peut-il se faire ?*
3. *Justifiez la légende de la photo.*
4. *Pourquoi l'économiste s'intéresse-t-il au raisonnement du consommateur dans la prise de décisions de ses choix ?*

Exercice — Comprendre le choix du consommateur par un exemple

Exo interactif
Manuel numérique

Prenons le cas de Léon, fan de jeux vidéo et de cinéma, qui a un budget loisirs de 150 € qu'il dépense totalement chaque mois. Un jeu vidéo coûte 50 € et une place de cinéma coûte 10 €.

Voici les combinaisons possibles de dépenses en jeux vidéo et en places de cinéma selon l'utilité et le budget :

Panier de consommation	Nombre de jeux vidéo achetés	Nombre de places de cinéma achetées	Utilité[1] des jeux vidéos	Utilité[1] des places de cinéma	Utilité totale
A	0		0	40	
B	1		15	45	
C	2		25	30	
D	3		30	0	

1. Score de satisfaction donné par Léon qui mesure l'utilité.

1. Complétez la troisième colonne en tenant compte du budget de Léon.
2. Complétez la dernière colonne.
3. Selon vous, quel panier de consommation Léon va-t-il choisir ? Justifiez votre choix.

Pour aller plus loin
Vidéo
Dans un monde aux ressources limitées, comment faire des choix ?
hatier-clic.fr/ses2007

Doc 3 Quelle allocation des ressources pour satisfaire l'ensemble des agents économiques ?

« Les décisions prises par les individus […] déterminent la manière dont les ressources limitées de l'économie sont utilisées y compris la terre, le travail, les machines, le pétrole et les autres ressources naturelles. La clé permettant de comprendre comment ces processus se déroulent se trouve dans le rôle joué par l'échange volontaire sur les marchés. […] Dans un échange volontaire, les deux parties sont gagnantes. […]
Les individus prennent des décisions qui correspondent à leurs propres souhaits […]. Les entreprises prennent des décisions qui maximisent leur profit, et pour atteindre cet objectif, elles essaient de produire les biens que souhaitent les consommateurs aux coûts les plus bas. Ce processus permet de répondre aux questions : que produire, comment produire et pour qui produire. Puisque les entreprises sont en concurrence à la recherche de profits, les consommateurs sont doublement gagnants : les biens qu'ils obtiennent correspondent à leurs souhaits et les prix qu'ils paient pour cela sont les plus bas possible. Dans l'ensemble, les marchés permettent une utilisation efficace des ressources de la société. Cependant, dans certains domaines, les marchés risquent d'aboutir à des résultats que la société peut juger non souhaitables. Il peut y avoir trop de pollution, trop d'inégalité ou une priorité insuffisante accordée à l'éducation, la santé ou à la sécurité. Quand on estime que le marché fonctionne mal, l'opinion publique a tendance à se tourner vers l'État. »

■ Jean-Dominique Lafay, Joseph E. Stiglitz, Carl E. Walsh, *Principe d'économie moderne*, De Boeck, 2014.

1. *Expliquez la phrase soulignée*
2. *Qu'appelle-t-on marché en économie ? Quelles sont les deux parties qui y participent ?*
3. *En fonction de quels paramètres les entreprises décident-elles de produire des biens ou des services ?*
4. *Pourquoi peut-on dire que le marché permet une « utilisation efficace des ressources » ?*
5. *Selon le texte, pourquoi l'opinion publique a-t-elle tendance à se tourner vers l'État ?*

Le saviez-vous ?

De 1945 à 1990, la Guerre froide opposa les États-Unis et l'URSS qui défendaient des systèmes idéologiques et économiques antinomiques. Les États-Unis prônaient une économie de marché via le capitalisme tandis que l'URSS défendait une régulation étatique avec le communisme.

SYNTHÉTISER

« L'économie est la science des choix. »
Réalisez une carte mentale qui résume les informations des trois textes de cette double page.

4 La démarche du sociologue

OBJECTIF Expliquer ce qu'étudie la sociologie et comment elle l'étudie

Doc 1 Comprendre les comportements sociaux

« [La sociologie] est la science qui étudie l'homme vivant en société, les relations entre les individus et les mécanismes de fonctionnement des sociétés humaines. Appliquons cette définition à un exemple simple [...]. *Grégory Letourneur rentre de l'école, accompagné de sa mère ; arrivé à un carrefour dangereux, il échappe à l'attention de celle-ci et commence à traverser alors que le feu est rouge pour les piétons ; sa mère le rattrape et lui assène une monumentale paire de gifles !* Cet acte peut vous sembler banal et peu digne d'attention, mais à l'analyser de plus près l'apprenti sociologue peut en tirer quelques leçons. Grégory et sa mère font partie de la même famille ; la mère, en punissant son enfant, fait preuve d'autorité, elle l'amène à intérioriser une règle de sécurité. Cela fait partie de son rôle dans l'éducation de son enfant. La même bêtise commise par un enfant d'une autre famille n'aurait peut-être pas entraîné une punition aussi violente. Chaque geste de la vie quotidienne peut donc devenir objet d'étude pour le sociologue. Cependant, cette scène ne deviendra un objet d'étude que si, au terme de nombreuses observations, il est possible de dégager des régularités statistiques (dans quel cas les enfants sont-ils punis ?) et mettre à jour certains mécanismes explicatifs. »

■ *Sociologie basique*, Nathan, 1992.

1. *Comment le sociologue explique-t-il la sanction infligée par la mère ?*
2. *Réalisez un schéma synthétique expliquant l'exemple en identifiant la cause et l'effet attendu de la sanction.*
3. *À quelles conditions d'autres exemples d'objets d'étude peuvent-ils intéresser le sociologue ? Donnez des exemples.*

DÉFINITION

Société

Objet qu'étudie la sociologie.
Le sociologue part de l'étude des groupes (les familles, des jeunes, des collègues de travail...) pour en observer les règles, les pratiques, les relations et plus généralement la culture (manières d'être, de penser et d'agir qui caractérisent le groupe).
Il s'agit de comprendre le social ou comment une somme d'individus forme un tout.

Doc 2 Comprendre le changement social

■ G. H. Eberlein, *Cupidon châtié*, 1912.
Le 29 novembre 2018, l'Assemblée nationale vote l'interdiction de la fessée.

1. *Illustrez par des exemples la nécessité de sanctions positives (récompense) ou négatives (punition) pour l'éducation des enfants.*
2. *Pourquoi l'interdiction par la loi de la fessée est-elle une illustration de la notion de changement social ?* → doc. 1 et Définition
3. *Pourquoi cela peut-il intéresser le sociologue ?*

Pour aller plus loin
Vidéo
Fessée : pourquoi faut-il l'interdire ?
hatier-clic.fr/ses2008

DÉFINITION

Changement social

Ensemble des transformations plus ou moins rapides qui affectent de façon durable la société et son organisation.
En plus d'étudier la société, le sociologue s'intéresse aussi à ses changements ainsi qu'à leurs causes et leurs effets (par exemple, exode rural et urbanisation).

Doc 3 L'utilité du sociologue

« L'intervention de la sociologie dans la vie sociale peut être conduite selon plusieurs modèles :

– **Des dénonciateurs des oppressions**... la sociologie a pour vocation de déchirer les voiles de la domination [...] par les grands appareils des industries culturelles, de l'éducation, des médias, de la politique, de l'organisation du travail et de toutes les technologies du contrôle social. [...]

– **Des révélateurs des complexités de la vie sociale**... [...] d'autres sociologues adoptent une posture [...] consistant à révéler les mille façons dont les acteurs visent, non pas à échapper au social, mais à se construire comme les sujets de leur propre vie dans la société et malgré elle. Dans ce cas, le sociologue [...] s'emploie [...] à révéler en quoi les acteurs agissent, ou, au contraire, sont empêchés d'agir. [...]

– **Des experts auprès des différents acteurs**... [...] Le sociologue peut aussi adopter une position plus proche de l'expertise selon laquelle il s'agit de définir un problème pratique, de tracer un état des lieux, d'évaluer une politique et, éventuellement, de proposer des solutions aux acteurs concernés : responsables politiques, dirigeants, responsables d'associations, de syndicats, de mouvements... [...]

Aucune de ces postures ne serait en mesure de définir la totalité de l'action des sociologues dans la société car chacun de ces types d'intervention publique se mêle aux deux autres postures et le chercheur vise souvent à couvrir tout l'éventail des positions intellectuelles possibles : la même recherche sera livrée au commanditaire pour qu'il en fasse le meilleur usage, elle deviendra un livre ou un article savant et parfois, elle sera le prétexte à quelque tribune bien sentie dans la presse. »

■ François Dubet, « Comprendre la société », *Cahiers français* n° 326, 2005 © Dila.

1. *À quelles questions les sociologues cherchent-ils à répondre ?*
2. *Comment le texte modélise-t-il l'intervention des sociologues dans la vie sociale ?*
3. *Un sociologue n'exerce-t-il qu'une de ces fonctions à la fois ? Justifiez votre réponse.*

Exercice Des études sociologiques aux démarches différentes

Pour aller plus loin
Vidéo
Holisme et individualisme
hatier-clic.fr/ses2009

Deux approches complémentaires plus qu'opposées

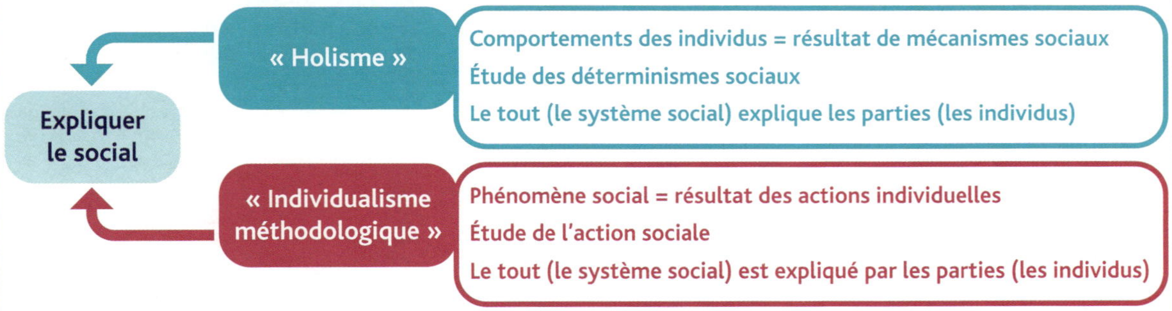

1. Reliez chacune des études sociologiques suivantes à un des trois modèles d'intervention du sociologue (→ doc. 3) :
a. une étude sur la domination masculine dans la société qui permet de comprendre comment le partage des tâches domestiques désavantage les femmes sur le marché du travail ;
b. une étude réalisée par les étudiants en sociologie de Lille à la demande de la mairie pour savoir qui fréquente l'Opéra de la ville ;
c. une étude sur les choix des individus en matière d'orientation scolaire et leurs conséquences en termes d'inégalité des chances à l'école.

2. De ces trois études laquelle est la plus proche de la démarche individualiste ? Laquelle est la plus proche de la démarche holiste ? Justifiez vos réponses.

SYNTHÉTISER

Pourquoi le mariage peut-il être un objet d'étude sociologique ?

Montrez que le mariage résulte à la fois de déterminismes sociaux et de choix individuels.

■ Un mariage princier en Angleterre en 2018 : Harry et Meghan

5 La démarche du politiste

OBJECTIF Expliquer ce qu'étudie la science politique

Exercice « Quelques idées reçues » : réaliser une enquête

→ Projet, p. 24

Pour les affirmations suivantes, dites si vous êtes : « pas d'accord », « plutôt pas d'accord », « plutôt d'accord » ou « d'accord ».

1. Moi je ne fais pas de politique.
2. Sans la politique, la société serait en conflit permanent.
3. Tout est politique.
4. Faire de la politique, c'est satisfaire des ambitions.
5. Aujourd'hui la politique, c'est du spectacle.
6. La politique concerne le pouvoir.
7. Pour s'engager en politique, il faut s'intéresser aux autres.

Outil
Exemple de formulaire en ligne
hatier-clic.fr/ses2010

1. Réalisez l'enquête dans la classe (en créant un formulaire en ligne, par exemple).
2. À l'aide d'un tableur, traitez les résultats du sondage :
– pour chaque affirmation de 1 à 7, calculez les parts pour les 4 réponses possibles ;
– pour chaque affirmation, réalisez une représentation graphique à partir des calculs précédents.
3. Commentez les résultats en comparant les affirmations qui ont obtenu le plus de « d'accord » et « plutôt d'accord » à celles qui ont fait un score important de « pas d'accord » et « plutôt pas d'accord ».

Fiche outil p. 154
Fiche outil p. 162

Doc 1 La, le, les politique(s), de quoi parle-t-on ?

Exo interactif Manuel numérique

« Selon l'interprétation "noble" qui était déjà celle d'Aristote, la politique est l'art du commandement social, l'activité pacificatrice permettant à une société divisée de s'ordonner à une fin supérieure. […]

• [Au **pluriel**, "Les" politiques] désignent les "produits" de l'action gouvernementale, c'est-à-dire les programmes, décisions et actions imputables aux autorités politiques […].

[Certains politistes français] n'hésitent pas à cultiver l'androgynie :

• Au **masculin**, "Le" politique intègre l'ensemble des régulations[1] qui assurent l'unité et la pérennité d'un espace social hétérogène et conflictuel.

• Au **féminin**, "La" politique indique la scène où s'affrontent les individus et les groupements en compétition pour la conquête et l'exercice du pouvoir. »

■ Jean Baudouin, *Introduction à la science politique*, Mémento Dalloz, 2017.

1. Ensemble de règles et de lois.

1. *Que signifient les mots « polysémique » et « androgyne » ? Pourquoi le mot « politique » est-il polysémique et androgyne ?*
2. *Reliez chaque terme à sa définition :*
A. Le politique • B. La politique • C. Les politiques
a. *L'ensemble des mécanismes et des institutions qui attribuent l'autorité au sein d'une société, c'est « l'art de gouverner »*
b. *L'ensemble des décisions prises dans un domaine particulier*
c. *L'étude de l'organisation du pouvoir et des structures qui permettent le règlement des conflits au sein d'un groupe.*
3. *Associez les expressions suivantes à l'un des trois sens du mot « politique » (A, B ou C) :*
1. La politique politicienne • 2. La politique budgétaire de la France • 3. Politiser un problème • 4. Entrer en politique • 5. Faire de la politique • 6. La politique commerciale chinoise • 7. La politique culturelle de la ville de Paris.

Doc 2 La science politique : quel objet d'étude ?

« D'abord, l'objet de la science politique ce n'est pas seulement l'État, c'est-à-dire cette organisation politique et administrative différenciée du reste de la société et ayant une capacité de direction. [...] La science politique s'attache en effet à comprendre la conquête du pouvoir de l'État et la conduite des politiques publiques. [...]
Analyser le politique c'est alors se demander comment le président de la République a du pouvoir sur le premier ministre [...]. C'est [...] décrypter les ressources diverses (une position institutionnelle, de l'argent, du savoir, des relations bien placées) dont disposent certains acteurs pour influer sur la conduite des autres.
Si la politique c'est le pouvoir ; alors tout est politique. En fait, la science politique s'intéresse à un pouvoir en particulier : le pouvoir politique. [...] Le pouvoir politique, c'est le gouvernement des sociétés dans leur ensemble [...]. C'est la capacité de certains groupes à diriger la vie en société, à orienter les comportements des membres de l'ensemble de cette société, de promulguer des règles générales et de s'assurer de leur mise en œuvre. »

■ Xavier Crettiez, Jacques de Maillard, Patrick Hassenteufel, *Introduction à la Science Politique*, © Armand Colin, 2018, Malakoff.

■ Partis politiques, pour la conquête du pouvoir

1. *Donnez une définition de l'État en vous appuyant sur des illustrations et des exemples.*
2. *Quel est le texte datant de 1958 qui permet de répondre à la question posée par le passage souligné ?*
3. *Peut-on dire que le politiste s'intéresse au pouvoir ? Justifiez votre réponse.*
4. *Pourquoi les politistes peuvent-ils s'intéresser aux partis politiques ?*

Doc 3 Pourquoi étudier l'abstention ?

Profil des abstentionnistes au second tour de l'élection présidentielle de 2017 en France (en %)

		Votants	Abstentionnistes[1]
Âge	18 - 24 ans	66	34
	25 - 34 ans	68	32
	35 - 49 ans	73	27
	50 - 59 ans	76	24
	60 - 69 ans	81	19
	70 ans et plus	82	18
Diplôme	Inférieur au bac	73	27
	Baccalauréat	72	28
	Bac +2	77	23
	Au moins bac +3	78	22
Niveau de revenu du foyer	Moins de 1 250 euros	66	34
	De 1 250 à 2 000 euros	75	25
	De 2 000 à 3 000 euros	76	24
	Plus de 3 000 euros	80	20

■ Source : d'après IPSOS, 2017.

1. C'est le rapport entre le nombre d'électeurs ne s'étant pas rendus aux urnes et le nombre de ceux inscrits sur les listes électorales, exprimé en %.

1. *Que signifie le chiffre entouré ?*
2. *Établissez le portrait-robot de l'abstentionniste à partir des trois caractéristiques étudiées dans le tableau.*
3. *Pourquoi l'abstention est-elle un objet d'étude pour le politiste ?*
3. *Pourquoi une forte abstention peut représenter un problème dans une démocratie ?*

Pour aller plus loin
Dossier
Sociologie des électorats
hatier-clic.fr/ses2011

DÉFINITION

Science politique
Science qui étudie les processus politiques mettant en jeu des rapports de pouvoir entre les individus, les groupes et au sein de l'État. Elle répond à la question « Comment se conquiert et s'exerce le pouvoir politique ? ».

SYNTHÉTISER

À partir des informations des documents 1 à 3, réalisez une carte mentale qui montre ce qu'étudie la science politique.

PROJET

Réaliser une enquête

OBJECTIFS
- Expliquer ce qu'est une enquête quantitative
- Réaliser et analyser une enquête

Partie 1 Analyser une enquête et ses résultats

1 h

Quelles données recherchées ?

Pour son travail d'explication du réel, le chercheur a besoin de données. Il peut les collecter de diverses façons : par des entretiens individuels, par une observation directe (avec participation active dans le groupe observé parfois), par l'analyse de documents (documents historiques, de l'état civil, par exemple) et/ou par des questionnaires qui permettent de récolter des informations plutôt **quantitatives**. C'est à ce type d'enquête que fera référence le travail présenté ici.

Les enquêtes visent trois types de données :

a) les données de fait : les caractéristiques de l'enquêté (sexe, âge, métier, etc.), son équipement, son environnement, son comportement. Il s'agit le plus souvent d'obtenir une estimation d'une grandeur réelle (taille du ménage, revenus, nombre d'amis proches, etc.) ;

b) les données sur les opinions subjectives de l'individu : il s'agit de connaître un avis individuel sur une question précise, de saisir des raisons ou des modalités d'un comportement (choix d'un candidat lors d'un vote, par exemple) ;

c) les données sur les attitudes ou les représentations : ensembles d'opinions et d'informations des individus (représentations que se font les enquêtés du mariage ou comment sont prises en compte les questions écologiques, par exemple).

Le saviez-vous ?

Lors d'une enquête quantitative (un sondage), l'**échantillon** est un sous-ensemble de la population étudiée qui est interrogé après sélection. Après traitement, les résultats obtenus auprès de l'échantillon sont extrapolés à l'ensemble de la population.

La **méthode des quotas** est une méthode d'échantillonnage basée sur la répartition connue de la population pour un certain nombre de caractères (sexe, âge, catégorie socioprofessionnelle, etc.). L'échantillon est choisi de façon à constituer une image aussi fidèle que possible de la population totale.

Document 1 Enquête Odoxa : le football féminin

■ 8 décembre 2018

À SAVOIR

Enquête réalisée auprès d'un échantillon de Français interrogés par Internet en décembre 2018.
Échantillon de 995 personnes représentatif de la population française âgée de 18 ans et plus, parmi lesquelles 414 amateurs de football.

Document - Enquête
Le football féminin
hatier-clic.fr/ses2012

L'échantillon

1. Quelles sont les caractéristiques de l'échantillon de cette enquête ?
2. En quoi est-il représentatif de la population française ?

La marge d'erreur

3. Dans un sondage, qu'est-ce que la marge d'erreur ?
4. Montrez que cette marge d'erreur varie selon la taille de l'échantillon.

Résultats de l'enquête

5. Si on pouvait supposer que le football masculin avait une meilleure image que celui féminin, que montre l'enquête ? Vous illustrerez votre propos avec des éléments tirés de l'enquête Odoxa.
6. Relevez les différences de réponses entre l'ensemble des Français et les amateurs de football. Cherchez ensuite à expliquer ces différences.

en SES

Partie 2 Réaliser une enquête quantitative

4 h

Étape 1 : Définir une problématique et construire des hypothèses

Il faut d'abord choisir un **thème** (ex. : argent de poche, sport, pratiques culturelles, etc.), puis définir la **problématique** en émettant des hypothèses. Pour illustrer : on peut s'interroger sur les caractéristiques des joueurs de jeux vidéo (âge, sexe, etc.) et émettre l'hypothèse que les plus jeunes jouent plus à ce type de jeux.
Une **hypothèse** se différencie de la problématique en ceci qu'elle prédit un des résultats de la recherche. L'hypothèse sera donc confirmée ou infirmée par l'enquête.

Étape 2 : Définir son champ d'observation

Il s'agit de définir la **population cible** de l'enquête, c'est-à-dire la population qui est concernée par la problématique et par les hypothèses de recherche.
Si cette population ne peut être interrogée dans son ensemble, on définit l'**échantillon** interrogé, le plus représentatif possible (méthode des quotas) et d'une grandeur qui permette le dépouillement du questionnaire.

1. Réalisez une fiche descriptive qui présentera l'enquête en reprenant les points-clés des 2 premières étapes et en précisant le dispositif qui sera mis en place pour la collecte des données.

Étape 3 : Rédiger le questionnaire

Un questionnaire doit avoir un **titre** et comprendre une **partie introductive** qui précise qui vous êtes, le contenu de la recherche, son caractère confidentiel, l'utilisation qui en sera faite. Il faut inciter les personnes à répondre au questionnaire (penser aussi aux remerciements à la fin).
Le questionnaire doit contenir **différents types de questions**, des plus faciles à traiter aux plus complexes :
– les questions fermées qui n'offrent qu'un nombre restreint de réponses ;
– les questions à choix multiples avec un nombre limité de réponses et la possibilité d'en ajouter d'autres (« Autres : ... ») ;
– les questions ouvertes qui offrent toute liberté de réponse (leur traitement est plus long car il nécessite une catégorisation).

2. Rédigez votre questionnaire sous la forme papier ou sous la forme numérique (formulaire à réaliser).

Étape 4 : Collecter et analyser les résultats

Les questionnaires peuvent être soumis aux répondants de différentes manières :
– durant un **entretien par l'enquêteur**, par téléphone, dans la rue, dans un lieu public ou au domicile ;
– les questionnaires peuvent être **auto-administrés** : le questionné reçoit le questionnaire (par un formulaire en ligne) et y répond lui-même sans aide extérieure.
Après le **traitement** des résultats (mesures du nombre des réponses pour chaque question et calcul des parts en %, mise en relation des différents types de réponses, réalisation de tableaux ou graphiques), ceux-ci doivent venir **illustrer** (confirmer ou infirmer) les hypothèses, ils ne restent jamais « bruts ». Chaque résultat doit donc être accompagné d'un commentaire et d'une analyse.

3. Après avoir traité les résultats de votre questionnaire, créez un diaporama pour présenter à l'oral les conclusions de l'enquête.

Le saviez-vous ? Le questionné peut répondre directement au questionnaire en ligne, par l'ENT du lycée ou sur des sites en ligne comme framaforms.org, mon-enquete-enligne.fr, Google Forms, dragnsurvey.com, evalandgo.fr, fr.surveymonkey.com... Le traitement des données est facilité dans ce cas.

Pour aller plus loin
Vidéo
Mesurer l'audience télé : un métier
hatier-clic.fr/ses2013

Un exemple d'enquête

- **Thème :** La pratique du football chez les adolescents
- **Hypothèses :** Sport plutôt masculin ? citadin ?
- **Échantillon :** Un échantillon représentatif de 100 élèves du lycée
- **Questionnaire :** Questions sur l'âge, le sexe, le domicile, la pratique (occasionnelle, en club...) par formulaire en ligne
- **Bilan :** Établir le portrait-robot du pratiquant à partir des résultats

ATELIER SAVOIR-FAIRE

L'idéal-type chez Max Weber

OBJECTIFS
- Utiliser des documents pour produire une synthèse
- Comprendre une modélisation de la réalité sociale

Doc 1 Idéal-type[1] et action sociale

« Une action sociale est une activité humaine, en interaction avec autrui, ayant une signification pour celui qui agit. Discuter avec son voisin, acheter du pain ou une voiture, participer à une réunion politique, sont des actions sociales.
Un acteur social est un individu ou un collectif (entreprise, État...) qui prend des décisions, qui agit.
Dire que l'action a une signification pour l'acteur indique que l'acteur a des motivations, il a des raisons de faire ce qu'il fait.
Max Weber distingue quatre [idéaux-types] d'action sociale :
- L'action de type traditionnel est celle qui se fait par imitation du passé. Ainsi, le fils d'un forgeron reproduit les gestes de son père.
- L'action de type affectif résulte des émotions. Ainsi, le fan-club d'un chanteur de variétés collectionne les photographies de l'idole et se précipite à ses concerts.
- L'action rationnelle en valeur est le prolongement des valeurs de l'acteur. Ainsi, les dons aux ONG peuvent répondre à des valeurs de solidarité.
- L'action rationnelle en finalité est en cohérence avec l'obtention d'un résultat souhaité, la réalisation d'un but. Ainsi, face à une forte demande, une entreprise peut augmenter sa production pour accroître son bénéfice. »

■ J. Brémond et A. Gélédan, *Dictionnaire des sciences économiques et sociales*, Paris, Belin, 2002.

1. Voir « Le Saviez-vous ? », p. 17

Doc 2 Le pouvoir politique : 3 idéaux-types

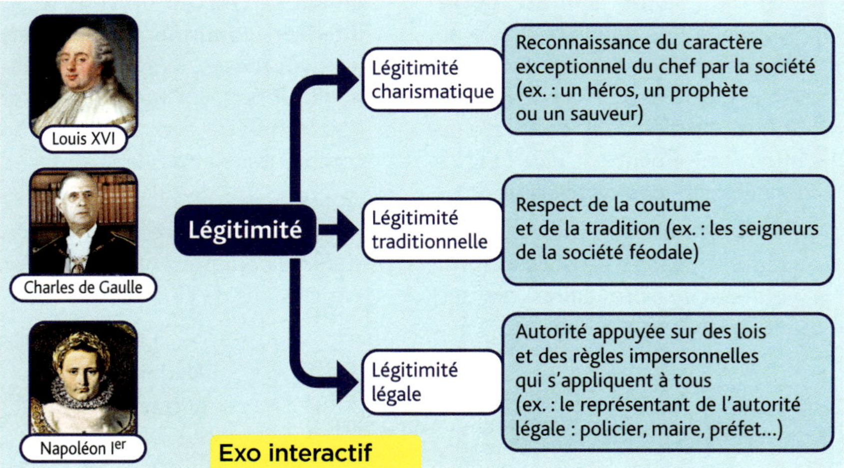

Exo interactif
Manuel numérique

« Weber distingue trois formes de légitimité (ou d'autorité) du pouvoir politique qui sont acceptées et reconnues par les gouvernés, d'où trois modes de domination.
Ces trois idéaux-types ne se présentent pas historiquement à l'état "pur", ils ne reproduisent pas fidèlement la réalité, mais favorisent le processus de recherche et de compréhension de la légitimité du pouvoir politique. »

■ D'après le Dico SES - *dictionnaire d'économie et de sciences sociales* de Jean-Yves Capul et Olivier Garnier, 2017 © Éditions Hatier.

RECUEILLIR DES INFORMATIONS

1. *Identifiez les différents idéaux-types présentés pour l'action sociale et illustrez-les par d'autres exemples que ceux donnés. (doc. 1)*
2. *Illustrez chaque forme de légitimité avec une des photos représentant des personnages historiques. (doc.2)*

EXPLOITER LES INFORMATIONS

3. *Trouvez un exemple d'action sociale qui pourrait illustrer au moins deux idéaux-types simultanément. (doc. 1)*
4. *Illustrez par un exemple l'idée qu'une décision politique (liée à l'autorité du pouvoir) peut suivre une rationalité orientée vers les buts (en finalité) ou une rationalité orientée vers les valeurs. (doc. 1)*
5. *Expliquer la phrase soulignée dans le doc. 2.*

SYNTHÉTISER

6. *Montrez que l'idéal-type chez Weber est une forme de modélisation de la réalité sociale.*

ATELIER ORIENTATION

SES et orientation

Quels types de formations peut-on suivre avec une spécialité « Sciences économiques et sociales » ? Si cela dépend en partie de l'autre choix de spécialité (mathématiques, histoire-géographie, géopolitique et science politique, etc.), le choix de formation post-bac est très varié, que ce soit en termes de disciplines ou de cursus.

3 formations pour illustrer

Les écoles du social

- Diplôme d'État (bac +3), comme le DEASS (Diplôme d'État d'assistant de service social).
- Près de 300 établissements proposent ces formations (publics ou privés agréés).
- Près de la moitié du programme est consacrée aux stages pratiques, ce qui facilite l'insertion dans la vie professionnelle.
- Exemples de métiers : assistant•e de service social, éducateur/trice de jeunes enfants…

Dossier Onisep
Les écoles du social
hatier-clic.fr/ses2014

DUT Carrières juridiques

- Bac +2, diplôme universitaire de technologie.
- Formation en Institut universitaire (IUT).
- Diplôme pluridisciplinaire à dominante juridique, forme des techniciens supérieurs dans différents domaines.
- Exemples de métiers : secrétaire juridique, administrateur/trice de biens, agent•e général•e d'assurances…

Vidéo Onisep
Témoignage d'un agent général d'assurances
hatier-clic.fr/ses2015

Licence Économie et gestion

- Bac +3 pour la licence.
- Variété des disciplines étudiées à l'université : économie générale, finance, mathématiques et statistiques, comptabilité, droit, langues, marketing…
- Accès en école de commerce ou licence professionnelle après la validation de la L2. Après la L3, nombre de spécialisations possibles en master : finance (ou à l'IAE, écoles de management à l'université), marketing, gestion des ressources humaines…
- Exemples de métiers : cadre et responsable des ressources humaines, des achats, des finances, poste de contrôleur de gestion, chef de projet, chargé•e d'études…

Vidéo
Le métier d'économiste
hatier-clic.fr/ses2016

Pour info
- Vidéo « Étudier à l'Université : après le bac ES », oniseptv.onisep.fr
- Sophie Taravelle, « Quelles études après un bac ES ? », letudiant.fr, janvier 2018.

RECHERCHER

1. *Quelles sont les autres écoles qui existent après le bac, accessibles avec la spécialité SES ?*
2. *Qu'est-ce que les CPGE ?*
3. *Quelle(s) différence(s) y a-t-il entre BTS et DUT ?*
4. *Quels autres types de licences peut suivre un élève intéressé par les SES ?*

ACTIVITÉ

En groupes, vous devez réaliser l'interview d'un professionnel.

1 Préparer l'interview
Choisissez une profession liée à un domaine ou une formation qui vous intéresse. Préparez les questions que vous souhaitez poser pendant l'interview. Elles doivent permettre de comprendre en quoi consiste le métier, quel parcours suivre, quelle carrière ensuite, etc.

2 Finaliser le questionnaire
Comparez votre questionnaire avec ceux des autres groupes et apportez les améliorations que les échanges vous ont incité·e à faire.

3 Réaliser l'interview
Réalisez l'interview soit par mail, soit en rencontrant le professionnel.

4 Présenter l'interview
Présentez votre interview à la classe (soit en réalisant un exposé oral, soit en réalisant une vidéo ou un reportage radio).

MAÎTRISER LES SAVOIR-FAIRE

1 Analyser un graphique

Fiche outil p. 162

Niveau de diplôme des 25-34 ans selon le milieu social, en 2017 (en %)

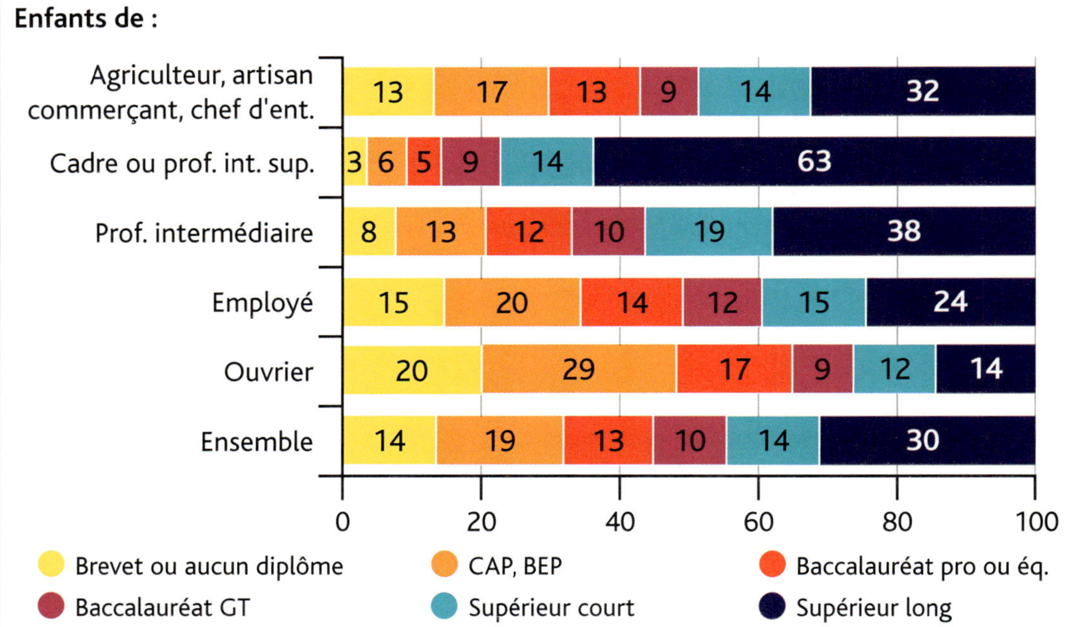

Lecture : en 2017, 44 % des adultes de 25-34 ans sont diplômés de l'enseignement supérieur. Ce sont 77 % des adultes issus d'un milieu social très favorisé (CSP : cadres ou professions intellectuelles supérieures) contre 26 % des adultes issus d'un milieu ouvrier. Champ : France métropolitaine + DOM (hors Mayotte), données provisoires.
Sources : Insee, enquêtes Emploi ; traitement MENJ-MESRI-DEPP ; « L'état de l'école 2018 », Ministère de l'Éducation nationale, novembre 2018.

1. *Quelle est la part des adultes de 25-34 ans en 2017 en France qui ont un niveau de diplôme inférieur au Bac ?*
2. *Quelle est la part des adultes qui ont un niveau de diplôme inférieur au bac dans le milieu très favorisé ? celle dans les milieux défavorisés (ouvriers) ?*
3. *Peut-on établir un lien entre le milieu social et le niveau de diplôme ? Justifiez votre réponse avec des données chiffrées.*
4. *Selon vous, comment peut-on expliquer le constat fait à la question 3 ?*

Pour aller plus loin
Définitions CSP – Insee
Les catégories socioprofessionnelles selon l'Insee
hatier-clic.fr/ses2017

2 Réaliser un schéma à partir d'un texte

Fiche méthode p. 144

Revenu, patrimoine et épargne : des liens croisés

« Les taux d'épargne les plus élevés se rencontrent dans les catégories socio-professionnelles (CSP) dont les revenus sont aussi les plus élevés : cadres et professions libérales. La moitié des ménages dont la personne de référence appartient à l'une ou l'autre de ces catégories épargnent plus du quart de leurs revenus annuels. [...]

Les ménages qui épargnent le plus disposent le plus souvent d'un patrimoine important, financier ou immobilier, qui génère des revenus supplémentaires, ces derniers pouvant alimenter leur épargne. Ainsi, les 20 % de ménages possédant le plus de patrimoine privé net de l'endettement épargnent pour la moitié d'entre eux 21 % de leurs revenus annuels, contre 6 % pour les ménages détenteurs d'un patrimoine modeste ou nul. Les revenus sont très corrélés au niveau de patrimoine. En effet, le revenu est croissant avec le niveau de patrimoine. »

Bertrand Garbinti et Pierre Lamarche, « Qui épargne ? Qui désépargne ? », in *Les revenus et le patrimoine des ménages*, INSEE, 2014.

1. *Quels sont les effets de la détention d'un patrimoine sur la capacité d'épargne ?*
2. *Quel lien y a-t-il entre le niveau de revenu et le niveau d'épargne ?*
3. *Établissez un schéma mettant en évidence le lien cumulatif entre patrimoine, épargne et revenu.*
4. *Justifiez le titre du texte.*

S'AUTOÉVALUER

Exos interactifs
hatier-clic.fr/ses2018

Corrigés → p. 175

1 Corrélation et/ou causalité ?

Associez chaque lettre à un chiffre pour illustrer la relation « intelligence et consommation de chocolat » à travers le schéma ci-contre.

a. Niveau de richesse d'un pays
b. Niveau d'intelligence
c. Niveau de consommation de chocolat
d. Causalité supposée

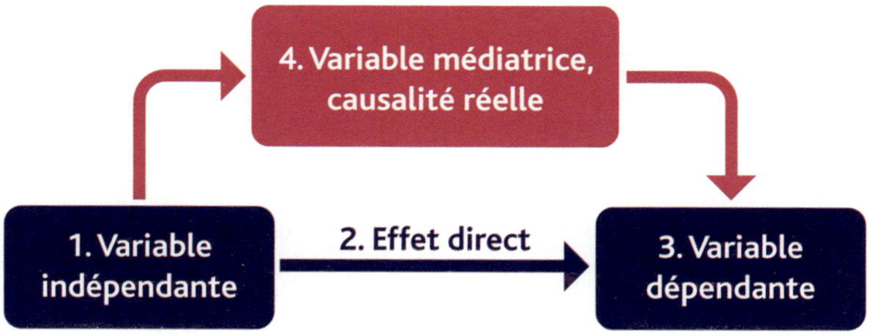

2 Étudier la société

Répondez par vrai ou faux à chaque affirmation.

1. La sociologie ne s'intéresse pas à l'individu mais aux groupes. V ❑ F ❑
2. « Que produire ? En quelle quantité ? À quel prix ? » sont des questions d'économistes. V ❑ F ❑
3. La sociologie s'intéresse aux transformations de la société. V ❑ F ❑
4. L'économiste, le sociologue et le politiste peuvent avoir des objets d'études communs. V ❑ F ❑
5. On ne peut pas utiliser de modèles en sociologie. V ❑ F ❑
6. La science politique ne s'intéresse qu'à l'État. V ❑ F ❑
7. Le circuit économique est un modèle qui représente les flux économiques entre agents. V ❑ F ❑
8. Le mot « politique » a plusieurs sens mais une seule forme. V ❑ F ❑
9. Un modèle en SES ne rend compte que partiellement de la réalité. V ❑ F ❑
10. Un modèle permet de mieux comprendre la réalité observée. V ❑ F ❑

3 Démarches d'étude en sociologie

Complétez le schéma ci-dessous avec les mots suivants :

1. Holisme • 2. Complémentaires • 3. Action sociale • 4. Individualisme méthodologique • 5. Opposées • 6. Déterminismes sociaux

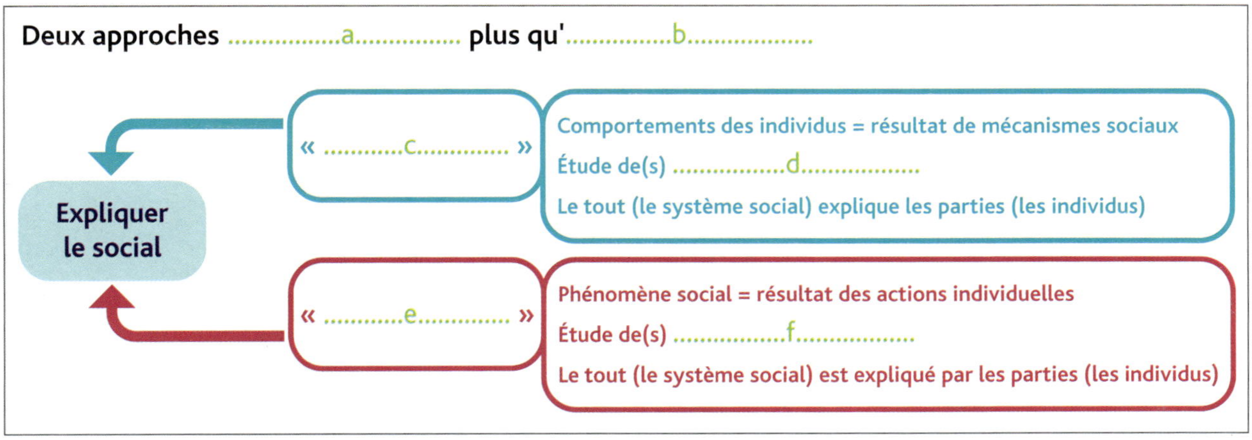

POUR RÉSUMER

Comment les économistes, les sociologues et les politistes raisonnent-ils et travaillent-ils ?

1 La démarche en SES : corrélation et causalité

pp. 14-15

- Pour comprendre la **réalité économique et sociale**, les chercheurs tentent de mettre en évidence des **corrélations** (des liens statistiques) entre des faits observés pour les expliquer.
- Une fois la corrélation établie, les chercheurs doivent rechercher une éventuelle **causalité**, c'est-à-dire tenter d'expliquer ce lien entre les **variables** (laquelle explique la variation de l'autre ou y a-t-il une influence réciproque ?).

Les termes soulignés servent à compléter le schéma de synthèse.

2 La démarche en SES : l'utilisation de modèles

pp. 16-17

- Les chercheurs en SES ont besoin de récolter des **données** via des enquêtes ou des observations. Ils construisent aussi des **modèles**. Ces derniers sont des **représentations simplifiées** de la réalité parfois présentées sous forme de schémas (par exemple, le **circuit économique**).
- Pour construire un modèle, il faut bien définir l'objet d'étude, trouver des indicateurs pour le mesurer et enfin établir des relations de causalité entre les **variables étudiées**.

Mémorisation active

Pour ancrer les notions dans ma mémoire, j'utilise plusieurs fois dans l'année les outils de révision suivants :

Mémocartes
hatier-clic.fr/19ses2019

Tableau à imprimer
Manuel numérique

3 La démarche de l'économiste

pp. 18-19

- Les **consommateurs** doivent faire des choix afin de maximiser leur satisfaction (en fonction de leur budget, des prix et de l'utilité des biens). Les **producteurs** doivent aussi faire des choix pour maximiser leurs profits (Que produire ? Comment produire ? À quel prix ?). C'est à la compréhension de la détermination de ces choix que s'intéresse l'économiste.
- Le **marché** permet une **allocation optimale des ressources rares** pour les consommateurs et les producteurs. Néanmoins, dans certaines situations, le marché peut être défaillant et une intervention des **pouvoirs publics** s'avère alors nécessaire (prise en compte de l'environnement, par exemple).

4 La démarche du sociologue

pp. 20-21

- Les sociologues étudient la **société** : son fonctionnement, les **relations sociales** entre les individus, leurs évolutions dans le temps. Ils observent les normes (les règles), les rôles de chaque membre et le **changement social**.
- Pour mener leurs études, les sociologues peuvent adopter deux démarches complémentaires : le **holisme** et l'**individualisme méthodologique**.

5 La démarche du politiste

pp. 22-23

- Le mot « politique » est un mot qui a plusieurs sens : **la politique** concerne la compétition pour accéder au pouvoir ; **le politique** désigne le mode de fonctionnement d'une société et **les politiques** concernent les mesures prises par les pouvoirs publics, par l'État.
- Le politiste étudie donc comment on accède au **pouvoir politique**, quelle forme prend le pouvoir, comment s'exerce l'autorité, comment sont promulguées les lois…

MOTS-CLÉS

DICO SES — Reportez-vous au dico illustré en fin d'ouvrage.

- ✓ Agents économiques
- ✓ **Allocation des ressources** (optimale)
- ✓ Circuit économique
- ✓ Consommation
- ✓ **État**
- ✓ Holisme
- ✓ Individualisme méthodologique
- ✓ **Marché**
- ✓ **Modélisation**
- ✓ Politique(s) (le, la, les)
- ✓ **Pouvoir (politique)**
- ✓ Production
- ✓ **Rareté**
- ✓ **Société**

Résumer À L'AIDE D'UN SCHÉMA

Schéma imprimable
Manuel numérique

Schéma interactif
hatier-clic.fr/ses2020

Reproduisez et complétez le schéma de synthèse.

Utilisez les termes soulignés de la page 30.

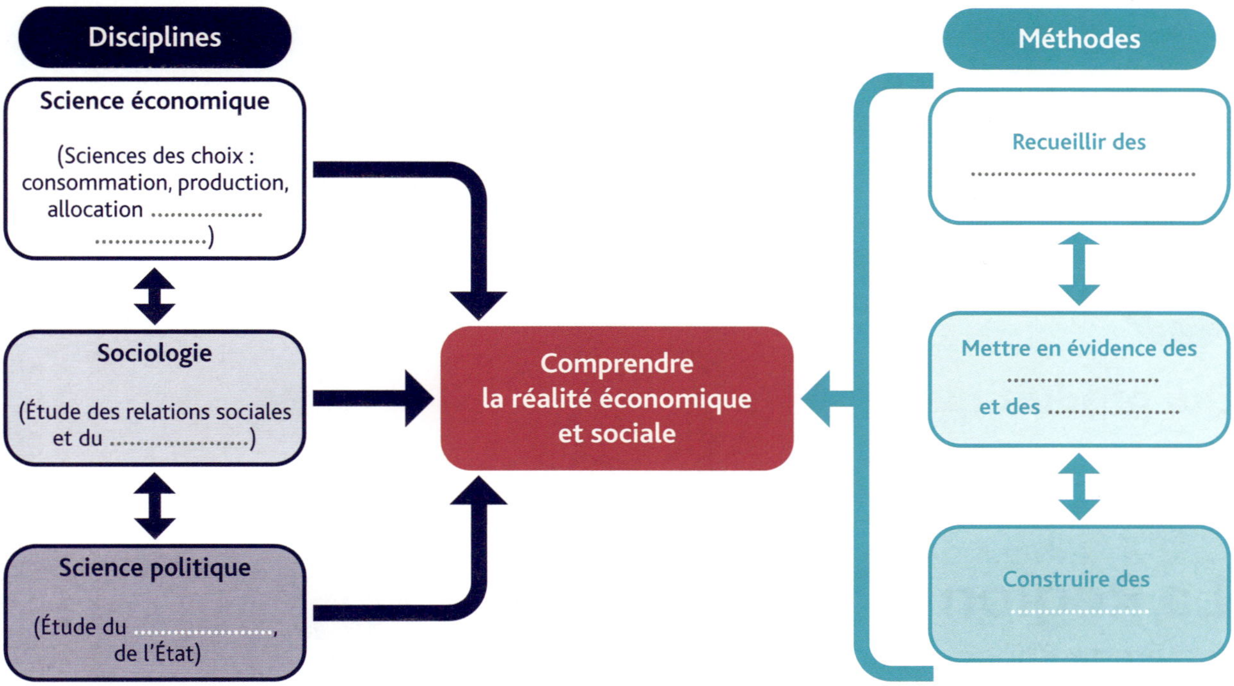

Réviser AVEC DES VIDÉOS

Dessine-moi l'éco

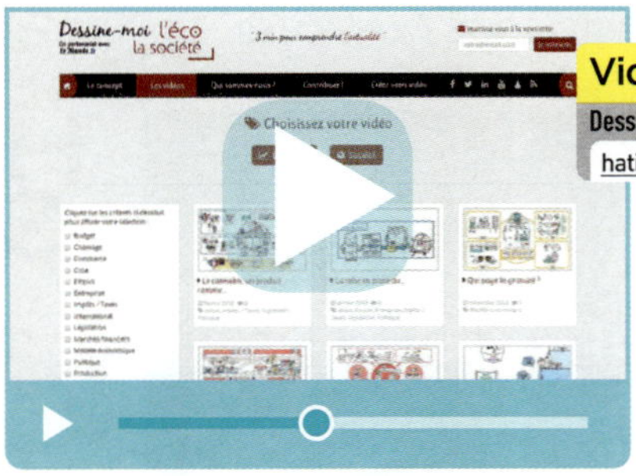

Vidéo
Dessine-moi l'éco
hatier-clic.fr/ses2021

1 *Précisez la (ou les) science(s) qui étudie(nt) les thèmes étudiés dans les vidéos de « Dessine-moi l'éco ».*

Titre des vidéos	Économie	Sociologie	Science politique
L'État doit-il interdire les monopoles ?			
PMA, GPA : ce que dit la loi ?			
Comment mesure-t-on le chômage ?			
Immigration : opportunité ou menace pour le marché du travail ?			
Le président de la République a-t-il vraiment tous les pouvoirs ?			
Pas d'économie sans confiance.			

CHAPITRE 2

Comment crée-t-on des richesses et comment les mesure-t-on ?

EXPLORER AVEC DES IMAGES

Qui produit quoi ?

a La Région Auvergne-Rhône-Alpes

b Médecins Sans Frontières

c Renault – La vie, avec passion

d Auchan Retail

e Liberté • Égalité • Fraternité – République Française – Ministère des Armées

f Handi Sport – Fédération française

1 *Illustrez par un exemple la production de chaque organisation.*

2 *Quelles différences discernez-vous entre elles ?*

Pour aller plus loin
Page web
Une administration
hatier-clic.fr/19ses2022

EXPLORER AVEC UN VOTE

Un salon de coiffure : comment mesurer la richesse créée ?

1 *Quels éléments sont nécessaires à la production de ce service ?*

2 *À quelles conditions un salon de coiffure pourrait-il accroître le nombre de coupes de cheveux ?*

3 *Parmi les trois formules ci-dessous, votez pour celle qui, selon vous, mesure le mieux la richesse créée par cette activité de production.*

a. *Valeur totale de la production*
(A = Quantités produites × Prix de vente unitaire)

b. A – Coût total *(somme de tous les coûts de production, y compris travail)*

c. A – Coût des éléments détruits ou transformés lors de la production *(shampoings, lotions, électricité...)*

4 *Traitez le résultat du vote. Comptabilisez le nombre d'élèves par réponse, puis calculez la part en pourcentage de chaque vote. Représentez graphiquement les résultats.*

5 *À la fin du chapitre, réalisez le vote une nouvelle fois, puis comparez les résultats avec ceux obtenus lors du premier vote.*

Fiche outil p. 154
Fiche outil p. 162

EXPLORER AVEC UN ARTICLE DE PRESSE

Quelles limites écologiques pour la croissance du PIB ?

« Le 7 septembre, plus de 200 scientifiques se réclamant de diverses disciplines signaient une lettre ouverte publiée dans plusieurs quotidiens européens. Dans cette tribune, ils plaidaient pour une rupture avec le modèle économique axé sur la croissance économique et la compétitivité et dénonçaient les ravages tant sur le plan environnemental (épuisement des écosystèmes, changements climatiques, extinction des espèces, dont la nôtre !) que sur le plan social (explosion des inégalités…). […]
Cessons alors de nous étriper sur la "croissance" ou "décroissance" du Produit intérieur brut. Car nous sommes d'accord : celui-ci n'est pas un indicateur de bien-être, ni ne prend en compte les évolutions sociales, technologiques et écologiques actuelles. Alors ce qui importe avant tout, c'est que nos lois et politiques visent et remplissent un objectif clair : subvenir aux besoins des citoyen·ne·s tout en respectant les limites écologiques de la planète. »

■ Un collectif de personnalités européennes, « Pour le climat, libérons-nous de la croissance », liberation.fr, 10 octobre 2018.

■ La pollution atmosphérique des villes

1 *Qu'entend-on par « croissance économique » ?*

2 *Que reprochent les deux cents scientifiques à la croissance économique ?*

3 *Quel devrait être l'objectif de l'économie selon le collectif signataire de l'article ?*

CHAPITRE 2

Comment crée-t-on des richesses et comment les mesure-t-on ?

DÉCOUVRIR LES ENJEUX

Les acteurs productifs utilisent des ressources pour produire des biens ou des services : matières premières, machines, travail... Les indicateurs qui permettent de mesurer la production de ces richesses, tant à l'échelle d'une entreprise qu'à celle d'un pays tout entier, sont divers. Parmi eux, le PIB est un indicateur très utilisé, mais aussi critiqué.

Le ministère des Solidarités et de la Santé, un exemple d'administration publique

Qui produit des richesses ?

Les acteurs productifs ne sont pas seulement des **entreprises** : il peut également s'agir d'**administrations publiques**, mais aussi d'organisations relevant de l'Économie sociale et solidaire (**ESS**). Les productions réalisées peuvent donc être **marchandes** ou **non marchandes**, avec ou sans but lucratif.

Quelles ressources combiner pour produire des richesses ?

Pour produire, il faut combiner des ressources, c'est-à-dire des **consommations intermédiaires** et des **facteurs de production**. La **technologie** joue également un rôle essentiel : par son perfectionnement, c'est-à-dire grâce au **progrès technique**, il va être nécessaire et possible de produire à la fois davantage et plus efficacement.

Une chaîne automobile, un exemple d'usage de la technologie

Comment mesure-t-on la création de richesses d'une entreprise ?

Mesurer la richesse créée par une entreprise est plus complexe qu'il n'y paraît : la simple mesure de sa production ou de ses ventes ne rend pas compte de l'**apport réel de valeur** créée lors de la production. Or cette valeur est à l'origine de revenus pouvant ensuite être versés (salaires, **bénéfices**...).

Comment mesure-t-on la création de richesses d'un pays ?

L'étude du **Produit intérieur brut** (PIB) et de sa variation permet de mesurer et d'étudier la **croissance économique** d'un pays, variable selon la zone géographique et les contextes (prospérité ou crise).

Quelles sont les limites du PIB et de la croissance économique ?

Le PIB, en tant qu'indicateur, pose question : non seulement en raison des insuffisances de son mode de calcul, mais aussi par son incapacité à rendre compte des **inégalités de revenus** et des **limites écologiques** du système socio-économique dont résulte sa croissance.

Comment crée-t-on des richesses et comment les mesure-t-on ?

Une pluralité d'acteurs productifs

Activité 1 p. 36 à 37

- Entreprises, administrations publiques
  Projet p. 46 à 47
  « Administrations publiques et entreprises : quelle complémentarité ? »
- Économie sociale et solidaire

La notion de combinaison productive

Activité 2 p. 38 à 39

- Consommations intermédiaires, facteurs de production
- Technologie, progrès technique

Mesurer la richesse créée par une entreprise

Activité 3 p. 40 à 41

- Chiffre d'affaires, valeur ajoutée
- Bénéfice

Mesurer la richesse créée dans un pays

Activité 4 p. 42 à 43

- Produit intérieur brut (PIB)
- Croissance économique

Les limites du PIB et de la croissance économique

Activité 5 p. 44 à 45

- Insuffisances du PIB
  Atelier p. 48
  « PIB et IDH : quelles différences ? »
- Limites écologiques

1 Une pluralité d'acteurs productifs

OBJECTIF Présenter la diversité des acteurs productifs et leurs logiques

Doc 1 Produire : une activité économique

« Dans un sens courant, la production désigne l'activité économique consistant à créer des biens et des services. La production apparaît d'abord comme le résultat d'un travail fourni par l'homme. Cependant, tout travail ne conduit pas à une production ; la mère de famille qui fait le ménage ou le père de famille qui fait la vaisselle ne réalisent pas une production ; de même, une personne cultivant le jardin potager pour sa propre consommation ne produit pas au sens économique. Deux éléments distincts permettent de définir la production. Il faut que les biens produits s'échangent sur un marché ou alors que ceux-ci soient le résultat de travail rémunéré. [...]

Cette double référence au marché permet à l'Insee de distinguer la production marchande et la production non marchande.

– **Production marchande** : production des biens et des services destinée à être vendue sur un marché.

– **Production non marchande** : services gratuits ou quasi gratuits réalisés avec des facteurs de production obtenus sur le marché. »

■ *Dico SES, dictionnaire d'économie et de sciences sociales* de Jean-Yves Capul et Olivier Garnier, 2017 © Éditions Hatier.

■ Faire du pain : une production ?

1. *Donnez des exemples de biens et de services.*
2. *Pourquoi tout travail ne conduit-il pas à une production au sens de l'Insee ?*
3. *Dans la liste d'activités ci-après, précisez dans quelles situations il s'agit ou non d'une production.*
   Si c'en est une, indiquez si elle est marchande ou non marchande.
   Justifiez votre réponse.
   Le ménage au domicile • Une coupe de cheveux • Des soins de santé • Cultiver des légumes • Un cours de mathématiques

DÉFINITION

Entreprise
Unité de production qui vend des biens et/ou des services marchands. Il existe de nombreux statuts juridiques pour les entreprises mais la distinction principale concerne les entreprises individuelles et les sociétés.

Pour aller plus loin
Vidéo
Quel statut juridique pour une entreprise ?
hatier-clic.fr/19ses2023

Exercice La diversité des organisations productives : l'exemple de la santé

Organisation productive	Assurance maladie	Association Santé Environnement France (ASEF)	Sanofi
Type d'organisation	Administration publique	Association	Société commerciale[1]
Activité principale			
Production marchande ou non			
But lucratif ou non			
Sources de financement			
Bénéficiaires de la production			

1. Cherchez les définitions des différents types d'organisations productives.
2. Cherchez ce qu'est une activité à but lucratif.
3. Après avoir recopié le tableau, complétez-le à partir de recherches en ligne.

1. Sociétés qui ne sont ni des coopératives ni des mutuelles.

Doc 2 Les spécificités de l'Économie sociale et solidaire

« Les coopératives, les mutuelles, les fondations et les associations ont été les premières structures de l'Économie sociale et solidaire (ESS). Depuis la loi du 31 juillet 2014, les sociétés commerciales peuvent aussi faire partie de cet écosystème, sous certaines conditions [...].

Les structures de l'ESS peuvent prendre des formes juridiques différentes, mais leurs valeurs restent les mêmes : la solidarité et l'utilité sociale. Elles sont caractérisées par un mode de fonctionnement démocratique et une utilisation des bénéfices pour le maintien ou le développement de la structure plutôt que l'enrichissement personnel. [...]

Le statut des **coopératives** [...] stipule [qu'elles respectent] les principes suivants : une adhésion volontaire et ouverte à tous, une gouvernance démocratique, la participation économique de ses membres, la formation desdits membres et la coopération avec les autres coopératives. [...] Les excédents de la coopérative sont prioritairement mis en réserve pour assurer son développement et celui de ses membres.

Parmi les coopératives, on compte les sociétés coopératives de production (Scop) et les sociétés coopératives d'intérêt collectif (Scic) [...].

Les **mutuelles** s'organisent sur la base d'une solidarité professionnelle ou territoriale. Afin de couvrir un risque de santé, par exemple, les mutuelles partagent équitablement les frais entre les sociétaires. [...]

Les **fondations** gèrent de l'argent privé pour l'utiliser pour une cause publique [...]. Elles peuvent agir directement ou subventionner des associations pour qu'elles mettent en œuvre les actions soutenues par la fondation.

Les **associations** sont régies par la loi du 1er juillet 1901. Elles sont toujours à but non lucratif. »

■ « Quelles sont les structures de l'Économie sociale et solidaire (ESS) ? », Par Bercy infos, le 02/02/2017, www.economie.gouv.fr.

Pour aller plus loin

Vidéo
Une Scop, c'est quoi ?
hatier-clic.fr/19ses2024

1. *Cherchez des exemples de coopératives, de mutuelles, de fondations et d'associations.*
2. *À quelles valeurs les acteurs de l'ESS se réfèrent-ils ?*
3. *Montrez qu'une Scop est une entreprise, mais d'un type particulier.*

Le saviez-vous ?

En France, en 2016, les **effectifs salariés de l'ESS** (2,4 millions de personnes, pour l'essentiel dans des associations) représentaient 12,8 % de l'emploi privé. L'activité des acteurs de l'ESS étant à but non lucratif, il leur est interdit de partager leurs bénéfices éventuels entre leurs membres (cas des associations) ou de verser des dividendes trop généreux aux apporteurs de capitaux (cas des coopératives).

Site web
L'ESS au cœur des enjeux européens
hatier-clic.fr/19ses2004

SYNTHÉTISER

En vous aidant du schéma et de vos réponses aux questions de cette double page, montrez que l'on peut produire en cherchant à obtenir un profit, mais que l'on peut avoir d'autres objectifs.

La diversité des logiques productives

Exo interactif
Manuel numérique

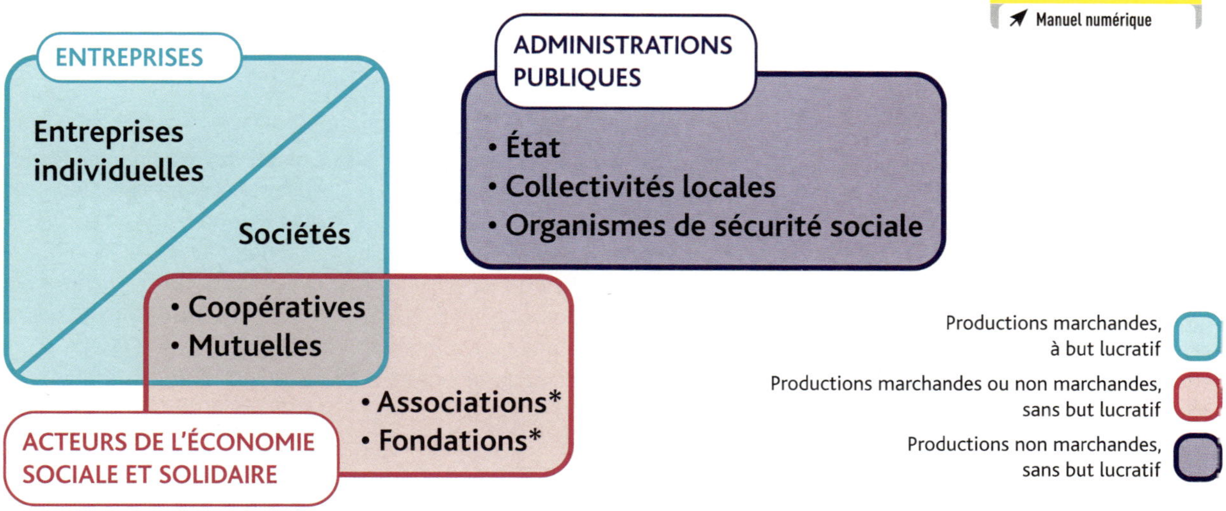

* Si les activités des associations et des fondations sont non marchandes et au service non pas des entreprises, mais des ménages, ces structures productives sont classées par l'Insee parmi les ISBLSM (« Institutions sans but lucratif au service des ménages »).

Source : Hatier 2019.

2 La notion de combinaison productive

OBJECTIF Montrer que la production dépend de la combinaison des facteurs de production et du progrès technique

Doc 1 Une fabrication française : « Le Slip français »

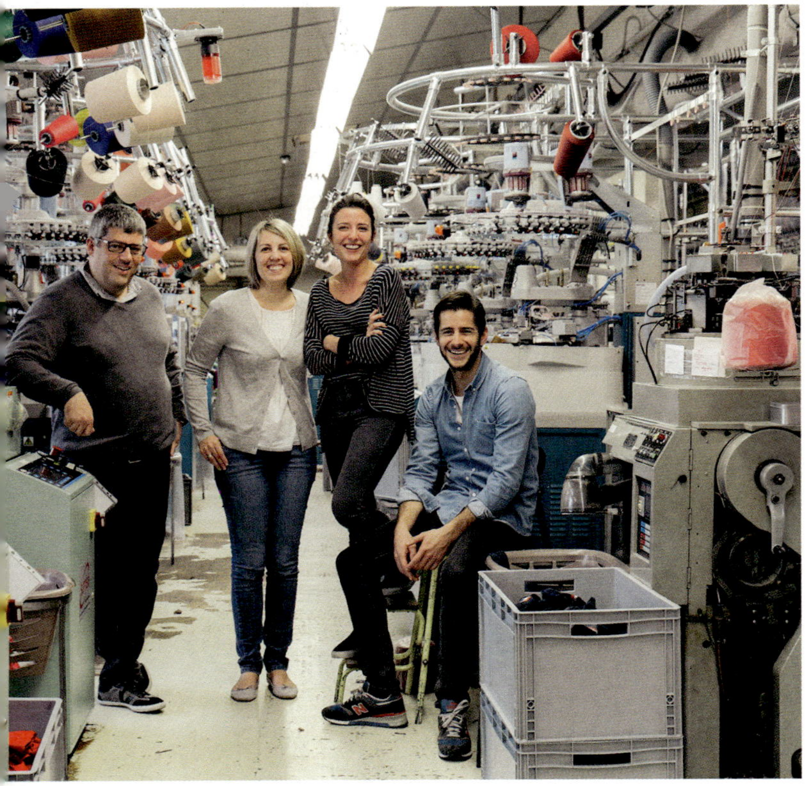

Une usine de l'entreprise

« L'idée du Slip Français ? Réinventer la fabrication textile en France. Du tricotage à la confection, du dessin du produit à la boîte qui l'enveloppe, des lieux de shooting photo aux étiquettes, toutes les étapes de fabrication du Slip Français sont Made in France. [...]
Les slips du Slip Français sont fabriqués à base de coton. Or, comme vous le savez, il n'y a pas de champ de coton en France.
Le fil de coton qui va entrer dans la composition de nos produits est livré en bobines dans nos usines. À partir de là, toutes les étapes de la fabrication, du tricotage du fil jusqu'à l'assemblage final, sont faites en France. »

« Notre production 100 % française », leslipfrancais.fr.

1. *De quoi cette entreprise a-t-elle besoin pour produire ses textiles ?*
2. *Parmi ces éléments, distinguez ceux qui ne peuvent servir qu'une fois lors du cycle de production de ceux qui sont réutilisables.*

Pour aller plus loin
Vidéo
Vies d'entreprises : une très petite entreprise
hatier-clic.fr/19ses2025

Doc 2 Production et facteurs de production

« Comment une entreprise ajoute-t-elle de la valeur aux biens et services transformés par elle en d'autres biens ? En les combinant avec du travail et du capital, qu'il est convenu d'appeler « facteurs de production ». [...]
– **Le travail**. Il est constitué par le temps que consacrent à l'entreprise l'ensemble des individus engagés dans l'activité de cette entreprise. [...] À la dimension quantitative du travail (le temps passé) s'ajoute une dimension qualitative. La contribution des individus à la production ne dépend pas seulement du nombre d'heures qu'ils y consacrent, mais également de leur qualification professionnelle, de leur expérience, de leur motivation et de leurs efforts. [...]
– **Le capital**. [...] Il comprend l'ensemble des biens qui sont utilisés durablement en vue de produire d'autres biens. [Il s'agit de] tous les actifs matériels (outils, machines, bâtiments) ou immatériels (brevets, licences, dépenses de recherche, etc.) utilisés dans le processus de production pendant un an ou plus. »

Jacques Généreux, *Introduction à l'économie*, © Éditions du Seuil, 1992, n. e., « Points Économie », 2017.

Pour aller plus loin
Vidéo
Le capital humain
hatier-clic.fr/19ses2026

1. *Donnez des exemples de biens et de services transformés pour la production de textiles « Le Slip français ».*
2. *Qu'est-ce qui différencie les biens matériels transformés des biens faisant partie du capital ?*
3. *Expliquez la phrase soulignée. Cette remarque faite pour le « facteur travail » peut-elle s'appliquer au « facteur capital » ? Illustrez cela par des exemples.*
4. *Pourquoi faut-il combiner des facteurs de production (ressources naturelles, travail et capital) pour produire ?*

Doc 3 Progrès technique et croissance économique

« Il est certain que le capital, qu'il soit physique ou humain[1], est un facteur décisif pour expliquer les changements considérables observés au cours des 200 dernières années. Cependant, les différences entre l'économie de 1900 et l'économie actuelle sont telles qu'elles ne se réduisent pas au seul fait d'avoir plus de machines et des salariés mieux éduqués. Nous ne produisons pas seulement en plus grande quantité les mêmes biens qu'en 1900. Nous produisons surtout des biens dont les personnes qui vivaient à cette époque n'avaient pas la moindre idée, même en rêve. Au lieu d'utiliser plus de machines pour produire plus de voitures à chevaux, nous produisons des automobiles et des avions. Au lieu de produire plus de fers à cheval, nous produisons des pneus et des chaussures de sport.
On voit donc que le progrès technique, c'est-à-dire le fait de penser à de nouvelles méthodes pour produire des choses anciennes et à de nouvelles méthodes pour produire des choses complètement nouvelles, joue un rôle clé dans l'ensemble du processus de croissance. Cela signifie que les idées sont un facteur déterminant de la croissance économique. »

■ Joseph Stiglitz, Carl E. Walsh et Jean-Dominique Lafay, *Principes d'économie moderne*, De Bœck, 2014.

1. Capital humain : synonyme de « facteur travail ».

1 *D'après le texte, quelles sont les différences entre l'économie de 1900 et l'économie actuelle ?*
2 *Comment les auteurs expliquent-ils ces différences ?*
3 *Illustrez par des exemples le progrès technique tel qu'il est présenté ici.*

Exercice L'influence des facteurs de production et du progrès technique sur la production

Exo interactif
Manuel numérique

Recopiez puis complétez le schéma à l'aide des éléments suivants :
nouveaux produits • *travail* • *capital* • *progrès technique* • *nouvelles méthodes de production* • *facteurs de production*

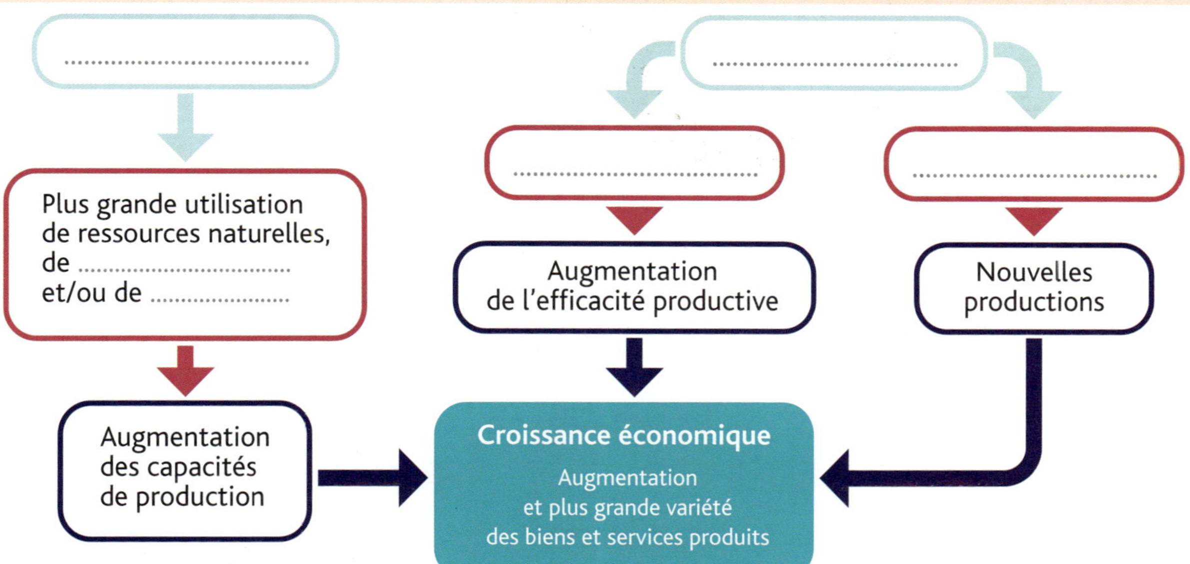

Source : Hatier 2019.

DÉFINITION

Méthode de production
Elle se caractérise par l'emploi de technologies et par une organisation du travail. La technologie est l'ensemble des techniques, des outils et des procédés disponibles à un moment donné. Une nouvelle méthode de production incorpore du progrès technique (nouvelle machine, nouvelle organisation…).

SYNTHÉTISER

Après avoir visualisé la vidéo, montrez l'impact du progrès technique sur la production et la combinaison des facteurs de production.

Vidéo
Exemple de la production automobile
hatier-clic.fr/19ses2027

3 Mesurer la richesse créée par une entreprise

OBJECTIF Identifier les principaux indicateurs de la création de richesses par les entreprises

Doc 1 Comment mesure-t-on la création de richesses ?

Liste et coût des ingrédients pour

8 crêpes*

- 250 g de farine tamisée ou fluide (0,25 €)
- 4 œufs (1 €)
- 500 mL de lait légèrement tiède (0,50 €)
- 2 c. à soupe de sucre (0,04 €)
- 1 pincée de sel (0,01 €)
- 50 g de beurre fondu (0.40 €)

* Estimation du coût de l'énergie pour la cuisson de toutes les crêpes : 0,30 €

1. *Lors d'une kermesse, une association a vendu 100 crêpes. Calculez le coût total de cette production.*
2. *L'association a vendu toutes ses crêpes, au prix unitaire de 1 €. Quelle est la richesse totale créée ?*
3. *Selon vous, pourquoi appelle-t-on ce résultat « valeur ajoutée » ?*

Pour aller plus loin

Vidéo

Le calcul de la valeur ajoutée

hatier-clic.fr/19ses2028

Doc 2 Chiffre d'affaires, valeur ajoutée et bénéfice

« D'une pièce de tissu achetée 50 euros, le couturier réalise une robe, qu'il vend 200 euros : cette production marchande (car il s'agit d'un produit destiné à être vendu sur le marché) donne donc naissance à une valeur ajoutée de 150 euros. Laquelle, bien évidemment, sert au couturier à payer ses impôts, ses salarié·e·s, les intérêts de ses emprunts. Il ne s'agit donc pas d'un bénéfice. Le bénéfice, c'est une part de la valeur ajoutée : celle qui reste lorsque tous les frais de la production ont été comptabilisés. »

■ Denis Clerc, *Déchiffrer l'économie*, éditions La Découverte, 2014.

1. *Supposons que le couturier ait produit 75 robes et qu'il les ait toutes vendues. Quel serait son chiffre d'affaires, autrement dit ses recettes de vente ?*
2. *Expliquez ce qui distingue valeur ajoutée et bénéfice.*
3. *Écrivez une formule permettant de calculer le bénéfice à partir du chiffre d'affaires.*

DÉFINITION

Valeur ajoutée (VA)

Différence entre la valeur de la production vendue, c'est-à-dire le chiffre d'affaires (CA), et la valeur des biens et services détruits ou transformés pendant cette production, c'est-à-dire les « consommations intermédiaires » (CI) :

VA = CA – CI

Pour aller plus loin

Exercice interactif

Le calcul de la valeur ajoutée (onglet 4)

hatier-clic.fr/19ses2029

Exercice Valeur ajoutée et distribution de revenus

En 2018, dans le royaume fictif de Richez, dont la monnaie est la couronne, la société Bigfirm a employé 1 100 salariés, dont chacun lui a coûté en moyenne 665 couronnes. Elle a produit et vendu 18 000 trottinettes électriques d'une valeur unitaire de 142 couronnes, ce qui a nécessité des consommations intermédiaires à hauteur de 1 565 000 couronnes.
Ses loyers, la charge de sa dette[1] et les dividendes qu'elle a versés à ses actionnaires se sont élevés respectivement à 60 000, 35 000 et 56 000 couronnes. Elle a acquitté des impôts à la fois sur sa production[2] (57 000 couronnes) et sur son bénéfice (au taux de 30 %).

1. La « charge d'une dette » correspond aux intérêts qu'un débiteur doit payer dans le cadre d'un emprunt.

2. Les impôts sur la production sont des impôts qui ne sont pas calculés en fonction des bénéfices réalisés. En France, il s'agit en grande partie des taxes foncières et de la « contribution économique territoriale » (qui remplace la « taxe professionnelle » depuis 2010).

Le saviez-vous ? Les **dividendes** sont les revenus qu'une société est susceptible de verser à ses copropriétaires. Mais attention, tous les copropriétaires ne sont pas des actionnaires : ils peuvent détenir non pas des actions, mais des parts sociales ou des certificats d'investissement.

1. Calculez le chiffre d'affaires, puis la valeur ajoutée de la société Bigfirm.
2. Cette valeur ajoutée est à l'origine de revenus, que ce soit pour d'autres acteurs économiques (impôts, salaires, loyers, dividendes, etc.) ou pour l'entreprise elle-même (son bénéfice net). Indiquez les montants exacts de chacun de ces revenus.
3. Quelle relation pouvez-vous établir entre la somme des revenus (nommée Q2) et la valeur ajoutée (nommée Q1) ?

Pour aller plus loin
Vidéo
Combien une entreprise gagne-t-elle réellement ?
hatier-clic.fr/19ses2030

SYNTHÉTISER

Exo interactif — Manuel numérique

<table>
<tr><td rowspan="2">1. Formation de la valeur ajoutée d'une société comme Bigfirm</td><td colspan="7">❶</td></tr>
<tr><td>Consommations intermédiaires</td><td colspan="6">❷</td></tr>
<tr><td rowspan="2">2. Répartition de la valeur ajoutée de cette société</td><td rowspan="2"></td><td>Impôts sur la production</td><td>Rémunération des salariés (cotisations sociales incluses)</td><td>Charge de la dette, loyers, etc.</td><td>Impôt sur le bénéfice</td><td>Dividendes</td><td rowspan="2">❸</td></tr>
<tr><td></td><td></td><td></td><td></td><td></td></tr>
</table>

1. Positionnez les termes suivants dans les cases numérotées ❶ à ❸ :
chiffre d'affaires • bénéfice net • valeur ajoutée
2. Recopiez le tableau et complétez-le avec les valeurs correspondantes en couronnes pour la société Bigfirm.

4 Mesurer la richesse créée dans un pays

OBJECTIF Définir le PIB et présenter son évolution

Doc 1 PIB et croissance économique

« Les agrégats sont des grandeurs économiques qui rassemblent et résument les résultats de l'activité économique nationale. Les agrégats permettent d'effectuer des comparaisons dans le temps ou entre les pays. Le principal agrégat est le Produit intérieur brut (PIB) qui est utilisé pour mesurer la croissance de l'économie.
Le PIB mesure l'ensemble des valeurs ajoutées créées par les unités économiques résidentes[1] françaises et étrangères. »

■ *Dico SES, dictionnaire d'économie et de sciences sociales* de Jean-Yves Capul et Olivier Garnier, 2017 © Éditions Hatier.

1. Acteurs économiques installés durablement sur le même territoire.

1. *Le PIB est un agrégat. Quels types de comparaisons permet-il ?*
2. *Le PIB mesure-t-il la richesse créée par les entreprises ? Justifiez votre réponse.*
3. *Le PIB mesure-t-il la richesse créée uniquement par les Français ? Justifiez votre réponse.*

DÉFINITION

Croissance économique
C'est l'accroissement des quantités produites. Elle se mesure par l'augmentation du PIB d'un pays sur une certaine période et en volume, c'est-à-dire à prix constants.

Fiche outil p. 164

Pour aller plus loin
Vidéo
Qu'est-ce que le Produit intérieur brut ?
hatier-clic.fr/19ses2031

Exercice Qui contribue le plus à la création de richesses ?

Productions, consommations intermédiaires et valeurs ajoutées (France ; 2017)	Production (en milliards d'euros)	Consommations intermédiaires (en milliards d'euros)	Valeur ajoutée (en milliards d'euros)	Part dans la valeur ajoutée totale (en %)
Sociétés non financières	2 819,1	1 633,1		
Sociétés financières[1]	225,8	143,8		
Ménages (entrepreneurs individuels inclus)[2]	443,4	79,7		
Administrations publiques	486,3	111,7		
ISBLSM[3]	53,9	18,2		
Total				

■ Insee, Comptes nationaux, base 2014.

1. Banques, compagnies d'assurance, mutuelles, etc.
2. Un ménage est également considéré comme un producteur s'il est propriétaire d'un logement, qu'il le loue ou qu'il l'occupe lui-même.
3. Institutions sans but lucratif au service des ménages (associations et fondations).

→ Activité 1 p. 37

1. Recopiez puis complétez le tableau.
2. Le PIB étant calculé aux prix d'échange sur les marchés, il faut ajouter 249,7 milliards d'euros de TVA et de droits de douane au total des valeurs ajoutées pour obtenir la valeur du PIB. Quel était son montant réel en 2017 ?
3. Reformulez la réponse à la question 2 du document 1 en vous servant des résultats de vos calculs.

Doc 2 Évolution de la croissance économique sur une longue période

PIB par habitant[1] et par zones géographiques (en volume[2] et en $ US 1991[3] ; 1870-2016)

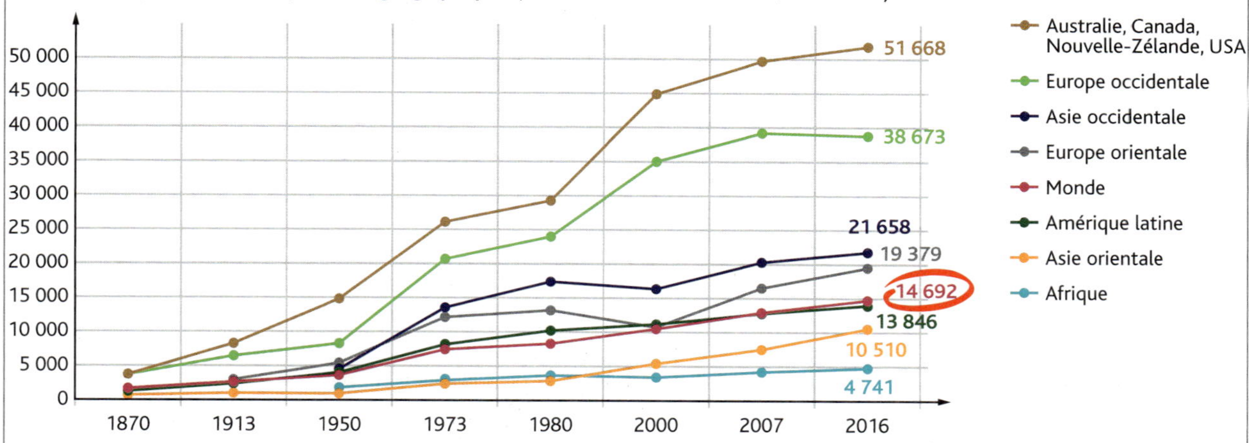

Notes
1. Les données ont été rendues comparables en divisant le PIB de chaque zone géographique par le nombre de ses habitants. **2.** Les données ont été rendues comparables en faisant comme si les prix dans les différentes zones géographiques n'avaient pas varié sur l'ensemble de la période (fiche outil p. 164). **3.** Les données ont été rendues comparables en faisant comme si les taux de change entre les différentes zones géographiques n'avaient pas varié sur l'ensemble de la période et avaient toujours été (et étaient encore) ceux de 1991.
Source : Maddison Project Database 2018.

1. *Que signifie la donnée entourée ?*
2. *Quelle tendance générale connaît l'évolution des PIB par habitant depuis 1870 ?*
3. *Comment ont évolué les écarts de PIB par habitant des différentes zones de 1950 à 2016 ?*
4. *Pour 2016, comparez les PIB par habitant zone par zone, puis classez chacun de ces PIB par rapport au PIB mondial.*

Fiche outil p. 156
Fiche outil p. 164

Pour aller plus loin

Vidéo
La croissance
hatier-clic.fr/19ses2032

Doc 3 Des « Trente Glorieuses » aux « Trente Piteuses », l'exemple de la France

Taux de croissance annuels du PIB en volume de la France (1950-2017 ; en %)

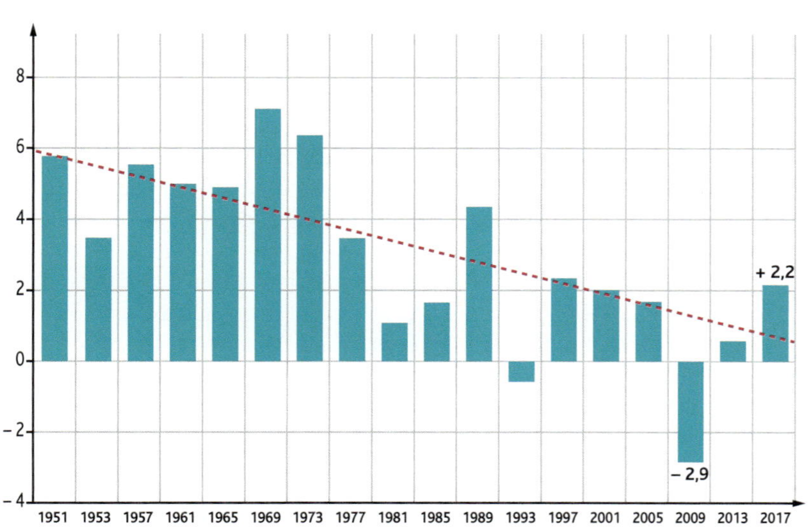

Source : Insee, Comptes nationaux, base 2014.

1. *Exprimez la signification des données pour les années 2009 et 2017.*
2. *Que représente la droite en pointillés ?*
3. *Caractérisez l'évolution du PIB de la France depuis 1950.*

Fiche outil p. 156
Fiche outil p. 164

Le saviez-vous ?

Les « **Trente Glorieuses** » (titre d'un ouvrage très célèbre de Jean Fourastié) correspondent à la période allant de 1945 à 1974, alors que les « Trente Piteuses » (titre d'un livre de Nicolas Baverez) couvrent la période qui s'ouvre avec le premier choc pétrolier, en 1973.

SYNTHÉTISER

À partir des informations de cette double page, réalisez une carte mentale permettant d'expliquer la notion de croissance économique.
Appuyez-vous sur le doc. 3 de la page 39 pour en expliquer les causes.

Outil
Réaliser une carte mentale
hatier-clic.fr/19ses2080

5 Les limites du PIB et de la croissance économique

OBJECTIF Présenter les insuffisances du PIB et les limites écologiques de la croissance économique

Doc 1 Les « trous noirs » du PIB

« À première vue, on peut avoir l'impression que le PIB offre une version complète de l'activité d'un pays. Pourtant, toute une série d'éléments ne sont pas pris en compte dans son calcul :
– l'économie informelle et au noir[1] […] ;
– le bénévolat et le travail domestique […] ;
– la dégradation de l'environnement, qui hypothèque pourtant la richesse de demain. Pour le PIB, la pollution constitue une "dépense défensive" : réparer les dégâts d'une marée noire fait augmenter le PIB. […]
[De plus] le PIB ne donne aucun élément pour comprendre si la richesse produite est équitablement répartie entre les individus. Un pays peut avoir un PIB très élevé tout en comptant un très grand nombre de personnes vivant en-dessous du seuil de pauvreté. Il ne permet pas non plus de mesurer le bien-être ou la qualité de vie des habitants. »

■ Béatrice Roman-Amat, « Le PIB est-il un bon indicateur de la richesse d'un pays ? », © 2015 caminteresse.fr, *Ça m'intéresse*, 7 décembre 2011.

1. Ensemble de toutes les activités productives échappant à la régulation de l'État. Il s'agit donc soit d'activités non déclarées en raison de leur caractère illégal, soit d'activités légales mais non déclarées (cas du travail au noir) ou sous-déclarées (cas de la fraude fiscale).

1. *Donnez des exemples d'activités qui n'entrent pas dans le calcul du PIB et qui pourraient le faire augmenter si elles l'étaient.*
2. *Donnez des exemples d'activités qui n'entrent pas dans le calcul du PIB et qui pourraient le faire diminuer si elles l'étaient.*
3. *Comment un pays peut-il avoir un PIB très élevé alors qu'un grand nombre de ses habitants sont pauvres ?*

Exercice

Les défaillances du PIB

1. Pour les activités citées ci-après, dites à quels éléments n'entrant pas dans le calcul du PIB elles correspondent (doc. 1) :
Réparer les dégâts d'une marée noire • Un travail rémunéré non déclaré chez un particulier • L'aide apportée à une association de quartier • L'entretien d'un jardin pour sa consommation personnelle • Le retraitement des eaux polluées • La préparation des repas en famille • Un échange de services entre voisins

2. La prise en compte de ces activités augmenterait-elle ou diminuerait-elle le PIB ?

Exo interactif
Manuel numérique

Doc 2 Inégalités et pauvreté

« On est pauvre parce que l'on vit avec beaucoup moins d'argent que la moyenne. En fait, pas exactement la moyenne, mais la "médiane". La moyenne prend en compte les revenus de toute la population, divisés par le nombre de personnes, ce qui présente un inconvénient : un petit nombre de personnes très riches tirent la valeur de la moyenne vers le haut, sans que ce soit très significatif du niveau de vie global. D'où l'utilisation de la médiane, qui est la valeur du niveau de vie pour laquelle autant de personnes gagnent plus et autant gagnent moins, elle sépare la population en deux. […]
Pour définir la pauvreté, reste à déterminer la distance à ce niveau de vie médian. Pour cela, on décide arbitrairement d'un seuil exprimé en pourcentage de ce niveau de vie. En Europe, le plus souvent, on utilise le seuil à 60 % du niveau de vie médian (après impôts et prestations sociales). En France, le niveau de vie médian est de 1 692 euros mensuels pour une personne seule en 2015. Le seuil de pauvreté à 60 % est donc de 1 015 euros (60 % de 1 692). Tous ceux qui vivent avec moins de 1 015 euros par mois sont considérés comme pauvres. »

■ Louis Maurin, « Comment mesurer la pauvreté ? », inegalites.fr, 28 septembre 2017.

1. *Pourquoi le PIB par habitant peut-il ne pas être significatif du niveau de vie global ?*
2. *Comment mesure-t-on la pauvreté ?*
3. *En 2016, selon l'Insee, le revenu médian en France valait 1 710 euros par mois. Calculez le seuil de pauvreté à 60 % pour 2016.*

Fiche outil p. 158

Doc 3 Quelles limites écologiques pour la croissance économique ?

« La multiplication des rapports alarmistes sur le désordre climatique provoqué par l'activité humaine interroge [de plus en plus de Français] : comment sortir d'un modèle qui, si rien ne change, nous conduira dans le mur ? Comment modifier nos modes de vie et habitudes de consommation pour limiter notre impact sur l'environnement ? [...] "Le débat émerge même au sein de l'Église, d'ordinaire peu impliquée dans le débat économique. L'heure est venue d'accepter une certaine décroissance", lançait ainsi le pape François lors de l'encyclique *Laudato si*, en 2015. "L'urgence climatique et sociale est telle que la volonté de trouver un autre modèle travaille la société", constate Eddy Fougier, politologue, chercheur associé à l'Institut des relations internationales et stratégiques (IRIS). "Même si cela n'est pas encore visible à grande échelle, les pratiques évoluent".

La réflexion sur les méfaits environnementaux de la croissance ne date pourtant pas d'hier. Elle a débuté au début des années 1970, autour du rapport Meadows intitulé "Les Limites de la croissance" (1972) pour le Club de Rome, appelant à freiner l'expansion économique, et des travaux de Nicholas Georgescu-Roegen. Ce statisticien fut l'un des premiers à souligner qu'un développement infini de l'activité est incompatible avec un monde où, par définition, les ressources naturelles sont limitées. »

■ Frédéric Cazenave et Marie Charrel, « Montée des inégalités, changement climatique... Faut-il en finir avec la croissance ? », *Le Monde*, 29 novembre 2018.

1. *Pourquoi la limitation des ressources naturelles peut-elle représenter un frein à la croissance économique ?*
2. *Pourquoi la croissance économique a-t-elle un impact négatif sur l'environnement ?*
3. *Quelles solutions peut-on envisager pour préserver l'environnement ?*

Doc 4 « Empreinte écologique » et biocapacité planétaire

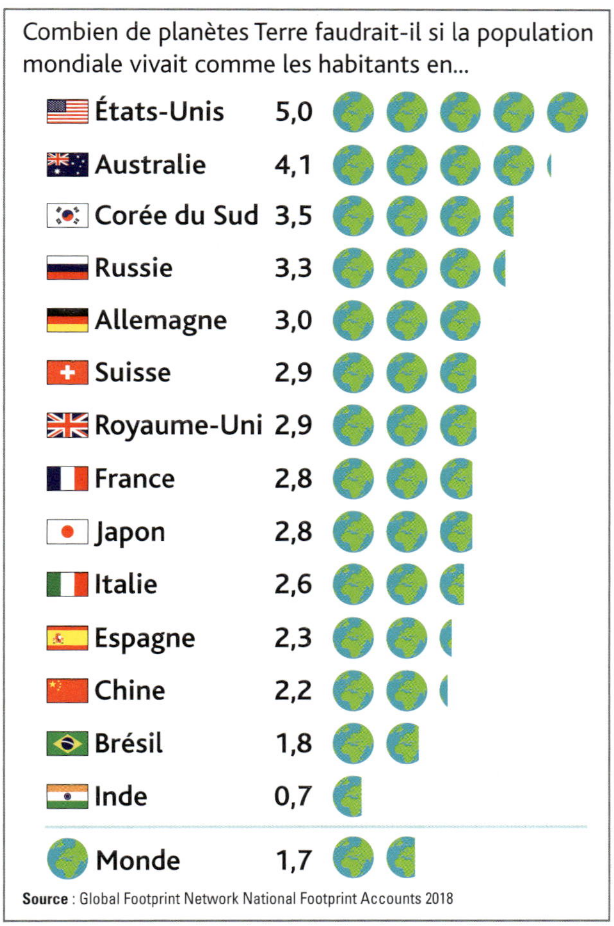

■ La gestion des déchets, une hausse de bien-être ?

« Le 1er août [2018], l'humanité aura consommé autant de ressources naturelles que ce que la Terre peut renouveler durant l'année entière, selon Global Footprint Network, l'organisme de recherche international qui a développé l'indicateur de l'empreinte écologique.

En d'autres termes, l'humanité utilise les ressources naturelles 1,7 fois plus vite que ce que les écosystèmes peuvent régénérer. On dit que l'humanité consomme 1,7 planète Terre. »

■ *Earth Overshoot Day*, « Le jour du dépassement planétaire 2018 tombe le 1er août », 23 juillet 2018, overshootday.org

1. *Qu'est-ce que « l'empreinte écologique » de l'humanité pour le Global Footprint Network ?*
2. *Montrez, à partir des données du graphique, que tous les humains n'ont pas la même empreinte écologique.*
3. *Quel risque pour la croissance économique future le document met-il en évidence ?*

Pour aller plus loin

Vidéo

Savez-vous quelle est l'empreinte écologique de votre pays ?

hatier-clic.fr/19ses2033

SYNTHÉTISER

À partir des informations recueillies dans l'ensemble de cette double page, rédigez un paragraphe argumenté montrant que le PIB est un indicateur imparfait.

Fiche méthode p. 150

PROJET

Administrations publiques et

OBJECTIFS
- Approfondir la réflexion sur les notions de productions marchande et non marchande
- Synthétiser des informations sous la forme d'un schéma

1 h

Partie 1 Exploiter un dossier documentaire

Le dossier met l'accent sur les interdépendances entre les administrations publiques et les entreprises. En groupes, vous devez produire un document permettant de comprendre et d'illustrer ces interdépendances

Document 1 Les administrations publiques ont besoin des entreprises

« Les entreprises françaises constituent le premier employeur de notre pays [...]. C'est donc en grande partie sur elles que repose notre capacité à créer et maintenir des emplois. [...]
Plus les entreprises se développent, plus elles investissent et consomment, plus elles recrutent. Grâce à leur salaire, ces nouveaux employés consomment davantage (alimentation, logement, vêtements, etc.). Ils permettent ainsi aux entreprises qui produisent ces biens de croître, donc d'investir et de recruter à leur tour. L'intérêt d'un pays est ainsi d'avoir des entreprises performantes. [...]
Les entreprises contribuent au financement des besoins de la société [par le paiement de différents impôts et taxes].
Ces sommes sont affectées au financement des différents besoins du pays : éducation, infrastructures, défense nationale, culture, etc. »

■ Serge et Philippe Hayat, *L'entreprise. Un acteur clé de la société*, éditions Autrement, 2006.

Document 2 Prélèvements obligatoires sur l'ensemble des entreprises non financières[1] (France ; 2016)

	En milliards d'euros	En % de leur VA[2]
Cotisations sociales effectives à la charge des employeurs	174,7	13,3
Impôts de production[3]	109,9	8,4
Impôts sur les sociétés	39,8	3,0
Total des prélèvements obligatoires (hors crédits d'impôts)	324,4	24,7

■ D'après Coe-Rexecode, « Le poids et la structure des prélèvements obligatoires sur les entreprises industrielles », document de travail n° 68, mai 2018, (notes : Hatier).

Note de lecture : en 2016, les prélèvements obligatoires sur les entreprises non financières représentaient 324,4 milliards d'euros, soit 24,7 % de leur valeur ajoutée.

1. Toutes les entreprises, sauf celles qui produisent des services financiers (banques et compagnies d'assurance).

2. 1 310,9 milliards d'euros, soit 58,8 % du PIB.

3. Un impôt de production est un impôt qu'une entreprise doit acquitter même si elle ne réalise pas de bénéfices : impôts sur les salaires et la main-d'œuvre, taxe d'apprentissage, taxes foncières, contribution économique territoriale, etc.

entreprises : quelle complémentarité ?

Document 3 **Les entreprises ont besoin de l'État**

« L'État est un acteur important de l'environnement de l'entreprise. Il peut être client des entreprises et leur passer commande : les entreprises deviennent alors les fournisseurs de l'État.

L'État agit aussi sur les entreprises dont il n'est pas client. Il agit en influençant l'environnement dans lequel l'entreprise évolue. […]

Il ne peut pas tout faire bien sûr, mais il pose ce qu'on appelle un cadre juridique. Ce cadre juridique est très vaste, mais retenons quelques aspects spécifiques à l'entreprise :

→ En garantissant le droit de propriété, l'État s'assure que lorsqu'on achète un produit, il sera à nous et le voisin ne pourra pas l'utiliser à notre place.

→ En établissant un droit des contrats, l'État s'assure que les transactions entre l'entreprise et ses partenaires (fournisseurs, distributeurs, clients) s'effectueront correctement.

→ En instaurant un droit du travail, l'État s'assure que la production des biens et services est réalisée en respectant de bonnes conditions de travail.

Alors que l'État est souvent pointé du doigt par les entrepreneurs (parce qu'ils payent beaucoup d'impôts), il faut néanmoins rappeler le rôle majeur joué par l'État dans le bon fonctionnement de "la vie des affaires". […]

L'État est [aussi] là pour aider les entreprises quand elles rencontrent des difficultés momentanées. »

■ « L'entreprise et l'État », *Facil'éco, mieux comprendre l'économie*, www.economie.gouv.fr.

Document 4 **Achat d'une voiture : quelles sont les aides de l'État ?**

« L'État accorde, à tous les Français, une aide de 6 000 € en cas d'achat ou de location longue durée (au moins deux ans) d'un véhicule qui rejette entre 0 et 20 g/km [de CO_2], soit les modèles 100 % électriques, équipés parfois d'un prolongateur d'autonomie. Cela concerne des voitures particulières ou des utilitaires. Attention toutefois, il y a un plafonnement à 27 % du prix d'acquisition. […]

Une prime à la casse existait déjà, mais en 2018, l'État a décidé de l'étendre pour sortir de la circulation des vieux clous[1]. Et c'est un succès, même un carton, puisqu'en moins de neuf mois, 170 000 dossiers ont été déposés, alors que le Gouvernement avait un objectif de 100 000 aides cette année. »

■ Florent Ferrière, « Mondial de Paris 2018. Achat d'une voiture : quelles sont les aides de l'État ? », Caradisiac.com, 24 septembre 2018.

1. Expression désignant un véhicule ancien, généralement en mauvais état. Ici, comprendre des véhicules polluants.

Exploitation du dossier documentaire

1. Relevez les arguments montrant que les entreprises sont essentielles pour les administrations publiques. (Doc.1)
2. Illustrez l'idée que les entreprises participent au financement des besoins du pays à partir de données chiffrées. (Doc. 2)
3. Pourquoi les entreprises ont-elles besoin de l'État ?
4. Montrez l'importance du cadre juridique pour les entreprises. (Doc. 3)
5. Pourquoi l'État accorde-t-il des aides à l'achat d'un véhicule ? Quels peuvent en être les effets sur le secteur automobile ? (Doc. 4)

Partie 2 Modéliser avec des schémas explicatifs

1 h 30

➡ Chapitre 1 p. 16-17

Réalisation des schémas — 45 min

La classe se répartit en quatre à six groupes.

1. À partir de vos réponses aux questions précédentes, construisez deux schémas de synthèse permettant d'expliquer :
   – que les administrations publiques ont besoin des entreprises ;
   – que les entreprises ont besoin de l'État et des autres administrations publiques.
2. Si l'on réunissait ces deux schémas que chercherait-on à montrer ?
3. Rassemblez les deux schémas sur un support papier ou numérique pour faire une synthèse.

Présentation des modélisations — 45 min

4. Chaque groupe présente ensuite ses schémas à la classe.

ATELIER SAVOIR-FAIRE

PIB et IDH : quelles différences ?

OBJECTIFS
- Montrer que l'IDH permet de remédier à l'une des insuffisances du PIB
- Présenter une notion de manière synthétique

Doc 1 Qu'est-ce que l'IDH ?

« Pour évaluer le niveau de développement des populations au-delà de la seule dimension mesurée par le PIB, l'Indice de développement humain[1] (IDH) offre une mesure du niveau moyen de "bien-être" atteint dans des dimensions clés : vivre une vie longue et en bonne santé, atteindre un certain niveau d'éducation, et jouir d'un niveau de vie décent. »

■ Insee, « Dossier Bourgogne-Franche-Comté », *Portrait de la Bourgogne-Franche-Comté*, n° 2, avril 2016.

1. L'IDH, que l'on doit au Programme des Nations Unies pour le développement (PNUD), varie entre 0 et 1.

Doc 2 Revenu national par habitant et IDH

« Le RNB[1] par habitant reflète seulement le revenu national moyen. Il ne donne pas d'informations sur la façon dont ce revenu est dépensé et n'indique pas s'il se traduit par une meilleure santé, un meilleur niveau d'instruction ou d'autres résultats en matière de développement humain. De fait, comparer les classements des pays selon le RNB par habitant et selon l'IDH peut nous enseigner beaucoup de choses sur les résultats des choix de politiques nationales. »

■ PNUD, « Le RNB par habitant peut-il être utilisé pour mesurer le développement humain à la place de l'IDH ? », http://hdr.undp.org/en/node/2547, © 2019 Programmes des Nations Unies pour le Développement.

1. Le Revenu national brut (RNB) est un agrégat proche en niveau du Produit intérieur brut (PIB) ; il mesure le revenu total des agents résidant sur un territoire.

Doc 3 L'Indice de développement humain et ses composantes (2017)

	Norvège	Qatar
RNB par habitant (en $)	68 012	116 818
Classement mondial	6e	1er
IDH	0,953	0,856
Durée de scolarisation moyenne (en années)	12,6	9,8
Durée de scolarisation attendue (en années)	17,9	13,4
Espérance de vie à la naissance (en années)	82,3	78,3
Classement mondial	1er	37e

■ PNUD, *Human Development Indices and Indicators 2018 Statistical Update.*

Fiche outil p. 160

Animation
Manuel numérique

COMPRENDRE LES DOCUMENTS

1. *À quoi les trois composantes de l'IDH correspondent-elles ? Faites une recherche pour comprendre le mode de calcul de l'IDH. (Doc. 1)*
2. *Pourquoi le RNB par habitant est-il un indicateur imparfait ? (Doc. 2)*
3. *Comparez les classements de la Norvège et du Qatar selon l'indicateur considéré. (Doc. 3)*

CROISER LES DOCUMENTS

4. *En quoi l'IDH complète-t-il le PIB ? (Doc. 1 et 2)*
5. *Illustrez l'intérêt de l'IDH à l'aide des exemples de la Norvège et du Qatar. (Doc. 3)*

SYNTHÉTISER

6. *Rédigez un paragraphe présentant la construction de l'IDH et expliquant en quoi cet indicateur complète le PIB.*

ATELIER
ORIENTATION

Économie et études courtes

Avec une spécialité « Sciences économiques et sociales », on peut poursuivre des études en économie dites « courtes » (Bac +2) et obtenir un brevet de technicien supérieur (BTS) ou un diplôme universitaire de technologie (DUT).
Ces formations débouchent sur des choix variés de métiers avec une situation à l'embauche favorable.

Formation

Le BTS

- Formation en lycée public ou en école privée.
- Sélection importante (possibilité d'une formation par apprentissage).
- Orientation dans une spécialité (Management des unités commerciales (MUC), Gestion de la PME, etc.) en plus des matières générales (français, mathématiques, économie, langues...).
- Stages lors de la formation pour une insertion professionnelle rapide.

Dossier Onisep
Les BTS
hatier-clic.fr/19ses2034

Le DUT

- Formation au sein d'un Institut universitaire de technologie (IUT).
- Les avantages de l'université avec un encadrement renforcé.
- De nombreuses spécialités (Gestion des entreprises et des administrations, Gestion administrative et commerciale...).
- Les titulaires de DUT sont très recherchés sur le marché du travail, mais la plupart poursuivent leurs études.

Fiche Onisep
DUT GACO
hatier-clic.fr/19ses2035

Métiers

Assistant·e de gestion en PME

- Fonction centrale dans la petite entreprise : à la fois comptable, commercial·e ou secrétaire
- Salaire débutant : 1 500 € brut
- Accessible après un BTS « Gestion de la PME » ou un DUT « Gestion des entreprises et des administrations »
- Nombreux recrutement, chaque année, dans le secteur « Commerce et distribution »

Témoignage
Le métier de comptable
hatier-clic.fr/19ses2036

RECHERCHER

1. *Qu'est-ce qui différencie un BTS d'un DUT ?*
2. *Listez les BTS et DUT accessibles avec la spécialité SES.*
3. *Peut-on poursuivre des études après un BTS ou un DUT ?*
4. *Donnez des exemples de métiers possibles après ces formations.*

ACTIVITÉ

Vous êtes étudiant·e en BTS ou en DUT, et vous devez réaliser une affiche pour valoriser votre formation auprès des lycéens.

1 Rechercher des informations
En groupe, choisissez une formation et recherchez les informations en vue de la présenter.

2 Trier des informations
Sélectionnez les informations utiles pour l'argumentaire de l'affiche (matières étudiées, débouchés, etc.) puis faites-en une synthèse dans un encadré.

3 Réaliser l'affiche
- *Choisissez un ou des visuels (photo, dessin, etc.) pour en faire un élément central de votre affiche.*
- *Rédigez un slogan (phrase courte et évocatrice). Disposez le contenu informatif (nom de l'établissement et de la formation, slogan, argumentaire) autour de l'élément central.*

MAÎTRISER LES SAVOIR-FAIRE

1 Traiter les données d'un tableau

Fiche outil p. 155
Fiche outil p. 158

	PIB par habitant et revenu disponible médian dans quatre pays de l'UE (2016)	
	PIB par habitant (indice[1])	**Revenu disponible[2] des ménages par habitant[3] médian** (en euros)
Allemagne	124	21 275
Danemark	124	28 665
Estonie	75	8 645
Lituanie	75	5 645

■ Source : Eurostat.

1. Base 100 pour l'Union européenne.

2. Le revenu disponible d'un ménage comprend les revenus d'activité (nets des cotisations sociales), les revenus du patrimoine et les prestations sociales, nets des impôts directs.

3. On raisonne ici en « unités de consommation » (UC) en attribuant un coefficient à chaque membre d'un ménage, ce qui permet de comparer les niveaux de vie de ménages de tailles ou de compositions différentes. Dans un ménage, le premier adulte compte pour 1 UC, les autres personnes de 14 ans ou plus pour 0,5 UC et les enfants de moins de 14 ans pour 0,3 UC.

1. *Exprimez la signification des données entourées.*
2. *Comparez les données de l'Allemagne à celles du Danemark, puis celles de l'Estonie à celles de la Lituanie.*
3. *En vous appuyant sur cette double comparaison, montrez que le PIB par habitant ne rend pas compte des inégalités de revenus.*

2 Exploiter un texte

Fiche méthode p. 144

« "L'état des *ressources halieutiques* a continué de se dégrader", alerte l'Organisation des Nations unies pour l'alimentation et l'agriculture. Selon son dernier bilan, au niveau mondial, 33 % des populations de poissons sont désormais surexploitées, contre 10 % il y a 45 ans. C'est en Méditerranée, en mer Noire et dans les eaux au large de l'Amérique latine, côté Atlantique comme côté Pacifique, que la situation est la plus inquiétante (59 à 62 % des stocks de poissons surexploités). Contre 13 à 17 % dans la plupart des zones du Pacifique. [...]

L'Union européenne (UE) a failli interdire la pêche au *bar*, avant de temporiser et abaisser le *quota* d'un petit 5 %. Plus globalement, l'Europe est tiraillée entre la préservation des ressources et le soutien à sa filière halieutique, et les États-membres eux-mêmes ne respectent pas leurs quotas – les plus mauvais élèves étant la Belgique sur la *raie brunette* et l'Espagne sur le *flétan noir*. L'UFC-Que Choisir s'en inquiète et demande à l'UE de "respecter strictement les recommandations des experts". »

■ Elsa Casalegno et Sandrine Girollet, © Version papier : extrait de l'article « Pêche. Acheter durable », *Que choisir* n° 577, février 2019, © numérique : extrait de l'article « Pêche. Acheter durable », février 2019, quechoisir.org https://www.quechoisir.org/decryptage-pechedurable-manger-des-poissons-en-bonne-conscience-n61050/

1. *Définissez le sens des termes en italique en faisant des recherches si besoin.*
2. *Résumez en une phrase l'idée principale de chaque paragraphe.*
3. *À l'aide de vos connaissances et du document, présentez l'une des limites écologiques auxquelles se heurte la croissance économique.*

Pour aller plus loin

Site web

Un désert aquatique

hatier-clic.fr/19ses2103

S'AUTOÉVALUER

Exos interactifs
hatier-clic.fr/19ses2037

Corrigés → p. 175

1 Qui produit et dans quel but ?

Répondez par vrai ou faux à chaque affirmation.

1. Une production dite « marchande » est vendue à un prix suffisamment élevé pour couvrir les coûts de production, voire engendrer des bénéfices. V ❑ F ❑
2. Une production non marchande est réalisée par une administration publique qui la fournira gratuitement à ses utilisateurs. V ❑ F ❑
3. Les administrations publiques sont constituées uniquement de l'État. V ❑ F ❑
4. L'Économie sociale et solidaire (ESS) ne comprend pas seulement des associations et des fondations : certaines entreprises en font également partie. V ❑ F ❑

2 Distinguer les acteurs productifs

Complétez le tableau en répondant par oui ou par non.

Un service d'enseignement fourni par…	Production marchande	Production non marchande	À but lucratif
A. Une entreprise (hors ESS)			
B. Une entreprise de l'ESS			
C. Un lycée public			
D. Une association			

3 Comment produire des richesses ?

Complétez le texte avec les expressions suivantes.

1. *capital* • 2. *consommations intermédiaires* • 3. *davantage* • 4. *efficacement* • 5. *facteurs de production* • 6. *nombreuses* • 7. *progrès technique* • 8. *survivre* • 9. *technologie* • 10. *travail*

Pour produire, il faut associer des .....a..... et des .....b..... . Ces dernières ne vont pas .....c..... au processus productif qui va les utiliser, alors que les facteurs de production (le .....d..... et le .....e.....) seront utilisables de .....f..... fois.
Pour produire à la fois .....g..... et plus .....h....., il faut améliorer la .....i..... grâce au .....j..... .

4 Comment mesurer la création de richesses ?

Reliez les différents éléments de phrase pour obtenir des propositions cohérentes.

La création de richesses d'une entreprise ne se mesure pas par son chiffre d'affaires mais par sa…	a.	1.	… sa croissance est confrontée.
Il faut soustraire les consommations intermédiaires à la valeur de la…	b.	2.	… bénéfice.
La valeur ajoutée d'une entreprise diffère de son…	c.	3.	… inégalités de revenus.
Le PIB est une…	d.	4.	… valeur ajoutée.
Le PIB ne rend pas compte des…	e.	5.	… production pour obtenir la valeur ajoutée.
Le PIB ne nous renseigne pas sur les limites écologiques auxquelles…	f.	6.	… somme de valeurs ajoutées.

POUR RÉSUMER

Comment crée-t-on des richesses et comment les mesure-t-on ?

1 Une pluralité d'acteurs productifs

pp. 36-37

• Les acteurs productifs produisent des biens ou/et des services en cherchant ou non à obtenir un bénéfice ; ils réalisent soit des **productions marchandes** (cas des **entreprises**), soit des **productions non marchandes** (cas des **administrations publiques**). Certains acteurs productifs privés sont à **but non lucratif** : c'est le cas des associations et des fondations, qui font partie de l'Économie sociale et solidaire (ESS). Aussi fournissent-elles également des services non marchands.
• Mais certaines entreprises appartiennent elles aussi à l'ESS : le but primordial des coopératives et des mutuelles n'est ainsi pas le bénéfice, bien que leurs productions soient marchandes.

2 La notion de combinaison productive

pp. 38-39

• Produire nécessite de combiner des **consommations intermédiaires** (matières premières, énergie, etc.) et des **facteurs de production** (travail et capital).
• La méthode de production, et notamment la **technologie** employée, joue également un rôle essentiel. Par son perfectionnement, c'est-à-dire grâce au **progrès technique** (innovation organisationnelle ou innovation de procédé), elle permet de produire à la fois davantage et plus efficacement.

3 Mesurer la richesse créée par une entreprise

pp. 40-41

• En produisant, toute entreprise détruit ou transforme des ressources qu'elle n'a pas créées (les consommations intermédiaires). Sa capacité à créer de la richesse doit alors s'évaluer non par son **chiffre d'affaires** (ses recettes des ventes) mais par sa **valeur ajoutée**. Celle-ci s'obtient en soustrayant les consommations intermédiaires au chiffre d'affaires.
• Cette valeur ajoutée va nécessairement engendrer des revenus d'un montant équivalent à la richesse créée : **les revenus du travail** (cotisations sociales incluses), les revenus du capital (dont le **bénéfice**) et les impôts.

4 Mesurer la richesse créée dans un pays

pp. 42-43

• Le Produit intérieur brut (**PIB**) est égal à la somme des valeurs ajoutées de tous les acteurs productifs résidant sur un territoire donné. C'est grâce à lui que l'on mesure la création de richesses du pays correspondant. Et c'est par sa variation que l'on mesure la **croissance économique**.
• La croissance économique a débuté en Occident lors de la première révolution industrielle, à la fin du 18e siècle. Son rythme a cependant différé – et diffère encore – fortement d'une zone géographique à l'autre.

5 Les limites du PIB et de la croissance économique

pp. 44-45

• Le PIB est un indicateur imparfait. En effet, son mode de calcul est insatisfaisant car il ignore ou traite mal certains éléments : le travail domestique, l'économie souterraine, la **dégradation de l'environnement**, etc. De surcroît, cet agrégat ne rend pas compte des **inégalités de revenus** et ne renseigne pas sur les **limites écologiques** du système socio-économique dont il résulte.

Les termes soulignés servent à compléter le schéma de synthèse

Mémorisation active

Pour ancrer les notions dans ma mémoire, j'utilise plusieurs fois dans l'année les outils de révision suivants :

Mémocartes
hatier-clic.fr/19ses2038

Tableau à imprimer
Manuel numérique

MOTS-CLÉS

Reportez-vous au dico illustré en fin d'ouvrage.

- ✓ **Administrations publiques**
- ✓ **Bénéfice**
- ✓ **Chiffre d'affaires**
- ✓ Consommations intermédiaires
- ✓ **Croissance économique**
- ✓ **Économie sociale et solidaire**
- ✓ **Entreprises**
- ✓ **Facteurs de production**
- ✓ Inégalités de revenus
- ✓ Limites écologiques
- ✓ **Production marchande**
- ✓ **Production non marchande**
- ✓ **Produit intérieur brut** (PIB)
- ✓ Progrès technique
- ✓ Technologie
- ✓ **Valeur ajoutée**

Résumer À L'AIDE D'UN SCHÉMA

Schéma imprimable
Manuel numérique

Schéma interactif
hatier-clic.fr/19ses2104

Reproduisez et complétez le schéma de synthèse

Utilisez les termes soulignés de la page 52.

Création de richesses

Acteurs productifs
- Entreprises (...)
- Administrations publiques (..................................)
- Économie sociale et solidaire (..................................)

Les ressources
- ....
- .... (capital et travail)

→ Rôle du progrès technique (..........................)

→ **La production de biens et/ou de services** ↔

Mesure de la richesse

Production d'une entreprise
- .... (chiffre d'affaires moins consommations intermédiaires)

Production d'un pays
- .... (somme des valeurs ajoutées)

→ Sa variation mesure la ....

Limite du PIB
- Ne prend pas en compte les ....

Limite de la croissance
- Des .... comme frein

Réviser AVEC UN FILM

Entre nos mains

Documentaire de Mariana Otero, 2010 (1 h 30). Nommé aux Césars 2010 dans la catégorie « Meilleur documentaire ».

Starissima, une entreprise de lingerie féminine de Saint-Cyr-en-Val (Loiret) étant en redressement judiciaire, nombre de ses salarié·e·s (principalement des femmes) vont tenter d'éviter sa disparition en la transformant en Scop. Malgré l'échec de cette tentative, ce documentaire se termine sur une note optimiste, les salarié·e·s estimant que ce type de projet pourrait aboutir pour d'autres collectifs de travail que le leur.

1. *Donnez deux raisons expliquant pourquoi les salarié·e·s de Starissima projetaient de créer une Scop.*
2. *Quelles étaient leurs craintes ?*
3. *Pourquoi ce projet n'a-t-il pas abouti ?*

CHAPITRE 3

Comment se forment les prix sur un marché ?

EXPLORER AVEC DES IMAGES

Qu'est-ce qu'un marché ?

■ La Bourse de Chicago (États-Unis)

■ Le marché de Chichicastenango (Guatemala)

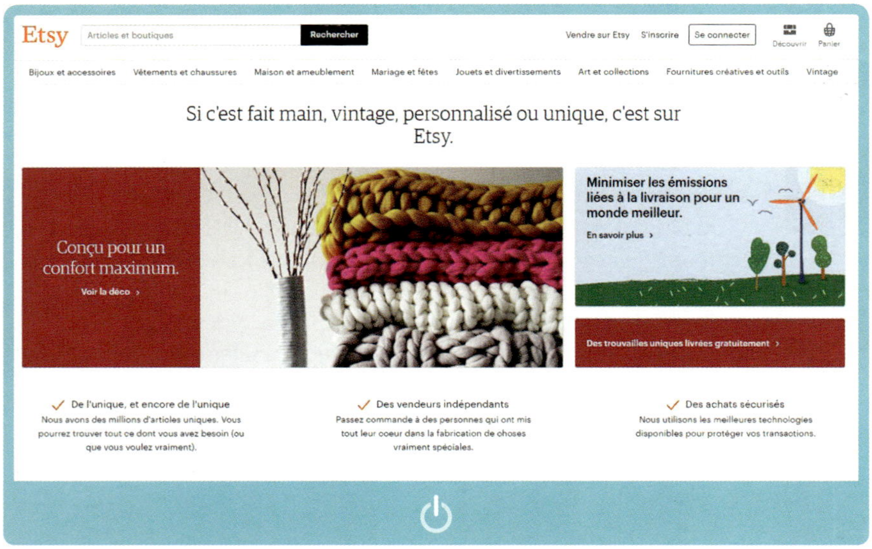

■ Page d'accueil du site Etsy

1. *Avant d'examiner en détail les photos, quelle représentation dessineriez-vous si l'on vous demandait de représenter un marché ?*
2. *Quels sont les points communs entre votre représentation et les trois situations illustrées ici ?*
3. *Quelles sont les différences entre votre représentation et les trois situations illustrées ici ?*

EXPLORER AVEC UNE ACTIVITÉ SUR UN SITE

Pourquoi des prix différents ?

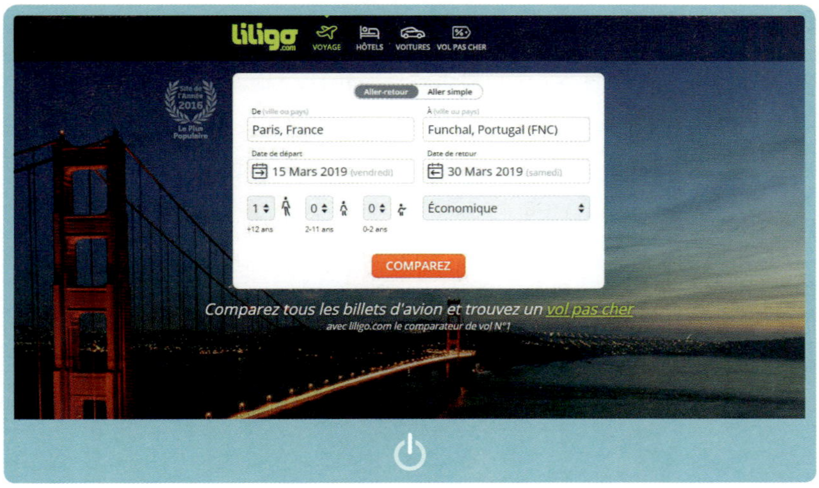

Vos parents vous confient la tâche de trouver un billet d'avion A/R Paris/Funchal (Madère) pour un adulte durant les vacances de Noël.

1. Les dates de l'aller et du retour doivent être comprises entre le vendredi midi de la sortie et le dimanche de la veille de la rentrée.
2. Vous devez passer exactement sept nuits sur place.

1. *Constituez des groupes de quatre. Chaque groupe choisit un site pour comparer le prix des billets (Liligo, Skyscanner...) et cherche le billet le meilleur marché. Vous disposez de dix minutes.*
2. *Chaque groupe présente sa recherche en indiquant les informations de l'offre choisie (dates de l'aller et du retour, durée du voyage, aéroports de départ et d'arrivée...).*
3. *Selon vous, pourquoi les prix proposés sont-ils différents ?*

Site Web
Liligo
hatier-clic.fr/19ses2039

EXPLORER AVEC UNE VIDÉO

Le marché omniprésent ?

Vidéo
Le Mercato, comment ça marche ?
hatier-clic.fr/19ses2040

1. *Quelle est la signification du mot « mercato » ?*
2. *Ce terme vous semble-t-il bien choisi ? Justifiez votre réponse.*
3. *Sur ce « marché », qui sont les offreurs ? Qui sont les demandeurs ? Quel est le « produit » échangé ? À quoi correspond le prix fixé ?*
4. *On entend souvent parler de « marché du travail », de « marché matrimonial », de « marché de l'art » ou encore de « marché financier ». Existe-t-il pour chacun de ces « marchés » une offre ? une demande ? des échanges ? un prix ?*

Comment se forment les prix sur un marché ?

DÉCOUVRIR LES ENJEUX

Nous sommes en permanence confrontés à des prix : prix des biens, des services, mais aussi prix du travail (salaires), prix des appartements à la location (loyers) ou encore prix du crédit (taux d'intérêt). Mais comment ces prix se forment-ils ?

Pour répondre à cette question, il est nécessaire d'examiner le fonctionnement des marchés où se rencontrent l'offre et la demande. Les prix sont le résultat de cette confrontation, mais aussi des interventions de l'État.

■ Bill Watterson, *Calvin et Hobbes. Que de misère humaine !*, Vol. 19, Hors Collection, 2000.

Quelle est la relation entre les quantités demandées et le prix ?

La « **demande** » correspond aux quantités de biens (ou de services) que les agents économiques sont prêts à acheter aux différents prix fixés par le marché. Dans la plupart des cas, plus le prix est élevé, plus la quantité demandée est faible : c'est la fameuse « **loi de la demande** ».

■ Source : twitter.com

Quelle est la relation entre les quantités offertes et le prix ?

L'« **offre** » correspond aux quantités de biens (ou de services) que les vendeurs sont prêts à vendre aux différents prix fixés par le marché. Dans la plupart des cas, plus le prix est élevé, plus la quantité offerte est importante : c'est la fameuse « **loi de l'offre** ».

Comment se forme un prix d'équilibre sur un marché ?

La plupart du temps, les consommateurs prêts à payer le prix demandé trouvent à acheter la quantité de biens souhaitée. Et, de la même manière, la plupart du temps, les vendeurs qui sont disposés à accepter le prix proposé sur le marché trouvent à écouler leur production. Les prix et les quantités auxquels nous sommes confrontés sont donc des « **prix d'équilibre** » et des « **quantités d'équilibre** » qui se forment au terme de la rencontre entre offreurs et demandeurs.

Comment les taxes et les subventions modifient-elles le prix d'équilibre ?

Rares sont les marchés où les prix résultent du seul jeu de l'offre et de la demande. Sur la plupart des marchés, en effet, l'État intervient en prélevant des **taxes** supportées par les consommateurs et/ou les vendeurs ; ou, inversement, en accordant des **subventions**. Ces interventions modifient le prix et la quantité d'équilibre.

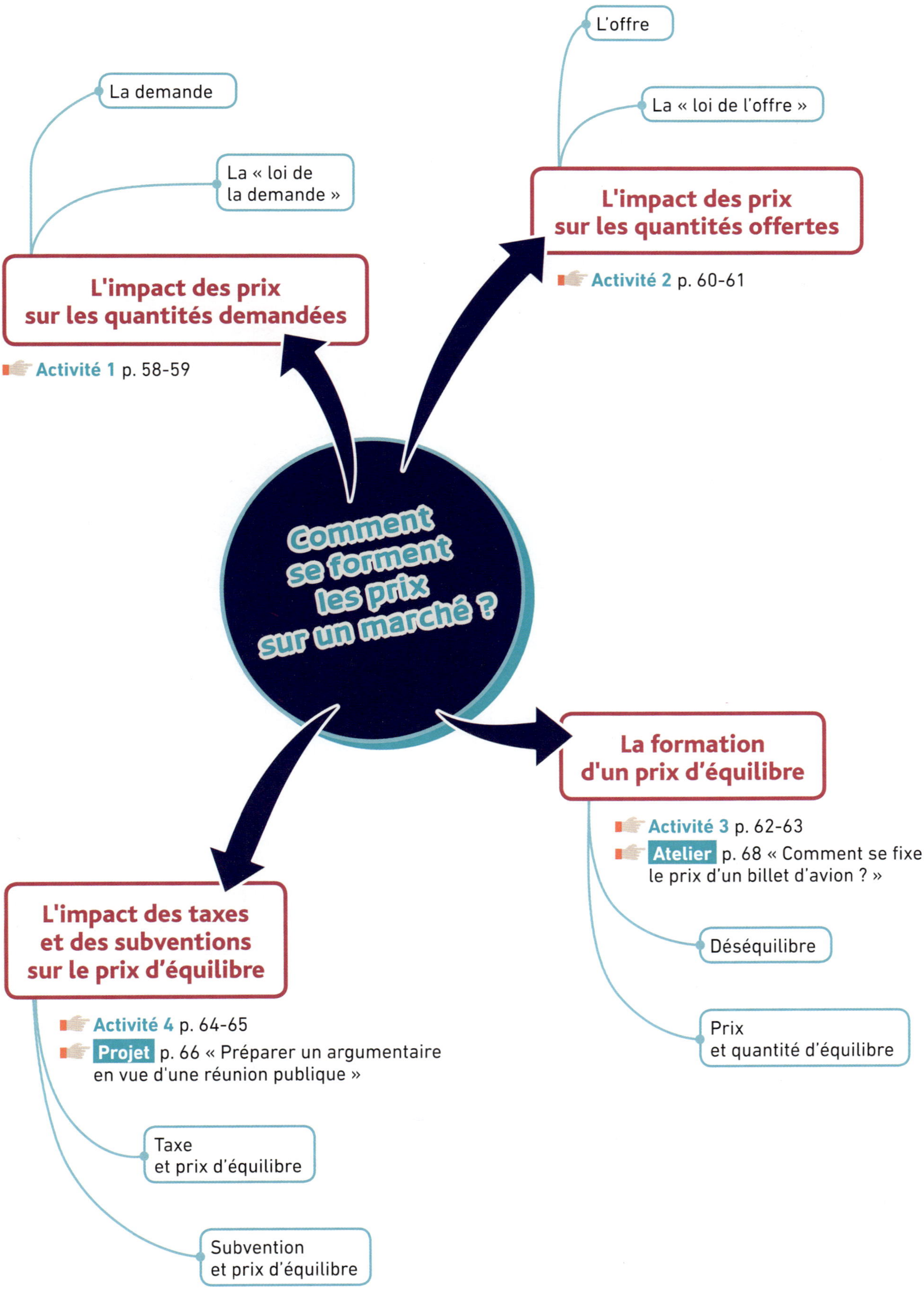
Comment se forment les prix sur un marché ?
L'impact des prix sur les quantités demandées
Activité 1 p. 58-59
La demande
La « loi de la demande »
L'impact des prix sur les quantités offertes
Activité 2 p. 60-61
L'offre
La « loi de l'offre »
La formation d'un prix d'équilibre
Activité 3 p. 62-63
Atelier p. 68 « Comment se fixe le prix d'un billet d'avion ? »
Déséquilibre
Prix et quantité d'équilibre
L'impact des taxes et des subventions sur le prix d'équilibre
Activité 4 p. 64-65
Projet p. 66 « Préparer un argumentaire en vue d'une réunion publique »
Taxe et prix d'équilibre
Subvention et prix d'équilibre

1 L'impact des prix sur les quantités demandées

OBJECTIF Décrire et expliquer la relation entre les quantités demandées et le prix

Doc 1 L'impact du prix sur la fréquentation d'un musée

■ Le Centre Pompidou (Paris) un jour normal (prix d'entrée : 14 €)

■ Le Centre Pompidou (Paris) un jour de gratuité (prix d'entrée : 0 €)

1. *À l'aide des deux photographies, quel lien pouvez-vous établir entre la fréquentation de ce musée et le prix de l'entrée ?*
2. *Faites un sondage dans la classe. Combien d'entre vous seraient disposés à aller visiter ce musée à 14 € l'entrée ? Et si l'entrée est gratuite ?*
3. *Commentez et expliquez les résultats obtenus à la question précédente.*

DÉFINITIONS

Demande
Quantités de biens (ou de services) que les agents économiques sont prêts à acheter pour les différents prix donnés par le marché.

Variable expliquée/variable explicative
La variable expliquée est fonction de la variable explicative, c'est-à-dire que la variable explicative est la cause des variations de la variable expliquée.

Doc 2 La relation entre le prix et la quantité demandée

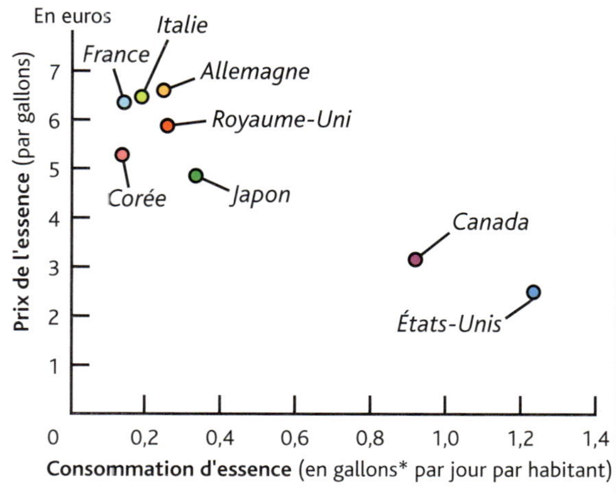

* Un gallon vaut approximativement 3,8 litres.
Source : Paul Krugman, *Microéconomie*, De Boeck, 2016, p. 133.
Source : Indicateurs du développement mondial. Administration américaine de l'information sur l'énergie 2013.

1. *Faites une phrase pour exprimer la signification de la valeur correspondant à la France.*
2. *Quelle est d'après vous la variable explicative ? La variable expliquée ?*
3. *D'après ce graphique, comment évolue la consommation d'essence en fonction du prix de l'essence ?*
4. *La relation entre le prix de vente et la quantité demandée s'appelle la « loi de la demande » : en vous appuyant sur le graphique, comment pouvez-vous formuler cette loi ?*

Fiche outil p. 162

Doc 3 Disposition à payer et quantité demandée

« Intéressons-nous au marché des manuels d'occasion [...]. Un livre usagé n'est pas équivalent à un neuf : il peut être abîmé, surligné par quelqu'un d'autre, et peut ne pas être à jour. À quel point cela vous dérange dépend de vos propres préférences. Certains acheteurs potentiels préféreraient acheter des livres usagés s'ils n'étaient que légèrement meilleur marché que le livre neuf, tandis que d'autres achèteraient le livre usagé seulement s'il était bien meilleur marché. [...] La disposition à payer d'un acheteur potentiel est le prix maximum auquel il achèterait un bien (ici un manuel usagé). Un individu n'achètera pas le livre s'il coûte plus que ce montant, mais sera disposé à le faire s'il coûte moins.

Acheteur potentiel	Disposition à payer
Sophie	59 €
Paul	45 €
Claudia	35 €
David	25 €
Nathalie	10 €

Le tableau ci-dessus indique qu'il existe cinq acheteurs potentiels d'un exemplaire d'un livre usagé (qui coûte 70 € neuf), classés selon leur disposition à payer. À un extrême se trouve Sophie, qui achètera un livre de seconde main même si le prix est aussi élevé que 59 €. [...] Nathalie [en revanche], qui n'aime vraiment pas l'idée d'un livre usagé, n'en achètera un que si le coût n'est pas supérieur à 10 €. Combien de ces cinq étudiants achèteront effectivement un livre usagé ? Cela dépend du prix. Si le prix d'un livre est 55 €, seule Sophie en achètera un ; si le prix est 40 €, Sophie et Paul en achèteront, etc. »

■ Paul Krugman, *Microéconomie*, De Boeck, 2016.

1. *Si un libraire propose un prix de vente de 5 €, combien d'étudiants seront intéressés ? Quelle sera alors la quantité totale de manuels d'occasion demandée ?*
2. *Mêmes questions si le prix proposé par le libraire est de 10 € ; de 20 € ; de 25 € ; de 30 € ; de 35 € ; de 40 € ; de 45 €.*
3. *Reportez sur un graphique (prix en ordonnées et quantités en abscisses) les points correspondant aux couples « prix proposé/ quantité demandée » que vous avez identifiés en répondant aux questions 1 et 2.*
4. *Quelle est la forme du tracé obtenu ?*
5. *Rédigez une phrase pour expliquer la corrélation entre prix proposé et quantité demandée.*

Doc interactif

Manuel numérique

Exercice La demande de clés USB 32 Go

Formez des groupes de deux et décidez qui sera le **teneur de marché** et qui sera l'**acheteur** (sans possibilité de revente du bien). Le teneur de marché dessine un tableau à deux colonnes et douze lignes. Dans la première ligne de ce tableau, on fera figurer les titres des colonnes : « Prix » et « Quantité demandée ».

1. Le teneur de marché commence par reporter dans la première colonne du tableau onze prix entiers de 10 à 0 €, en allant du prix le plus élevé au prix le plus faible.
2. Le teneur de marché commence par proposer le prix le plus élevé à l'acheteur potentiel et note dans la deuxième colonne du tableau la quantité de clés USB que l'acheteur est prêt à acheter à ce prix. Il renouvèle l'expérience avec les dix autres prix.

À présent, tous les teneurs de marché mettent en commun leurs résultats et désignent un « super teneur » de marché.

3. Le « super teneur » de marché additionne les quantités individuelles demandées de clés USB pour chacun des prix allant de 10 € à 0 € et reporte les résultats obtenus dans un tableau à deux colonnes, la première réservée aux prix, la seconde aux quantités.
4. À l'aide des résultats que le « super teneur » de marché aura communiqués, chacun représente graphiquement la relation entre le prix proposé et la quantité demandée, avec le prix en ordonnées et la quantité demandée en abscisses.
5. La représentation graphique obtenue vérifie-t-elle la « loi de la demande » ? Justifiez votre réponse.

DÉFINITIONS

Acheteur
Agent économique qui cherche à se procurer un bien sur le marché.

« Super teneur » de marché
Agent économique qui centralise les informations obtenues par chaque teneur de marché individuel.

Teneur de marché
Agent économique qui propose des prix à l'achat aux acheteurs potentiels afin de permettre au marché de fonctionner au mieux. Il identifie la fonction de demande individuelle.

SYNTHÉTISER

En vous appuyant sur l'ensemble des documents, vous rédigerez un paragraphe argumenté présentant la « loi de la demande ».

Fiche méthode p. 150

2 L'impact des prix sur les quantités offertes

OBJECTIF Décrire et expliquer la relation entre les quantités offertes et le prix

Doc 1 Qui veut louer sa place de parking ?

1. *Quel est le prix proposé par l'annonce datée du 16 octobre ? par celle datée du 1er novembre ?*
2. *Combien de personnes ont manifesté leur intérêt pour l'annonce datée du 16 octobre ? Pour la seconde annonce datée du 1er novembre ?*
3. *Ce résultat vous étonne-t-il ? Comment l'expliquez-vous ?*

DÉFINITION

Offre
Quantités de biens (ou de services) que les agents économiques sont prêts à vendre pour les différents prix donnés par le marché.

CITATION

« Le terme de "loi" ne désigne rien d'autre qu'une proposition générale ou la mise en évidence de tendances, plus ou moins affirmées, plus ou moins définies [...]. Ceci signifie que, sous certaines conditions, on peut espérer un comportement défini des membres d'un groupe social particulier. »

■ Alfred Marshall (économiste anglais 1842-1924), *Principes d'économie politique*, 1re édition 1890.

Doc 2 La « loi de l'offre »

Évolution des quantités offertes sur le marché des bovins de Moulins-Engilbert (Nièvre) (2003-2016)

Année	Prix moyen d'un bovin (en €)	Nombre de bêtes proposées à la vente
2003	833	46 737
2004	872	50 783
2006	975	51 595
2012	1094	56 263
2014	1075	55 272
2016	1014	54 500

■ Source : www.sicafome.fr

1. *Reportez sur un graphique (prix en ordonnées et quantités en abscisses) les informations du tableau ci-contre.*
2. *Quelle est selon vous la variable explicative ? La variable expliquée ?*
→ Activité 1 p. 58
3. *Quelle relation entre les deux variables se dégage du graphique obtenu ?*
4. *La relation entre le prix de vente et la quantité offerte s'appelle la « loi de l'offre » : en vous appuyant sur l'exemple donné ici, comment pouvez-vous formuler cette loi ?*

Fiche outil p. 162

Doc 3 Disposition à recevoir et quantité offerte

« Prenez un groupe d'étudiants vendeurs potentiels de manuels d'occasion. Dans la mesure où ils ont des préférences différentes, les vendeurs potentiels diffèrent en matière de prix auxquels ils sont disposés à vendre le manuel.
Le tableau ci-dessous indique les prix auxquels les différents étudiants seraient disposés à vendre. André est disposé à vendre un manuel tant qu'il peut en retirer plus de 5 € ; Stéphanie ne vendra pas à moins de récupérer au moins 15 € ; Pierre au moins 25 € ; Diane au moins 35 € ; Emmanuelle au moins 45 €.
Le prix minimum auquel un vendeur potentiel est disposé à vendre [...] s'appelle le coût du vendeur (ou "disposition à recevoir"). Le coût pour André et donc de 5 €, celui de Stéphanie de 15 €, etc. [...] De même que nous avons déduit la courbe de demande de la disposition à payer des différents consommateurs[1], nous pouvons déduire la courbe d'offre du coût des différents vendeurs.

Vendeur potentiel	Coût (ou « disposition à recevoir »)
André	5 €
Stéphanie	15 €
Pierre	25 €
Diane	35 €
Emmanuelle	45 €

[...] Supposons que la librairie veuille acheter tous les exemplaires d'occasion de ce manuel [...] à un prix de 30 € : en plus d'André, Stéphanie et Pierre vendront également leur manuel. »

■ Paul Krugman, *Microéconomie*, De Boeck, 2016.

1. Voir Doc. 3, Activité 1, p. 59.

1. *Si un libraire propose un prix d'achat de 5 €, combien d'étudiants seront disposés à céder leur exemplaire ? Quelle sera alors la quantité totale de manuels d'occasion offerte ?*
2. *Mêmes questions si le prix proposé par le libraire est de 10 € ; de 20 € ; de 25 € ; de 30 € ; de 35 € ; de 40 € ; de 45 €.*
3. *Reportez sur un graphique (prix en ordonnées et quantités en abscisses) les points correspondant aux couples « prix proposé/quantité offerte » que vous avez identifiés en répondant aux questions 1 et 2.*
4. *Quelle est la forme du tracé obtenu ?*
5. *Rédigez une phrase pour expliquer la corrélation observée entre prix proposé et quantité offerte.*

Fiche outil p. 162

Exercice Produire ou ne pas produire ?

Coûts moyens de production et capacités de production dans différents pays producteurs de pétrole

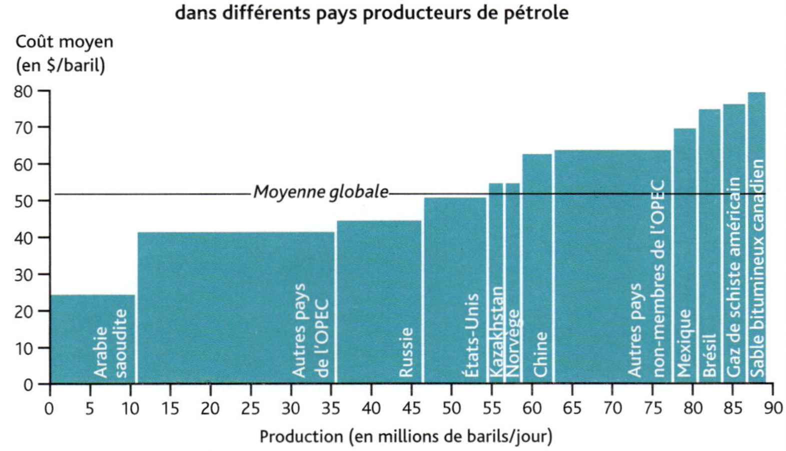

Lecture : L'Arabie saoudite a une capacité de production d'un peu plus de 10 millions de barils par jour pour un coût moyen d'extraction d'un peu moins de 25 $.
Source : http://adrastia.org/petrole-30-dollars-tveberg/

1. Si le prix du baril est de 50 $, quels sont les pays qui renonceront à produire ? Quels sont ceux qui au contraire accepteront de produire ? Quel est le pays qui hésitera ?
2. Si le prix est de 20 $, quelle sera la quantité totale de pétrole mise sur le marché ? Et si le prix est de 80 $?
3. Quel est l'impact d'une augmentation du prix du pétrole sur la quantité mondiale de pétrole mise sur le marché ? Pourquoi ?
4. La relation entre le prix du baril et la quantité de pétrole offerte obéit-elle à la « loi de l'offre » ? Comment l'expliquez-vous ?

Pour aller plus loin
Entretien
Hydrocarbures au Moyen-Orient
hatier-clic.fr/19ses2041

Le saviez-vous ?

Vous aurez sans doute remarqué qu'à la différence de ce à quoi vous êtes habitué·e en mathématiques, la variable explicative (le prix) est en économie présentée en ordonnées tandis que la variable expliquée (la quantité offerte) est en abscisses. Ne vous laissez pas troubler par ce qui n'est qu'une différence de convention.

SYNTHÉTISER

En vous appuyant sur l'ensemble des documents, vous rédigerez un paragraphe argumenté présentant la « loi de l'offre ».

Fiche méthode p. 150

3 La formation d'un prix d'équilibre

OBJECTIF Expliquer et représenter graphiquement la fixation et l'ajustement du prix d'équilibre sur un marché

Doc 1 Une situation de pénurie sur le marché de la pomme de terre

« Bientôt la pénurie de frites ? […] En effet, alors que les derniers arrachages de pommes de terre se terminent dans le Pas-de-Calais, l'heure est à la pesée. Non seulement en France, mais dans le "club des cinq". Comprendre la France, la Belgique, la Hollande, l'Allemagne et la Grande-Bretagne. Soit l'Europe de la pomme de terre. […] "Pour qu'il y ait un équilibre offre-demande sur cet ensemble, il faut une production de 26 millions de tonnes", explique Arnaud Delacour, du Comité national interprofessionnel de la pomme de terre (CNIPT). […] Cette année, l'aiguille est descendue à 24 millions de tonnes. Pas besoin de sortir la calculette pour comprendre qu'il manque 2 millions de tonnes pour satisfaire les appétits des grandes surfaces comme des fabricants de chips, purée et autres frites, les McCain, Vico ou Nestlé. […] Le consommateur, lui, commence à voir les prix monter dans les supermarchés comme dans les baraques à frites. »

■ Laurence Girard, « Patate, vers une flambée des prix », *Le Monde*, 10 novembre 2018.

1. *Pourquoi la journaliste parle-t-elle de « pénurie » ? Justifiez votre réponse.*
2. *Comment le prix de la pomme de terre évolue-t-il ?*
3. *D'après vous, comment peut-on expliquer cette évolution ?*

DÉFINITIONS

Excédent
Situation dans laquelle la quantité offerte est supérieure à la quantité demandée.

Pénurie
Situation dans laquelle la quantité offerte est inférieure à la quantité demandée.

Doc 2 L'offre, la demande et l'équilibre

« La demande et l'offre ne sont pas des quantités particulières mais expriment des relations entre les quantités demandées et offertes par les consommateurs et les vendeurs et les prix possibles. L'offre indique la quantité d'un bien ou d'un service que les vendeurs aimeraient vendre pour chaque niveau de prix possible. De manière similaire, la demande indique la quantité d'un bien ou d'un service que les acheteurs sont prêts à acheter pour chaque niveau de prix possible.
Prenons l'exemple du marché des livres numériques et supposons qu'un institut indépendant estime la demande et l'offre suivantes.

Prix (€)	Quantité prévisionnelle demandée (unités)	Quantité prévisionnelle offerte (unités)
0	1800	0
5	1500	0
10	1200	450
15	900	900
20	600	1350
25	300	1800
30	0	2250

[…] Le prix et la quantité échangée sur un marché […] sont obtenus à l'équilibre. Dans le cadre d'un marché parfaitement concurrentiel, l'équilibre est tel qu'au prix d'équilibre, la quantité demandée est égale à la quantité offerte à ce prix. Pour déterminer le prix d'équilibre, on doit combiner la demande et l'offre, soit le comportement des acheteurs et des vendeurs. »

■ Johanna Etner, Meglena Jeleva, *Microéconomie*, Dunod, 2018.

NE PAS CONFONDRE

Dans la conversation courante, « **demande** » et « **quantité demandée** », « **offre** » et « **quantité offerte** » sont – à tort – utilisés comme synonymes.
La « demande » ne renvoie pas à une quantité particulière, mais à l'ensemble des possibilités associant à chaque prix une certaine quantité demandée.
De la même manière, « l'offre » ne renvoie pas à une quantité particulière mais à l'ensemble des possibilités associant à chaque prix une certaine quantité offerte.

1. *Représentez sur un même graphique (prix en ordonnées et quantités en abscisses) l'offre et la demande de livres numériques.*
2. *À l'aide du graphique, déterminez le prix et la quantité d'équilibre du marché.*
3. *Selon vous, pourquoi au prix de 5 €, la quantité offerte de livres numériques est-elle nulle ?*

Fiche outil p. 162

Doc 3 Le marché retourne à l'équilibre

A.

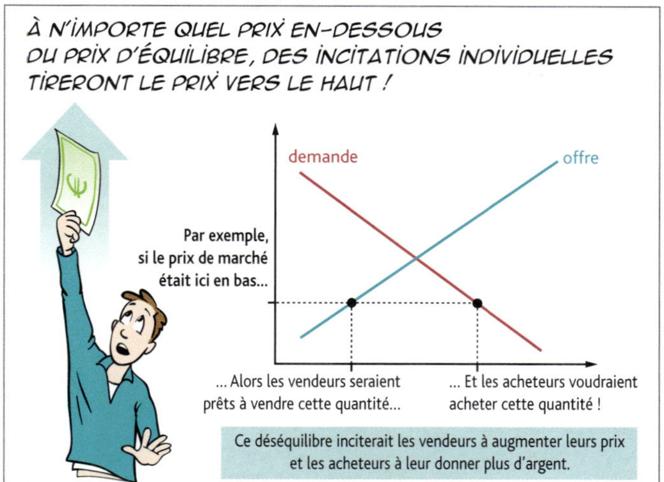

Source :
D'après Yoram Bauman, Grady Klein, Christophe Bontemps, *La Microéconomie*, Eyrolles, 2014.

B.

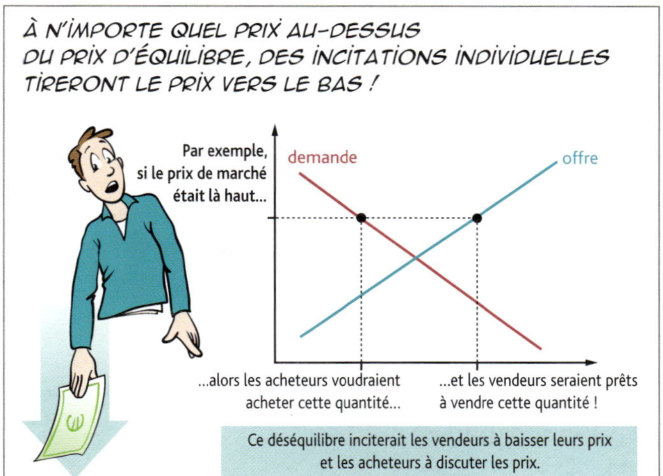

Source :
D'après Yoram Bauman, Grady Klein, Christophe Bontemps, *La Microéconomie*, Eyrolles, 2014.

1. *Rappelez la définition des termes « pénurie » et « excédent » et dites à quel document (3A ou 3B) chacun se rapporte.*
2. *Quelle est la situation en termes de quantités demandées et offertes sur le marché en cas de pénurie ? et en cas d'excédent ?*
3. *Pourquoi le prix du marché augmente en situation de pénurie ?*
4. *Pourquoi le prix du marché diminue-t-il en situation d'excédent ?*
5. *Un marché peut-il être durablement en déséquilibre (excédent ou pénurie) ? Pourquoi ?*

Exercice — De l'équilibre au déséquilibre

Supposons que, sur le marché parisien du studio, le prix d'équilibre à la location soit de 51 € le mètre carré, mais que l'État décide de plafonner le loyer exigible par les propriétaires à 27 € le mètre carré.

■ Le plafonnement du prix des logements stimule la quantité demandée de logements.

1. Après avoir reproduit le graphique ci-dessous, complétez-le avec les termes suivants :
Offre • Demande • Prix • Prix d'équilibre • Pénurie • Prix plafond • Quantité.

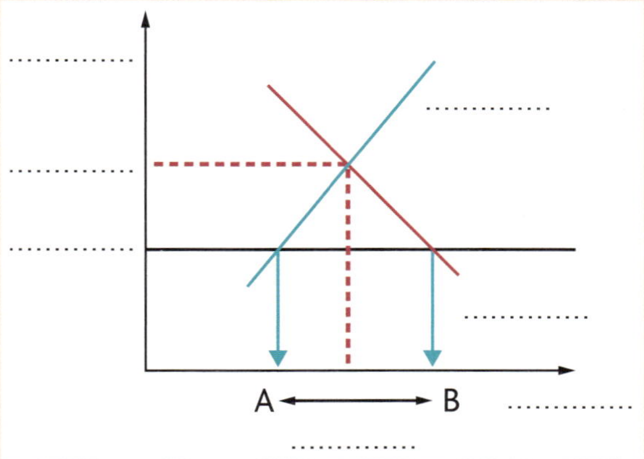

2. Comment expliquez-vous que le plafonnement du prix à la location ait pour conséquence l'apparition d'une pénurie d'appartements à louer ?

3. Si l'État renonce au plafonnement, que va-t-il se passer ? Pourquoi ?

Pour aller plus loin
Vidéo
Le marché du logement étudiant
hatier-clic.fr/19ses2042

SYNTHÉTISER

Recopiez le schéma puis complétez-le.

(Qo = quantité offerte, Qd = quantité demandée, pe = prix d'équilibre, p = prix de marché)

PÉNURIE = Qo .... Qd	→ p .... pe	→ Le prix va .... pour atteindre le prix d'équilibre.
ÉQUILIBRE = Qo .... Qd	→ p .... pe	→ Le prix est stable.
EXCÉDENT = Qo .... Qd	→ p .... pe	→ Le prix va .... pour atteindre le prix d'équilibre.

4 L'impact des taxes et des subventions sur le prix d'équilibre

OBJECTIF Expliquer les effets d'une taxe ou d'une subvention sur le prix d'équilibre

Doc 1 Évolution du prix du carburant sans taxes / avec taxes

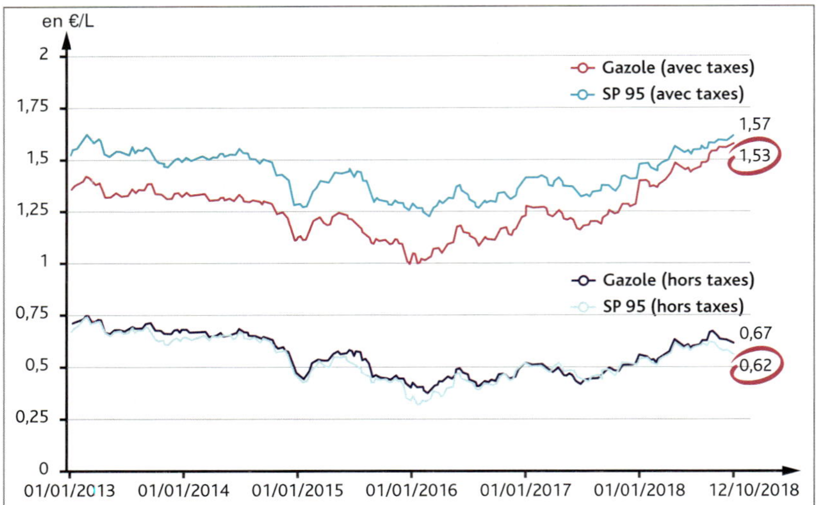

Source : Adrien Sénécat, Maxime Vaudano, "Prix du carburant : un débat polluépar des intox", *Le Monde*, 6 novembre 2018

1. *Faites une phrase exprimant la signification des données entourées.*
2. *D'après le document, quel est l'effet des taxes sur les carburants sur leur prix ? Illustrez votre réponse.*
3. *Comment l'écart entre le prix hors taxes et le prix avec taxes évolue-t-il entre 2013 et 2018 ? Illustrez votre réponse.*
4. *D'après vous, quels sont les effets attendus par l'État de la taxe sur les carburants ?*

Fiche outil p. 162

Doc 2 Les effets d'une taxe sur le prix et la quantité d'équilibre

« L'utilisation de la fiscalité pour augmenter les recettes publiques a une longue histoire. Prenez l'impôt sur le sel, par exemple. [...] Dans la Chine ancienne, il était préconisé de le taxer, puisque les gens en avaient besoin quel qu'en soit le prix. [...]
Les figures ci-dessous illustrent le fonctionnement d'un impôt sur le sel. Initialement, l'équilibre de marché est représenté par le point A : le prix est P* et la quantité de sel échangée est Q*. Supposez qu'un impôt sur la vente correspondant à 30 % du prix soit appliqué sur le sel, payé à l'État par les producteurs. Si les producteurs doivent payer cet impôt de 30 %, alors [...] [leur coût augmente et] la courbe d'offre se déplace : le prix est 30 % plus élevé pour toute quantité. »

1. *Pourquoi, lorsque l'on impose une taxe de 30 % aux producteurs, « [le coût] s'en trouve augmenté de 30 % quelle que soit la quantité produite » ?*
2. *Pourquoi le prix d'équilibre augmente-t-il ?*
3. *La quantité d'équilibre est-elle affectée par la mise en place d'une taxe ? Pourquoi ?*

Fiche outil p. 162

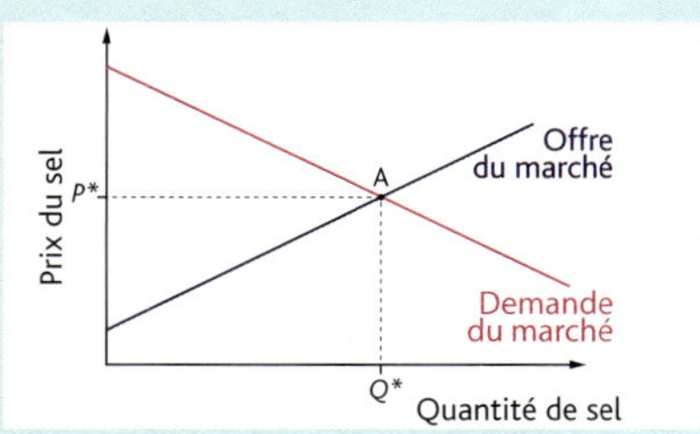

Équilibre initial : initialement, l'équilibre de marché se trouve au point A. Le prix est de P* et la quantité de sel vendue est Q*.

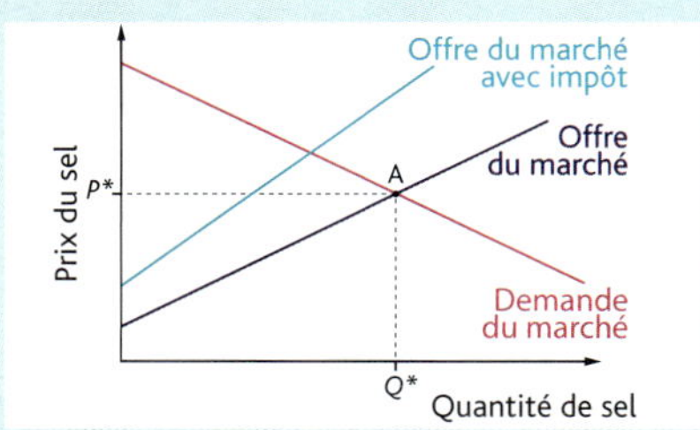

Impôt de 30 % : un impôt de 30 % est imposé aux producteurs de sel. (Le coût) s'en trouve augmenté de 30 % quelle que soit la quantité produite. La courbe d'offre se déplace vers la gauche.

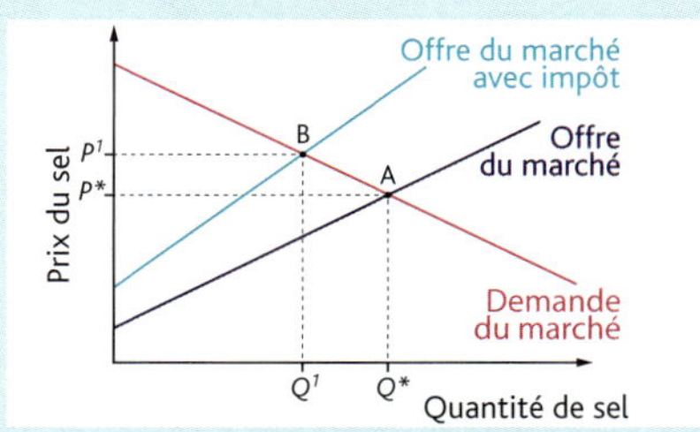

Nouvel équilibre : le nouvel équilibre se trouve en B. Le prix payé par les consommateurs a augmenté pour atteindre P_1 et la quantité a baissé à Q_1.

L'Économie, 2018, www.core-econ.org

Exercice Les effets d'une subvention à la consommation

Désireuse d'aider les étudiants à se loger, la municipalité d'une grande ville universitaire met en place une aide forfaitaire (= une subvention) dont bénéficient tous les étudiants qui souhaitent s'inscrire dans un établissement de la ville.

Une enquête réalisée avant et après la mise en place de la subvention révèle que les quantités demandées pour chaque niveau de loyer possible ont augmenté.

Les résultats de cette enquête sont présentés dans le tableau ci-dessous. Il résume les informations dont nous disposons sur l'offre et la demande de chambres d'étudiant dans cette ville en fonction du loyer, avant et après la mise en place de la subvention.

Loyer mensuel (en euros)	Nombre de chambres proposées	Nombre de chambres demandées avant la subvention	Nombre de chambres demandées après la subvention
300	1 500	4 500	5 750
400	2 250	3 750	5 000
500	3 000	3 000	4 250
600	3 500	2 250	3 500
700	4 250	1 500	2 750
800	5 000	750	2 000

Pour aller plus loin

Doc interactif
Subventionner l'achat de livres
Manuel numérique

1. Représentez sur un même graphique la courbe d'offre et celle de demande **avant** la mise en place de la subvention.
2. Quels sont le prix et la quantité d'équilibre ?
3. Représentez sur le même graphique (mais dans une autre couleur) la courbe de demande **après** la mise en place de la subvention.
4. L'augmentation de la demande suite à la mise en place de la subvention vous étonne-t-elle ? Comment l'expliquez-vous ?
5. Quels sont le nouveau prix et la nouvelle quantité d'équilibre ?
6. Les propriétaires de chambres d'étudiant sont-ils favorables ou hostiles à la subvention dont bénéficient les étudiants ? Pourquoi ?

Fiche outil p. 162

Doc 3 La « taxe soda » et la stratégie de Coca-Cola

Vidéo
Taxe soda : la ruse de Coca-Cola
hatier-clic.fr/19ses2043

1. *En quoi consiste la « taxe soda » dont il est question dans la vidéo ? Qui est supposé la payer ?*
2. *Quelle est la réponse de Coca-Cola à la mise en place de la taxe ?*
3. *Quel est finalement l'effet de la taxe soda sur le prix de vente ?*
4. *Quel est l'effet de la taxe soda sur les quantités consommées ?*
5. *Au vu des réponses aux questions précédentes, cette taxe est-elle de votre point de vue une bonne ou une mauvaise chose ? Pourquoi ?*

Le saviez-vous ?

« Issue des tables rondes du Grenelle de l'environnement de 2007, l'idée de favoriser l'acquisition de véhicules peu polluants a donné lieu à la mise en place de deux dispositifs complémentaires destinés à orienter les consommateurs vers les modèles les plus propres :
– un **bonus** pour l'acquisition de véhicules propres, assorti d'une prime pour la destruction d'un véhicule ancien ;
– un **malus** applicable aux voitures particulières les plus polluantes, ainsi qu'une taxe annuelle pour certains modèles. »

■ www.economie.gouv.fr

APPLIQUER

Recherchez d'autres biens ou services subissant une taxe. Présentez dans un tableau les arguments en faveur de la suppression de la taxe et ceux en faveur de son maintien.

PROJET

Préparer un argumentaire

OBJECTIFS
- Étudier l'impact d'une taxe sur le prix et la quantité d'équilibre
- S'interroger sur les justifications d'une taxe
- Réaliser un argumentaire susceptible d'être mobilisé dans une réunion publique

La municipalité d'une grande ville, inquiète de la sur-fréquentation touristique, envisage la mise en place d'une taxe sur les chambres d'hôtel. Les cinq hôtels de la ville, réunis en syndicat, s'inquiètent quant à eux des conséquences que pourrait avoir une telle mesure. La municipalité a décidé d'organiser conjointement avec les représentants des hôteliers une réunion publique afin de permettre à la population de se faire une opinion. Dans la perspective de cette réunion et afin de disposer d'arguments à l'appui de leur position, syndicat et municipalité font appel chacun à un cabinet de conseil.

Vous allez travailler à la préparation de cette réunion dans l'un ou l'autre des deux cabinets retenus.

Pour aller plus loin
Vidéo
Sur-fréquentation touristique à Venise
hatier-clic.fr/19ses2044

DÉFINITION

Sur-fréquentation touristique
On parle de « sur-fréquentation touristique » lorsque la capacité d'accueil d'une destination touristique est dépassée. Celle-ci subit alors des dommages environnementaux (pollution, dégradation visuelle des paysages due aux infrastructures touristiques…), économiques et sociaux (perte de la qualité de vie pour les résidents, pénurie de logements, augmentation des prix…).

Partie 1 Étude et diagnostic préalables

30 min.

1. Dans quel cabinet de conseil et pour quelle cause choisissez-vous de travailler ? Pourquoi ?

Le cabinet que vous avez choisi vous demande tout d'abord de déterminer l'offre et la demande de chambres d'hôtel dans cette ville. Vous disposez des informations rassemblées dans les deux documents ci-dessous. Toutes les chambres présentent les mêmes caractéristiques (équipement, taille, confort…) et chaque hôtel gère le même nombre de chambres. En revanche, chaque hôtel a des coûts différents.

Document 1 **Coût moyen d'une chambre et nombre de chambres dans chacun des cinq hôtels de la ville**

Nom de l'hôtel	Coût (ou « disposition à recevoir[1] ») par chambre en l'absence de taxe	Nombre de chambres gérées par l'hôtel
Formule 2	100 €	100
Bovotel	110 €	100
Isis	120 €	100
Addor	130 €	100
Sheratin	140 €	100

1. « Disposition à recevoir » : prix qu'il faut proposer à une entreprise pour qu'elle accepte de mettre sur le marché une unité donnée d'un bien (ou d'un service). Par exemple, en raison de ses coûts, la chaîne Isis ne proposera ses chambres que si le prix d'une chambre est au moins de 120 euros.

Document 2 **Prix et quantité de chambres demandées par la clientèle / offertes par les hôtels**

Prix de la chambre	Hôtels disposés à offrir leurs chambres (en l'absence de taxe)	Quantité de chambres offerte (en l'absence de taxe)	Quantité de chambres demandée
100 €	Formule 2	100	700
110 €	Formule 2, Bovotel	200	600
120 €			500
130 €			400
140 €			300

2. Recopiez et complétez le tableau ci-dessus, en vous appuyant sur le document 1.
3. Représentez sur le même graphique l'offre et la demande de chambres (avec prix en ordonnées et quantités en abscisses).
4. Si le prix de la chambre est de 100 euros :
   a. quelle est la quantité offerte ?
   b. quelle est la quantité demandée ?
   c. le marché est-il en excédent ou en pénurie ?
5. Et qu'en est-il si le prix est de 140 euros ?
6. Quels sont le prix et la quantité d'équilibre sur le marché ?

Fiche outil p. 162

en vue d'une réunion publique

Partie 2 Étude des effets d'une taxe

30 min.

La municipalité envisage de taxer l'offre de chambres d'hôtel à hauteur de 20 € par chambre et par nuit. Le cabinet de conseil dans lequel vous travaillez vous demande d'étudier l'impact de cette taxe sur le marché des chambres d'hôtel.

1. Recopiez et complétez les deux tableaux suivants.

Nom de l'hôtel	**Coût** (ou « disposition à recevoir ») par chambre en l'absence de taxe	**Montant de la taxe par chambre**	**Coût** (ou « disposition à recevoir ») par chambre avec une taxe de 20 € par chambre et par nuit
Formule 2	100 €	20 €	120 €
Bovotel	110 €	20 €	
Isis	120 €	20 €	
Addor	130 €	20 €	
Sheratin	140 €	20 €	

Prix de la chambre (payé par le consommateur)	**Hôtels disposés à offrir leur chambre** après la mise en place de la taxe	**Quantité totale de chambres offertes** après la mise en place de la taxe
100 €		
110 €		
120 €		
130 €		
140 €		
150 €		
160 €	Formule 2, Bovotel, Isis, Addor, Sheratin	500

2. Sur votre graphique de la partie 1, représentez la nouvelle courbe d'offre.
3. Si le prix de la chambre taxe incluse est de 110 € :
   a. quelle est la quantité offerte ? la quantité demandée ?
   b. est-on en situation d'excédent ou de pénurie ? Justifiez votre réponse.
4. Quel est le prix (taxe incluse) auquel doit être proposée une chambre pour que le marché soit à l'équilibre ?

Partie 3 Préparation des argumentaires

1 h

Chacun des deux cabinets propose à son client un argumentaire qui pourra être utilisé lors de la réunion publique. Vous êtes chargé de réaliser un projet de diaporama pour votre client.

Les consignes sont les suivantes :
- Vous aurez cinq minutes pour présenter votre travail, ce qui suppose de structurer votre diaporama en conséquence.
- Vous êtes libre dans le choix des arguments et des illustrations.
- Vous devez exploiter les résultats du travail réalisé dans les parties 1 et 2.

Partie 4 Présentation des supports à l'oral

1 h

1. Tous ceux qui ont travaillé pour le même client se réunissent, mettent en commun leur production et choisissent la meilleure.
2. Chaque groupe choisit un représentant pour exposer l'argumentaire retenu à l'ensemble de la classe.
3. Après chaque intervention, il y aura cinq minutes de questions/réponses.
4. Au terme du débat, un vote à bulletin secret est organisé sur le projet de taxe de la municipalité. Les votants doivent choisir si, oui ou non, la taxe doit être adoptée.

ATELIER SAVOIR-FAIRE

Comment se fixe le prix d'un billet d'avion ?

OBJECTIFS
- Comprendre comment se fixe le prix d'un billet d'avion
- Présenter un diaporama à l'oral

Doc 1 La décomposition du prix d'un billet d'avion

- 26 % carburant de l'avion
- 26 % services aux passagers et bagages
- 16 % entretien de l'avion
- 10 % salaires
- 9 % frais de navigation aéreinne
- 8 % amortissement et leasing
- 5 % publicité

Note : L'amortissement (ou dépréciation) est une diminution progressive du prix de l'avion liée à son usure.
Si l'avion appartient à la compagnie, ce coût lui incombe directement. Si au contraire il est loué, ce qui est assez fréquent, la compagnie doit payer des frais «dits de *leasing*» au propriétaire.

Doc 2 *Low cost...*

« Le *low cost* est un modèle ancien : né en Allemagne au sortir de la Seconde Guerre mondiale avec la chaîne de magasins Aldi, il s'est développé aux États-Unis dans le transport aérien à partir des années 1970 avec Southwest Airlines, puis en Europe avec EasyJet et Ryanair. [...]. Le *low cost* trouve sa source dans un travail de simplification à l'extrême des produits ou des services. [...] La simplification à l'extrême d'un produit permet de standardiser sa production et de baisser les coûts unitaires, parfois de manière impressionnante. Dans l'aérien, les coûts [...] de compagnies comme EasyJet ou Ryanair sont inférieurs respectivement de 30 % et 70 % par rapport à un opérateur historique comme Air France. »

■ Emmanuel Combe, « Le *low cost* constitue un formidable aiguillon de concurrence sur les marchés », *Le Monde*, 21 septembre 2018.

Doc 3 ... ou *yield management* ?

« Le *yield management* peut se traduire littéralement par "gestion de la recette unitaire" ou "gestion du rendement". Il s'agit d'une méthode de fixation du prix qui évolue en fonction du client et du moment de la transaction pour maximiser le profit généré par la vente d'un produit ou d'un service. [...] C'est ainsi que les prix changent d'une journée, voire d'une heure à l'autre. [...] Les prix d'un billet d'avion peuvent être plus élevés à certains moments de l'année (haute/basse saison), voire même à certaines heures, plus propices à l'achat en ligne. »

■ www.linternaute.fr

RECUEILLIR L'INFORMATION

1. *Faites une phrase exprimant la signification de la donnée entourée. (doc. 1)*
2. *Recherchez en ligne des exemples de services à bord proposés par les compagnies.*
3. *Donnez des exemples de simplification à l'extrême dans le transport aérien. (doc. 2)*
4. *En fonction de quels critères les prix des billets d'avion peuvent-ils varier ? (doc. 3)*

ANALYSER

5. *Quels sont les avantages des stratégies de* low cost *? (doc. 1 et 2)*
6. *Selon vous, quels sont les inconvénients des stratégies de* low cost *? (doc. 1 et 2)*
7. *Qui sont, parmi les clients suivants, ceux qui sont prêts à payer le plus cher pour un billet pour une destination donnée ?*
   a. *un homme ou une femme d'affaire*
   b. *un étudiant ou une étudiante*
   c. *un couple en voyage de noce.*
   Justifiez vos réponses (doc. 3).

SYNTHÉTISER

Tuto
Réaliser un diaporama
Manuel numérique

8. *À l'aide d'une recherche en ligne, donnez un exemple de compagnie aérienne qui pratique le* low cost *ou le* yield management*.*
   À l'oral, en vous appuyant sur un diaporama, vous devrez :
   I. Présenter la compagnie choisie
   *II. Donner des exemples précis de mesures adoptées (*low cost *et/ou* yield management*)*
   III. Exposer les avantages et les inconvénients des mesures adoptées.

ATELIER
ORIENTATION

Économie et études longues

Avec une spécialité « Sciences économiques et sociales », on peut poursuivre en économie des études dites « longues », c'est-à-dire aller en classe préparatoire pour intégrer une grande école ou passer une licence puis un master voire un doctorat (LMD).

Formation

Classe préparatoire aux grandes écoles (CPGE)

- Classe préparatoire en lycée, accès avec un très bon niveau en mathématiques et en économie, et des résultats satisfaisants dans les disciplines littéraires.
- Bac +2, puis concours pour accéder soit aux écoles de commerces, soit aux écoles normales supérieures (ENS).
- Formation généraliste.
- 2 types de classes préparatoires :

  – Les économiques : ECE (économique et commerciale option économie) qui donnent accès aux écoles supérieures de commerce ;
  – Les littéraires, dont celles de l'ENS LSS (lettres et sciences sociales), dites aussi « prépas B/L » pour l'accès aux ENS.

Vidéo Onisep
Témoignages d'étudiant•e•s en 1re année de classe préparatoire LSS
hatier-clic.fr/19ses2045

Après la licence « économie et gestion »

- Après la L3 validée, différents masters sont possibles vers un parcours de spécialisation (finance, contrôle de gestion, marketing...).
- Possibilité également de préparation aux concours de l'enseignement ou d'intégrer un IAE.
- Ces formations permettent de déboucher sur de nombreux métiers : cadre et responsable des ressources humaines, des achats, chef•fe de projet...

Dossier Onisep
Les IAE : écoles de management à l'université
hatier-clic.fr/19ses2046

Métier

Chef•fe de produit marketing

- Prend en charge un produit, depuis sa création jusqu'à sa mise en vente, pour séduire le consommateur.
- Salaire débutant : 2 250 € brut
- Bac +5 : master en marketing et vente ou diplôme d'école de commerce.
- Un secteur « commerce et distribution » qui recrute à des niveaux de formation divers.

Vidéo Onisep
Le témoignage d'une cheffe de produit marketing
hatier-clic.fr/19ses2047

Pour info « Lycée : quelles spécialités choisir pour intégrer une école de commerce postbac ? », Eva Mignot, letudiant.fr, 9 janvier 2019.

RECHERCHER

1. *À quels types d'écoles de commerce peut-on accéder après une CPGE ?*
2. *Quels concours peut-on passer après la classe préparatoire LSS ?*
3. *Comparez les IAE aux écoles de commerce.*
4. *Faut-il obligatoirement intégrer une ENS pour pouvoir enseigner ?*

ACTIVITÉ

Vous êtes intéressé•e•s par le domaine « commerce, marketing, vente » et vous cherchez une formation adaptée. Vous devez établir un tableau comparatif entre des formations.

1 Rechercher des informations
Pour les formations suivantes : « DUT techniques de commercialisation », « Master marketing, vente » « CGPE économiques et commerciales », recherchez des informations sur le site de l'Onisep.

2 Classer les informations
Classez-les par thèmes (disciplines étudiées, débouchés possibles...).

3 Construire un tableau comparatif
Établissez des critères qui permettent de comparer ces formations (par exemple, la durée d'études). Puis construisez votre tableau.

4 Comparer les tableaux en classe
Présentez votre tableau à la classe et comparez les critères choisis pour différencier les formations.

MAÎTRISER LES SAVOIR-FAIRE

1 Mesurer des évolutions pour comprendre un graphique

Fiche outil p. 156
Fiche outil p. 162

Évolution du prix du paquet de cigarettes et des ventes de cigarettes en France (2005-2018)

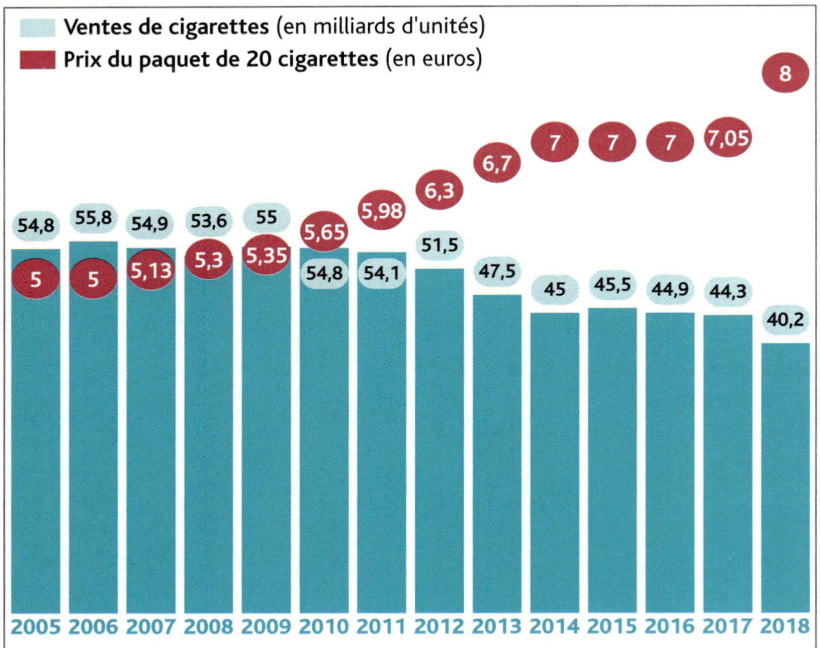

Source : *Les Échos*, 19 juillet 2017, complété par les données OFDT pour l'année 2017 et 2018 (https://www.ofdt.fr/statistiques-et-infographie/series-statistiques/tabac-evolution-des-ventes/)

1. *Faites une phrase exprimant les informations concernant l'année 2016.*
2. *Calculez la variation en % de la consommation de cigarettes entre 2005 et 2018, puis faites une phrase exprimant la signification de la donnée calculée.*
3. *Calculez la variation en % du prix des cigarettes entre 2006 et 2018, puis faites une phrase exprimant la signification de la donnée calculée.*
4. *Quelle relation est suggérée par le graphique ?*

2 Faire une fiche de révision

Fiche méthode p. 152

1 Je repère ce qu'il faut apprendre

Une fiche de révision dégage l'essentiel de ce qu'il faut retenir d'un chapitre. À l'aide de la synthèse du chapitre 3, p. 72, et des exemples proposés tout au long des activités, complétez le tableau ci-dessous.

Les notions essentielles du chapitre	
Les mécanismes et les enchaînements	
Les problématiques et les sujets possibles	
Les erreurs et les confusions à ne pas commettre	

2 Je réalise mes outils de mémorisation

Une fiche de révision aide à la mémorisation, grâce à l'élaboration d'outils personnels. Choisissez un outil parmi ceux proposés dans la fiche méthode, p. 152 et réalisez votre propre outil de révision.

3 Je mémorise en m'entraînant régulièrement

Une fiche de révision permet de s'entraîner régulièrement. Proposez un procédé mnémotechnique, c'est-à-dire qui vous est personnel et qui vous aide à mémoriser chacun des mécanismes et enchaînements suivants.

Mécanismes à retenir Confusions à ne pas commettre	Procédé mnémotechnique
« L'offre est une fonction croissante du prix. » « La demande est une fonction décroissante du prix. »	« L'**O**ffre m**O**nte », « la **D**emande **D**escend »
« Un prix plus élevé que le prix d'équilibre entraîne un excédent alors qu'un prix plus faible que le prix d'équilibre entraîne une pénurie. »	
« Taxer entraîne une augmentation du prix d'équilibre et une baisse de la quantité d'équilibre, tandis que subventionner les consommateurs entraîne une hausse du prix d'équilibre et une augmentation de la quantité d'équilibre. »	

S'AUTOÉVALUER

Exos interactifs
hatier-clic.fr/19ses2048

Corrigés → p. 175

1 Les prix, la quantité demandée et la quantité offerte

Complétez le texte ci-dessous à l'aide des termes suivants :

a. *décroissante* • b. *croissante* • c. *élevé* • d. *offre* • e. *faible*

La plupart du temps, plus le prix est élevé, plus la quantité demandée est .....1..... On dit que la demande est une fonction .....2..... du prix. Inversement, l'.....3..... est une fonction .....4..... du prix : cela signifie que plus le prix est .....5....., plus la quantité offerte est grande.

2 La demande, l'offre et le prix d'équilibre

Cochez la bonne réponse.

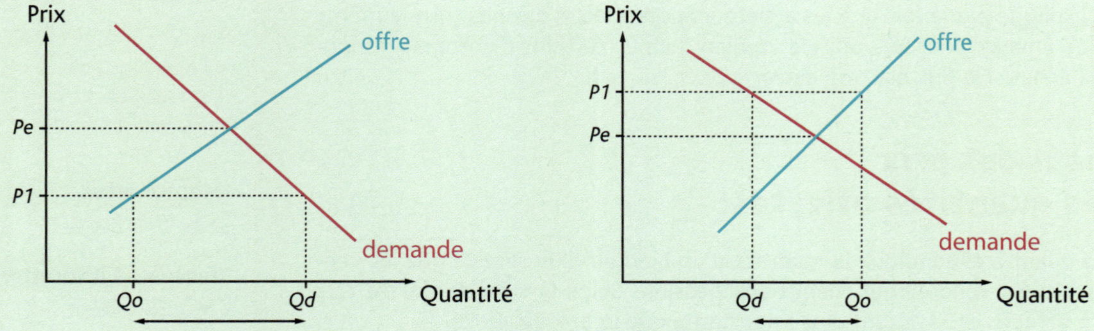

Pe : prix d'équilibre - Qo Quantité offerte - Qd : quantité demandée - P1 : prix proposé

Graphique 1 **Graphique 2**

a. Dans la situation illustrée par le graphique 1, on observe sur ce marché...
- ❑ ... une pénurie.
- ❑ ... un excédent.

b. Dans la situation illustrée par le graphique 1, le prix va...
- ❑ ... baisser pour atteindre le prix d'équilibre.
- ❑ ... monter pour atteindre le prix d'équilibre.

c. Dans la situation illustrée par le graphique 2, on observe sur ce marché...
- ❑ ... une pénurie.
- ❑ ... un excédent.

d. Dans la situation illustrée par le graphique 2, le prix va...
- ❑ ... baisser pour atteindre le prix d'équilibre.
- ❑ ... monter pour atteindre le prix d'équilibre.

3 Taxes et prix d'équilibre

Numérotez les vignettes ci-dessous dans l'ordre logique.

a. Augmentation du prix d'équilibre

b. Diminution de la quantité consommée

c. Augmentation du coût des producteurs

d. L'État souhaite décourager la consommation de sodas trop sucrés

e. Taxation des producteurs

POUR RÉSUMER

Comment se forment les prix sur un marché ?

Il existe autant de **marchés** qu'il existe de biens ou de services à échanger (pétrole, acier, assurance...). Cependant, au-delà de ces différences, il existe un point commun : tous les marchés se définissent par la rencontre, physique ou non, d'une **offre** (les vendeurs) et d'une **demande** (les acheteurs). Sur un marché, quel qu'il soit, se fixe un **prix** auquel se réalise une transaction.

Les termes soulignés servent à compléter le schéma de synthèse.

1 L'impact des prix sur les quantités demandées

pp. 58-59

• La **demande** indique la quantité d'un bien ou d'un service que les acheteurs sont prêts à acheter pour chaque prix possible. Selon la « **loi de la demande** », la **quantité demandée** est (le plus souvent) d'autant plus faible que le prix est élevé.
• Ceci s'explique par le fait que les acheteurs potentiels n'ont pas tous la même disposition à payer pour une unité d'un bien donné : certains d'entre eux renonceront à l'achat si le prix est trop élevé.

2 L'impact des prix sur les quantités offertes

pp. 60-61

• L'**offre** quant à elle indique la quantité d'un bien ou d'un service que les vendeurs aimeraient vendre pour chaque prix possible. Selon la « **loi de l'offre** », la **quantité offerte** est d'autant plus importante que le prix est élevé.
• Ceci s'explique par le fait que les vendeurs potentiels n'ont pas tous la même disposition à vendre un bien donné, notamment en raison de coûts de production différents : certains d'entre eux renonceront ainsi à la vente si le prix sur le marché est trop faible.

3 La formation d'un prix d'équilibre

pp. 62-63

• La confrontation de l'offre et de la demande conduit à la détermination d'un **prix d'équilibre** et d'une **quantité d'équilibre**. En effet, si le prix est trop élevé, la quantité offerte excédera la quantité demandée : le prix aura tendance à baisser. Inversement, si le prix est trop bas, la quantité demandée excèdera la quantité offerte : le prix aura tendance à augmenter. Ce mécanisme permet la détermination d'un prix pour lequel la quantité offerte et la quantité demandée sont égales. On dit alors que le marché est à l'équilibre.
• Si, pour une raison ou pour une autre, ces ajustements ne peuvent avoir lieu, le marché sera en **déséquilibre,** c'est-à-dire connaîtra un **excédent** ou une **pénurie**.

4 L'impact des taxes et des subventions sur le prix d'équilibre

pp. 64-65

• Lorsque l'État souhaite décourager la production et la consommation d'un bien ou d'un service particulier et/ou obtenir des recettes pour financer ses dépenses, il peut mettre en œuvre une **taxe** sur la production ou la consommation de ce bien ou de ce service. On observe alors une augmentation du prix d'équilibre (et une diminution de la quantité d'équilibre).
• Inversement, l'État peut mettre en œuvre une **subvention** visant à encourager la consommation d'un bien ou d'un service. On observe alors une augmentation du prix d'équilibre (et une augmentation de la quantité d'équilibre).

Mémorisation active

Pour ancrer les notions dans ma mémoire, j'utilise plusieurs fois dans l'année les outils de révision suivants :

Mémocartes
hatier-clic.fr/19ses2049

Tableau à imprimer
Manuel numérique

MOTS-CLÉS

DICO SES Reportez-vous au dico illustré en fin d'ouvrage.

- ✓ **Demande / Quantité demandée**
- ✓ Déséquilibre
- ✓ Excédent
- ✓ **Loi de la demande**
- ✓ **Loi de l'offre**
- ✓ **Marché**
- ✓ **Offre / Quantité offerte**
- ✓ Pénurie
- ✓ **Prix d'équilibre**
- ✓ **Quantité d'équilibre**
- ✓ Subvention
- ✓ Taxe

Résumer À L'AIDE D'UN SCHÉMA

Schéma imprimable
Manuel numérique

Schéma interactif
hatier-clic.fr/19ses2050

Reproduisez et complétez le schéma de synthèse.

Utilisez les termes soulignés de la page 72.

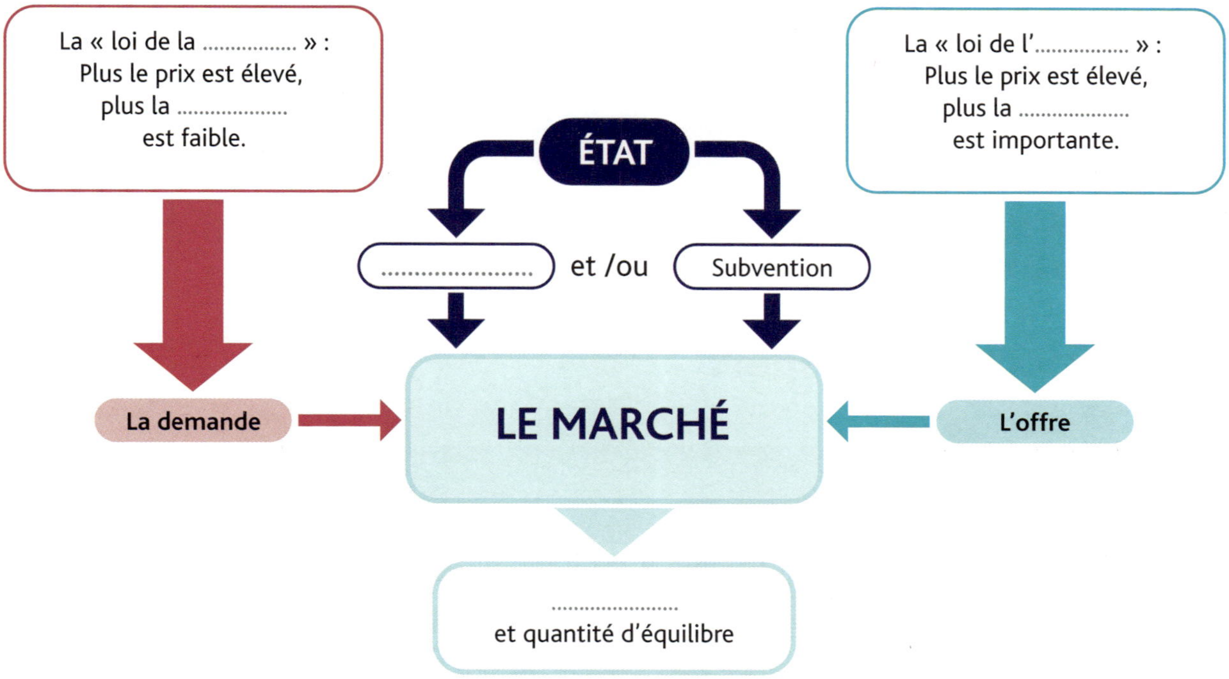

Réviser AVEC UN JEU

Le jeu du marché du mouton

Site web
Le jeu du marché du mouton
hatier-clic.fr/19ses2051

Le jeu de marché du mouton est une expérience ludique collective pour aider à comprendre le fonctionnement d'un marché.

Il met en scène la formation d'un prix et la convergence vers un prix d'équilibre à travers l'exemple d'un marché fictif du mouton. Ceci, au cours d'une partie d'1 h 15 environ, à laquelle vous pouvez faire participer de 8 à 20 joueurs.

Ce jeu a été conçu et développé par la Cité de l'économie et de la monnaie, à l'occasion de l'exposition « L'économie : Krach, Boom, Mue ? » à Marseille.

1. *Prenez connaissance des consignes du jeu.*
2. *Réunissez tout le matériel à imprimer avant de débuter une partie.*
3. *À l'issue du jeu, rédigez un court texte permettant d'expliquer comment le prix se fixe sur le marché du mouton.*

CHAPITRE 4

Comment devenons-nous des acteurs sociaux ?

EXPLORER AVEC UNE PUBLICITÉ

L'éducation dans le sport

■ www.ca-aquitaine.info

« Le Crédit Agricole lance une grande campagne de promotion du sport comme "école de la vie". Et qui de mieux placé pour en parler que certains des plus grands champions français. [...]
"Avec le sport, on apprend tous les jours, quand on se confronte à la vie, on apprend à écouter les autres, à s'ouvrir aux autres", a notamment lancé Teddy Riner [...].
Pour la star du judo, "Le Sport comme École de la Vie, c'est être persuadé que le sport et les valeurs que l'on y apprend nous aident à trouver des ressources, une énergie qui font de nous des personnes meilleures. Après de nombreux défis sportifs, des réussites, mais également des échecs, le sport m'a permis d'être l'homme que je suis aujourd'hui, d'être plus fort dans la vie de tous les jours, même en dehors des tatamis." »

■ Clémentine Rebillat, « Le sport et ses valeurs, combat de Teddy Riner et du Crédit Agricole », publié le 16 décembre 2017 © Paris Match 2019.

1. *Quelles sont les valeurs véhiculées par le sport ?*
2. *Pourquoi le judo et le sport en général sont-ils une « école de la vie » ?*

EXPLORER AVEC UNE IMAGE

L'éducation des filles et des garçons

■ Éditions des Arènes

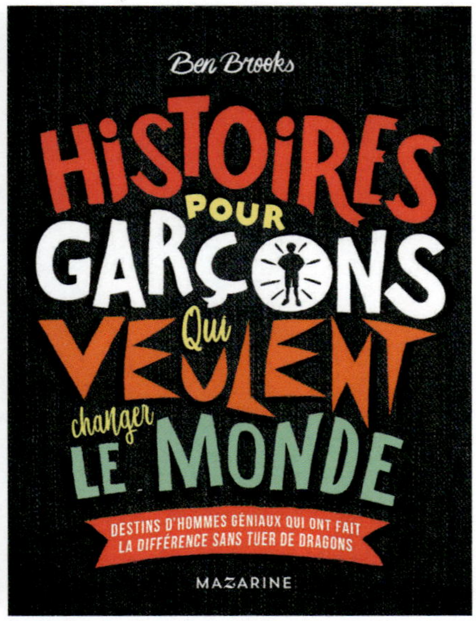

■ Éditions Mazarine

1. *Illustrez par des exemples ce qu'il y a en commun dans l'éducation des filles et des garçons.*
2. *Illustrez par des exemples ce qu'il y a de différent dans l'éducation des filles et des garçons.*
3. *Selon vous, comment l'éducation prépare-t-elle les enfants à leur rôle d'adulte ? Justifiez votre réponse.*

EXPLORER AVEC UNE VIDÉO

Service national universel et valeurs citoyennes

« Levée des couleurs, *Marseillaise*, ateliers secourisme ou bien activité physique, voilà à quoi devrait ressembler une journée du service national universel. […] Elle concerne des jeunes de 16 ans, environ 200 par département, dès juin 2019. Ils seront accueillis dans des hébergements collectifs, comme un lycée professionnel. L'encadrement sera assuré par des animateurs, des éducateurs spécialisés ou bien des militaires. »

■ « Citoyenneté : les modalités dévoilées du service national universel », 19/20, France 3, 17 janvier 2019.

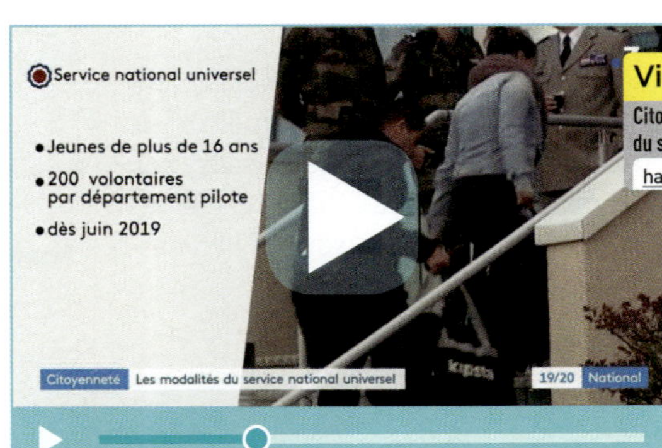

Vidéo
Citoyenneté : les modalités du service national universel
hatier-clic.fr/19ses2052

1. *Quels sont les objectifs du service national universel ?*
2. *Quelles sont les valeurs transmises lors du service national universel ?*
3. *Ce service national est-il le seul lieu d'acquisition de valeurs permettant de devenir un acteur social ? Donnez d'autres exemples.*

Comment devenons-nous des acteurs sociaux ?

DÉCOUVRIR LES ENJEUX

Comment devenons-nous des acteurs sociaux ? Comment la société nous façonne-t-elle pour nous permettre d'y trouver notre place et d'y jouer notre rôle ? Pour les sociologues, c'est l'œuvre du processus de socialisation.

Les copains, un groupe de pairs

Qu'est-ce que la socialisation ?

La **socialisation** est un processus, un mécanisme social, qui permet aux individus d'acquérir les **normes** et les **valeurs** du groupe auquel ils appartiennent ou souhaitent appartenir. Elle repose sur un ensemble complexe de **mécanismes** (apprentissage, identification et intériorisation) qui durent tout au long de la vie.

Quel rôle jouent la famille et l'école dans la socialisation ?

Le processus de socialisation repose sur une pluralité d'**instances de socialisation**. Certaines de ces instances (la **famille**, l'**école**) jouent leur rôle dès le plus jeune âge et vont permettre la transmission et l'acquisition des normes et des valeurs qui orientent nos façons d'être et de penser.

Comment les médias et les pairs contribuent-ils à la socialisation ?

À l'adolescence, les **groupes de pairs** et les **médias** viendront compléter l'action socialisatrice de la famille et de l'école. La **diversification** des instances de socialisation contribue à varier les contextes et ainsi à différencier les mécanismes de socialisation auquel est soumis l'adolescent, pour favoriser son intégration à la société.

En quoi le processus de socialisation est-il différencié selon le genre ?

La socialisation n'est pas un processus homogène. Il est **différencié selon le genre**. Même si l'essentiel des normes et des valeurs transmises sont communes, la société transmet aux filles et aux garçons des modèles différents.

www.1jour1actu.com

Quels sont les effets d'une socialisation différenciée selon le milieu social ?

La socialisation est aussi différente **selon le milieu social** auquel on appartient. Les valeurs et normes peuvent varier selon la catégorie sociale à laquelle nous appartenons, comme par exemple dans l'alimentation ou les pratiques culturelles. Cette socialisation différenciée aura un impact sur le devenir de l'individu.

Comment devenons-nous des acteurs sociaux ?

La socialisation, un processus tout au long de la vie

- Acteur social
- Valeurs, normes

Activité 1 p. 78-79

La famille et l'école au cœur de la socialisation

- Complémentarité
- Intégration sociale

Activité 2 p. 80-81

Contribution des médias et des pairs à la socialisation

Activité 3 p. 82-83

- Imitation
- Influence

Socialisation et genre

- Stéréotypes
- Genre/sexe

Activité 4 p. 84-85
Projet p. 88
« Socialisation et publicité »

Socialisation et milieu social

Activité 5 p. 86-87
Atelier p. 90
« Socialisation et alimentation »

- Capital culturel
- Classe supérieure
  Classe inférieure

1 La socialisation, un processus tout au long de la vie

OBJECTIF Expliquer comment l'individu devient un acteur social

Doc 1 Tel père, tel fils ?

■ www.dreamstime.com

1. *Expliquez le titre du document 1.*
2. *En quoi observer et imiter ses parents et ses proches favorise-t-il l'insertion de l'enfant dans la société ?*

DÉFINITIONS

Culture
En sociologie, elle est définie comme ce qui est commun à un groupe d'individus. Elle est constituée de l'ensemble des normes et valeurs communes à la société ainsi que des traditions et symboles qui servent de référence aux individus.

Normes
Règles de conduite de la vie en société (écrites ou non) auxquelles les individus sont censés se conformer et auxquelles sont associées des sanctions (positives ou négatives). Ces sanctions peuvent être formelles (diplôme en cas de réussite, amende en cas d'infraction à la loi) ou informelles (moquerie en cas de non-respect d'une mode).

Valeurs
Idéaux auxquels les membres d'une société adhèrent et qui se manifestent concrètement dans les manières de penser, de sentir, d'agir. On parle de norme intériorisée (ne pas voler, non par peur du gendarme, mais par respect de l'autre).

Doc 2 Qu'est-ce que la socialisation ?

« La socialisation désigne les mécanismes de transmission de la culture ainsi que la manière dont les individus reçoivent cette transmission et intériorisent les valeurs, les normes et les rôles qui régissent le fonctionnement de la vie sociale. [...] On distingue classiquement une socialisation primaire et une socialisation secondaire. La socialisation primaire correspond à la période de l'enfance. Ce processus s'effectue d'abord dans la famille qui en constitue l'instance principale [...] L'école représente une autre instance majeure de la socialisation primaire [...]. La socialisation secondaire se fonde sur les acquis de la socialisation primaire, les prolonge et éventuellement les transforme. Elle permet aux adultes de s'intégrer à des groupes spécifiques (travail, association, parti politique...) ; chaque individu est ainsi socialisé aux différents rôles sociaux et aux statuts qui seront les siens au cours de sa vie. »

■ Michel Castra, « Socialisation » dans Serge Paugam, *Les 100 mots de la sociologie*, QSJ, 2018.

1. *Donnez un exemple de norme transmise par chacune des instances de socialisation primaire, la famille et l'école.*
2. *Donnez un exemple de norme transmise par une instance de socialisation secondaire.*
3. *Donnez des exemples de rôles sociaux d'adulte auxquels prépare la socialisation.*

Exercice — Normes et valeurs

1. Associez chaque norme à la valeur qui lui correspond.
2. Quelles sont les normes de cette liste qui peuvent être écrites dans des règlements ou des lois ?
3. Quelles seraient les sanctions (formelles ou informelles) associées au non-respect de ces normes ?

Exo interactif
Manuel numérique

Valeurs	Normes
La confiance •	• Défendre son pays
La liberté •	• Aider son voisin en cas de besoin
L'égalité •	• Dire la vérité
Le patriotisme •	• Ne pas dépasser les limitations de vitesse
La politesse •	• Donner aux hommes et aux femmes les mêmes droits
L'altruisme •	• Dire bonjour en entrant dans la salle de classe
La sécurité •	• Pouvoir exprimer ses opinions

Doc 3 Le processus de socialisation

Doc animé
Manuel numérique

Mécanismes

Apprentissages (acquisition de savoir-faire inculqués)
Identification (à l'un des parents, par exemple)
Intériorisation (intégration de traits culturels d'un groupe à sa propre personnalité)

Socialisation

Processus d'apprentissage et d'intériorisation de normes, de valeurs et de pratiques

Objectifs

Former sa personnalité
S'adapter au(x) groupe(s) dans le(s)quel(s) on vit

Le saviez-vous ? Si, dans la socialisation, le processus d'apprentissage est conscient et facilement repérable (l'individu reçoit clairement l'injonction de respecter une norme), les processus d'identification et d'intériorisation le sont moins (on peut choisir un modèle mais l'on reproduit aussi certains comportements de façon inconsciente par imitation).

1. *Illustrez les différents mécanismes de socialisation par des exemples concrets.*
2. *Selon vous, qu'est-ce qui différencie la socialisation par apprentissage de la socialisation par identification ?*
3. *Comment la socialisation permet-elle à un individu de s'intégrer à un groupe, de devenir un acteur social ? Illustrez par des situations réelles.*

Pour aller plus loin
Vidéo
Comment la socialisation de l'enfant s'effectue-t-elle ?
hatier-clic.fr/19ses2053

SYNTHÉTISER

Montrez que « savoir se tenir à table » est un élément de la socialisation et qu'il favorise l'intégration de l'individu.

Pour aller plus loin
Article de presse
Avec quoi se nourrissent les 7,5 milliards d'humains ?
hatier-clic.fr/19ses2054

2 La famille et l'école au cœur de la socialisation

OBJECTIF Montrer le rôle de la famille et de l'école dans la formation des acteurs sociaux

Doc 1 Le respect des règles à l'école

■ www.lexpress.fr

« La voix est calme, posée. C'est ainsi qu'Yves exerce son autorité. "Pour moi, tout repose sur la confiance. Pour être respecté, il faut être respectable. D'emblée, je leur fais comprendre que ce ne sera pas le bazar. Il faut qu'ils comprennent qu'il y aura une personne pour réguler les problèmes et qu'il y aura une règle commune. Il faut qu'ils comprennent qu'on est un peu comme dans une famille", explique [cet enseignant].
"Je travaille beaucoup sur les droits et les devoirs de chacun, sur la notion de respect", ajoute [sa collègue] Karine Letouzé. "Par exemple, je leur demande de prendre soin du matériel en pensant aux camarades qui seront à leur place l'année prochaine." »

■ Pierre-Marie Puaud, « La rentrée scolaire, c'est comme un printemps », France 3 Normandie, 3 septembre 2018.

1. *Quelles sont les règles transmises par ces enseignants lors de la rentrée des classes ?*
2. *Ces règles ne s'appliquent-elles qu'aux élèves ?*
3. *Expliquez le passage souligné.*

Doc 2 Les règles familiales et l'intégration sociale

« Quand les enfants ont intériorisé les subtilités du savoir-vivre ensemble, ils sont souvent félicités et davantage appréciés des adultes. En effet, si l'on prend l'exemple d'un enfant qui dit bonjour et merci à la caissière d'un magasin, il sera très vraisemblable que cette dame dise en aparté aux parents : "Qu'il est bien élevé !". Il en est de même pour le milieu scolaire. Un élève perturbateur sera plus couramment "moins apprécié" par son enseignant qu'un autre qui sait se comporter conformément aux règles sociales qui ont cours dans la salle de classe (et dans l'école en général). Ainsi, les compétences sociales que les élèves doivent acquérir semblent revêtir une grande importance dans notre société car la "non-utilisation" des codes du savoir-vivre en fonction de la situation peut avoir des effets déplaisants (mauvaises relations avec les enseignants, avec les pairs[1], échec scolaire...). »

■ Léopoldine Bauchet, « Le respect des normes sociales informelles à l'école comme facteur de la réussite scolaire à l'école primaire », *Sciences humaines combinées* [En ligne], 11/2013, URL : http://preo.u-bourgogne.fr.

1. Ses camarades de classe.

■ Autocollant mural, Collection Graf Déco, Montréal.

1. *Comment la famille participe-t-elle à l'adoption des codes du savoir-vivre ?*
2. *Pourquoi l'acquisition de compétences sociales est-elle importante pour l'intégration scolaire ?*

Pour aller plus loin
Vidéo
Éducation : enfants de prof, un facteur de réussite scolaire ?
hatier-clic.fr/19ses2055

Doc 3 La complémentarité famille-école dans la socialisation

« Émile Durkheim utilise [...] le terme "d'éducation" pour désigner des "actions" entreprises par les parents (Émile Durkheim parle cependant indifféremment de "maîtres et parents" et pense ensemble l'action de l'école et de la famille) dans un but bien précis [...] : "créer dans l'homme un être nouveau : l'être social". À première vue, chez Émile Durkheim, le processus de construction de l'enfant tient tout entier dans des pratiques éducatives conscientes et efficaces des adultes qui ont ce résultat pour but explicite. Il y a donc coïncidence et équivalence entre les processus d'"éducation" et de "socialisation" de l'enfant. Dans l'optique d'Émile Durkheim, ce processus est un processus orienté qui pointe dans une certaine direction : il s'agit pour l'enfant d'acquérir un "rôle utile", que réclame de l'adulte qu'il va devenir "la société dans son ensemble" et plus particulièrement le milieu social auquel l'enfant est destiné. »

■ Muriel Darmon, *La Socialisation*, © Éditions Armand Colin, 2016 pour la 3e édition, Paris.

QUI EST-CE ?

Émile Durkheim
(1858-1917)
Sociologue français considéré comme le fondateur de la sociologie moderne.

1. *En quoi la socialisation par « les maîtres et parents » est-elle équivalente selon Émile Durkheim ?*
2. *Quel est le but de la socialisation selon Émile Durkheim ?*
3. *La socialisation peut-elle se limiter à « des pratiques éducatives conscientes et efficaces des adultes qui ont ce résultat pour but explicite » ? Justifiez votre réponse.*

Exercice — Repas et socialisation

A. Zoom sur... le petit-déjeuner à l'école primaire

« [En] 2016, le programme Magic Breakfast a été mis en place dans plus d'une centaine d'écoles anglaises (8 600 élèves). L'étude montre que la création de "clubs petit-déjeuner" au sein des écoles, avec un temps dédié, en amont du temps de classe, est associé à une augmentation du niveau en lecture, écriture et mathématiques de l'équivalent de 2 mois d'enseignement pour les élèves en classe de CP. Les évaluateurs ont également constaté une amélioration de la concentration et du comportement des élèves. [...] Ce programme a un effet positif sur l'ensemble des élèves, qu'ils soient issus de familles favorisées ou défavorisées. [...] Le petit-déjeuner à l'école est une pratique de plus en plus répandue en Angleterre. En Suède, il est proposé à tous les élèves. »

■ CNESCO, La qualité de vie à l'école, octobre 2017.

B. Taux de collégiens non-inscrits à la cantine scolaire selon l'origine sociale

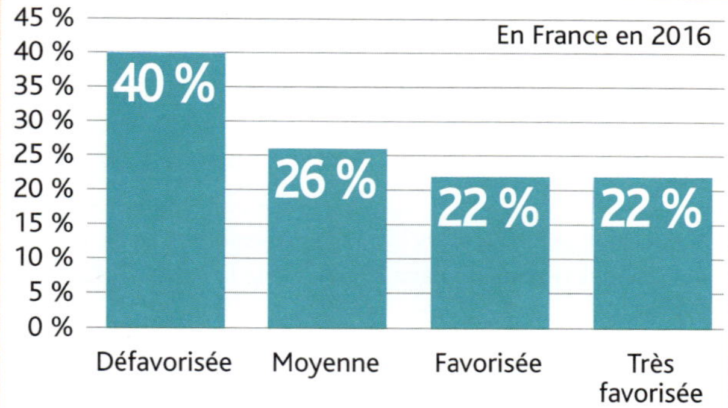

Champ : ensemble des collèges publics et privés.
Note : La catégorie « défavorisée » regroupe les ouvriers, les chômeurs et les inactifs n'ayant jamais travaillé. La catégorie « moyenne » comprend les agriculteurs exploitants, les artisans commerçants et les employés. La catégorie « favorisée » correspond aux professions intermédiaires. Enfin, la catégorie « très favorisée » rassemble les cadres supérieurs, les professions libérales, les chefs d'entreprise et les enseignants.
Source : Données Depp (extraites de la BCP), 2016 ; traitement Cnesco, 2017.

1. Illustrez l'importance du repas pour le travail scolaire. (doc. A)
2. Pourquoi, selon que le milieu social est modeste ou non, cela peut-il avoir un impact sur la socialisation scolaire ? (doc. A et B)
3. Après avoir illustré les inégalités liées aux repas pris à l'école (doc. B), vous expliquerez comment l'école peut réduire celles-ci. (doc. A)

Pour aller plus loin
Vidéo
Le repas des enfants en crèche
hatier-clic.fr/19ses2056

SYNTHÉTISER

Vous rédigerez un paragraphe argumenté pour montrer que l'école et la famille sont des instances de socialisation complémentaires.

Fiche méthode p. 152

3 Contribution des médias et des pairs à la socialisation

OBJECTIF Montrer le rôle des médias et des pairs dans la socialisation

Doc 1 Réseaux sociaux et imitation

« Alors que l'année 2019 vient à peine de commencer, on voit déjà de nombreux challenges qui apparaissent sur les réseaux sociaux. Depuis le 1er janvier, le nombre de défis explose : Après le "januhairy", un challenge lancé sur internet qui invite les femmes à ne pas s'épiler en janvier, et le "dry january" qui invite cette fois-ci les internautes à ne pas boire d'alcool pendant le mois, c'est au tour du "10 years challenge". Ce dernier consiste à poster une photo de soi en 2009 et une autre datant de 2019 pour voir l'évolution. [...]
En imitant ce qu'elles voient, [de nombreuses personnes] pensent s'inscrire dans le même groupe que les autres. Ce phénomène d'imitation est aussi comparable au "cap ou pas cap" pour prouver qu'on peut faire comme les autres, voire encore plus impressionnant. [...]
Le fait que certaines stars participent à ces challenges les pousse encore plus loin. Les internautes veulent faire comme leurs stars favorites pour prouver qu'ils sont comme elle, et à l'inverse, les stars veulent faire passer le message : "je suis comme vous, je suis comme tout le monde" en les reproduisant aussi. »

■ « Comment et pourquoi les challenges remportent-ils autant de succès sur les réseaux sociaux ? », Par Léna, 16 janvier 2019, www. bmrp.fr

■ Le « Ice Bucket challenge » en 2014, pour médiatiser la lutte contre la maladie de Charcot.

1. *Qu'est-ce qu'un « challenge » ? En quoi consiste le « Ice Bucket Challenge » ?*
2. *Qu'est-ce qui motive les internautes à suivre un « challenge » ?*
3. *En quoi ces comportements sont-ils liés au processus socialisation ?* → Activité 1, doc. 3 p. 79

Doc 2 Quel rôle pour les pairs ?

« Les récréations, dans les cours d'école [...], offrent [...] un observatoire privilégié de la force de [la] "socialisation entre égaux", [...] et permettent notamment de l'envisager comme un moment d'apprentissage, [...] de tout un ensemble de règles spécifiques régissant le rapport aux autres. Il semble bien enfin que cette influence ne fasse que se renforcer lorsque l'on passe de l'enfance à l'adolescence, au cours de laquelle la "culture des pairs" possède une force prescriptrice indéniable, qui entre en concurrence avec les influences scolaires ou familiales. En outre, c'est en grande partie par son entremise que transitent les normes et les modèles véhiculés par les industries culturelles de masse, dont on peut faire l'hypothèse qu'ils détiennent d'autant plus un pouvoir socialisateur qu'ils sont portés et représentés par les interactions et les règles du groupe [de pairs]. »

■ Muriel Darmon, *La Socialisation*, © Éditions Armand Colin, 2016 pour la 3e édition, Paris.

■ Caroline Receveur, influenceuse sur Instagram

1. *Selon vous, pourquoi la socialisation entre pairs se renforce entre l'enfance et l'adolescence ?*
2. *Donnez un exemple concret de norme pouvant mettre en concurrence groupe de pairs et famille.*
3. *Expliquez le passage souligné.*

DÉFINITION

Groupe des pairs
Ensemble de personnes présentant des éléments communs avec un individu (âge, milieu social, centres d'intérêt...) et susceptibles d'influencer celui-ci.

Doc 3 Médias et pression sociale

« La pression sociale – véhiculée globalement par les leaders d'opinion, les influenceurs, les médias, les politiques… – se construit dès l'enfance, car l'enfant, pour exister dans l'affection et le rassurement, doit, dans un premier temps, adopter les directions et directives imposées par sa famille et le milieu socioculturel duquel il est issu et dans lequel il grandira […]. À l'adolescence, ce qui s'appelle "crise" est en fait le besoin de se différencier, de n'appartenir qu'à soi et son groupe de référence, par des actes et des choix qui l'aideront à devenir une personne à part entière, dans le meilleur des cas capable d'une pensée propre à l'âge adulte. C'est là que se situe, dans l'entrée dans le monde adulte, dans son cortège d'obligations, ses moules, sa bien-pensance, le pouvoir de faire rentrer les individus dans la norme du moment. Celle-ci se décline en goût partagé par la majorité pour y conforter la cohésion sociale et la capacité d'adaptation des individus.
Ce qui s'appelle "tendances" aujourd'hui est la capacité de certains influenceurs de suggérer voire d'imposer – le résultat est le même – ce que doit être la "mode", comme celle du football qui avant était un jeu populaire et aujourd'hui valorisé par l'intelligentsia[1]. »

■ Danielle Rapoport, « Dans les entrailles de la pression sociale : pourquoi il est si difficile de se distinguer de certains goûts mainstream », 15 juillet 2018, www. atlantico.fr, © 2015-Atlantico.fr.

1. Élite intellectuelle.

DÉFINITION

Médias
Ensemble des supports de diffusion de l'information (radio, télévision, presse imprimée, Internet…) constituant à la fois un moyen d'expression et un intermédiaire transmettant un message à l'intention d'un groupe.

1. *Qu'est-ce que la pression sociale ?*
2. *Comment celle-ci favorise-t-elle le respect de la norme du moment ?*
3. *Expliquez le passage souligné.*

Exercice Réseaux sociaux numériques et sociabilité

Part des 13-19 ans inscrits sur les réseaux sociaux et les messageries (en %)

Doc interactif
Manuel numérique

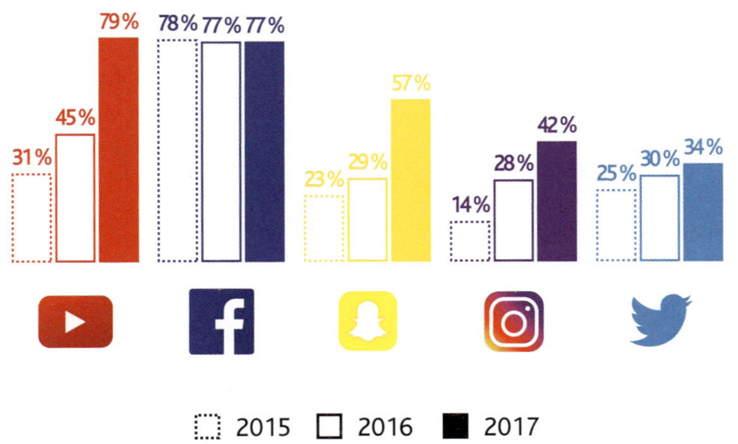

Source : Thomas Coëffé, Quelles sont les pratiques numériques des moins de 20 ans en France ? www.blogdumoderateur.com, 21 mars 2017. **Données** : Ipsos.

1. Comment évoluent les inscriptions des jeunes sur les différents réseaux entre 2015 et 2017 ?
2. Comment la participation à ces réseaux peut-elle influencer la socialisation des jeunes ?
3. Pourquoi peut-on penser que plus un individu a d'abonnés et plus un réseau a de membres plus ils peuvent être influents ?

Fiche outil p. 156

Pour aller plus loin
Vidéo
Réseaux sociaux : les influenceurs font vendre
hatier-clic.fr/19ses2057

SYNTHÉTISER

Vous rédigerez un paragraphe argumenté pour montrer que l'influence du groupe de pairs et celle des médias peuvent être liées dans la socialisation de l'adolescent.

Fiche méthode p. 152

Exo interactif
Manuel numérique

4 Socialisation et genre

OBJECTIF Montrer qu'il existe des différences entre la socialisation des filles et celle des garçons

Doc 1 Stop aux stéréotypes de genre[1] !

■ Campagne de l'association « Le jeu pour tous », www. jouerlegalite.fr

1. Représentations sociales standardisées qui catégorisent les rôles et comportements masculins et féminins.

NE PAS CONFONDRE

Le mot « **sexe** » se réfère davantage aux caractéristiques biologiques et physiologiques qui différencient les hommes des femmes.
Le mot « **genre** » sert à évoquer les rôles qui sont déterminés socialement, les comportements, les activités et les attributs qu'une société considère comme appropriés pour les hommes et les femmes.

1. *En quoi ces affiches dénoncent-elles les stéréotypes de genre ?*
2. *Classez les qualificatifs suivants de 1 (le moins féminin) à 10 (le plus féminin) : déterminé·e, gentil·le, souple, musclé·e, joli·e, endurant·e, séducteur (séductrice), bruyant·e, débrouillard·e, soigné·e.*
3. *Comparez votre classement avec le reste de la classe. Qu'observez-vous ?*

Doc 2 Une socialisation genrée ?

« La socialisation de genre commence dès avant la naissance [...]. Elle se poursuit en s'appuyant sur la large palette des "objets de l'enfance" (vêtements, littérature ou presse de jeunesse, activités de loisirs ou jouets) qui sont autant "d'agents périphériques de socialisation" qui "inculquent le genre à distance". Les jeux et les jouets, tout d'abord, sont tout autant clivants selon le sexe que selon la classe sociale. Les jouets perçus comme masculins et avec lesquels jouent les garçons (voitures, mallettes de bricolage, déguisements "masculins") favorisent "la mobilité, la manipulation, l'invention et le goût de l'aventure" alors que ceux des filles (poupées, ustensiles de cuisine, trousses de maquillages, panoplies d'infirmières, de fées ou de princesses) "développent l'intérêt porté à soi et aux autres, dans la mise en avant de la séduction et de la maternité". De plus, l'étude des catalogues de jouets montre qu'ils ne "font pas qu'exacerber les rôles traditionnels de genre, ils encouragent activement leur reproduction". La petite fille est ainsi "exhortée à reproduire une situation inégalitaire en prenant comme modèle la situation inégalitaire qu'elle est censée pouvoir observer dans sa famille" : posséder une poussette et faire ses courses "comme maman". »

■ Muriel Darmon, *La Socialisation*, © Éditions Armand Colin, 2016, pour la 3e édition, Paris.

1. *En quoi les jeux et les jouets participent-ils à la socialisation ?*
2. *Expliquez pourquoi c'est au nom de l'égalité que la campagne vue dans le doc. 1 dénonce, comme Muriel Darmon, le rôle des jouets dans la préparation des rôles adultes masculins et féminins.*

Pour aller plus loin
Vidéo
Publicité sur les jouets
hatier-clic.fr/19ses2058

Doc 3 Sport et socialisation genrée

« La persistance de stéréotypes de genre pourrait expliquer l'absence de mixité dans certaines disciplines dès le plus jeune âge : en 2014, près d'une personne sur deux adhère à l'idée selon laquelle "certains sports conviennent mieux aux filles qu'aux garçons". De fait, l'activité sportive choisie par les enfants (ou leurs parents) est souvent fonction des valeurs qu'elle véhicule : grâce, souplesse, agilité pour les filles ; endurance, rapport de force et esprit de compétition pour les garçons. Enfin, pratiquer un sport "masculin" est d'autant plus difficile pour les jeunes filles qu'elles peuvent renvoyer physiquement une image non conforme à la norme corporelle féminine, musculature et force physique étant plutôt associées à la masculinité. Des stéréotypes analogues, mais inversés, jouent probablement pour éloigner les garçons des sports jugés "féminins" ».

■ François Gleizes, Émilie Pénicaud, « Partiques physiques ou sportives des femmes et des hommes : des rapprochements mais aussi des différences qui persistent » publié dans « Insee Première » n°1675, novembre 2017.

■ La danse, un sport de filles ?

1. *Selon vous, quelles disciplines sportives véhiculent des valeurs plutôt féminines ? plutôt masculines ?*
2. *Montrez en quoi cette distinction entre les sports repose sur des stéréotypes de genre.*
3. *Peut-on affirmer que les enfants sont libres de choisir leur pratique sportive ? Pourquoi ?*

Pour aller plus loin
Vidéo
Islande : à la découverte d'écoles d'un nouveau genre
hatier-clic.fr/19ses2059

Exercice Illustrer un texte avec des données chiffrées

Nombre de licenciés[1] selon certaines fédérations sportives (au 04 juillet 2016)

Activités	Nombre de licenciées (en milliers)	Part des licenciées (en %)	Nombre de licenciés (en milliers)	Part des licenciés (en %)	Ensemble (en milliers)
Gymnastique	231,6		55,7		287,3
Danse	68,7		11,1		79,8
Randonnée pédestre	145,8		86,4		232,2
Natation	162,5		138,4		300,9
Cyclisme	12,3		107,3		119,6
Basketball	184,9		328,7		513,6
Handball	183,7		329,4		513,1
Football	121,7		2013,4		2135,1

■ Source : INJEP, « Les chiffres-clés du sport », ministère de la ville, de la jeunesse et des sports, mars 2017.

1. Inscrits pour une pratique sportive auprès d'une fédération nationale.

1. Recopiez puis complétez le tableau ci-dessus en faisant les calculs nécessaires.
2. Quelles sont les activités sportives les plus féminisées ? les plus masculines ? Justifiez vos réponses en utilisant les résultats de la question 1.
3. Dites en quoi les résultats de ce tableau confirment ou infirment le document 3.

Fiche outil p. 156

Exo interactif
Manuel numérique

SYNTHÉTISER

Vous rédigerez un paragraphe argumenté pour montrer comment la socialisation différenciée, fille et garçon, prépare l'individu à ses rôles d'adulte.

Fiche méthode p. 150

5 Socialisation et milieu social

OBJECTIF Montrer que la socialisation diffère selon le milieu social

Doc 1 Savoir se comporter à table

■ Un repas en famille

■ Un repas entre amis

« En France, dans le cadre d'un repas "social", vous n'êtes pas là pour manger mais pour avoir une conversation. Pourquoi ? Parce qu'à l'origine, dans les milieux populaires, se nourrir était essentiel pour recharger les batteries après de dures journées de travail. Alors qu'à la cour, c'était moins un sujet primordial. Et, nos règles de politesse sont issues de l'aristocratie de l'Ancien Régime, que la bourgeoisie a encore modifiées après la Révolution [...]. Évidemment, on ne parle pas la bouche pleine ni avec ses couverts dans la main. »

■ « Quatorze règles de savoir-vivre à appliquer en toutes circonstances », par Julie Falcoz, publié sur lefigaro.fr le 13 septembre 2017, © Julie Falcoz/lefigaro.fr/13/09/17.

1 *« On ne parle pas la bouche pleine », est-ce une norme universelle quel que soit le milieu social?*

2 *Connaissez-vous d'autres normes que l'on doit respecter lors du repas ?*

3 *Montrez à l'aide des deux photos ci-dessus que le rituel du repas dépend du milieu social.*

Exercice — La réussite liée au prénom ?

A. Prénoms et mentions au bac en 2018

1. Le plus de mentions « très bien »
Les 10 prénoms ayant obtenu le plus de TB (+ de 22%)

22% — *Garance* Chiara Héloïse Adèle Anna Alix Apolline Joséphine Eléonore Diane*

2. Le moins de mentions « très bien »
Les 10 prénoms ayant obtenu le moins de TB (– de 4%)

4% — *Steven Ryan Bilal Allan Christopher Tony Rayan Mohamed Melvin Dylan*

*Sur 100 filles portant le prénom « Garance », 25 ont obtenu la mention TB en 2018 au bac.
Source : Baptiste Coulmont, « Les prénoms et la mention », édition 2018, www.coulmont.com, © Baptiste Coulmont.

B. Une variable explicative cachée

« C'est surtout le milieu social d'origine qui augmente ou réduit les chances d'avoir la mention "très bien", et il se trouve que les prénoms à la mode dans une cité de banlieue ne le sont pas forcément dans un quartier huppé du centre-ville. Le blog de [Baptiste Coulmont[1]] propose par ailleurs un outil qui permet de visualiser les pourcentages d'obtention de mentions pour un prénom précis par rapport à la moyenne française. »

■ « Baccalauréat : quels prénoms reçoivent le plus de mentions "très bien" ? », 16 décembre 2014, © www.sudouest.fr 2019.

1. Maître de conférence à l'université Paris 8, auteur de l'étude.

1. Quel lien statistique met en évidence le doc. A ?
2. Pourquoi est-il impossible de conclure que le choix d'un prénom conditionne la réussite scolaire ? (doc. B)
3. Illustrez le passage souligné. (doc. B)

Pour aller plus loin
Article – Le Monde
Prénoms et mention au bac
hatier-clic.fr/19ses2060

Doc 2 L'école à la maison

« Certains jeux, et certains usages de ces jeux rendent possible "d'introduire l'école à la maison" et vont de ce fait préparer l'enfant aux réquisits scolaires[1]. Ces "apprentissages ludiques" font que l'enfant, tout en jouant, intègre des contenus éducatifs. Or un tel usage du jeu est beaucoup plus probable dans les familles de classes supérieures ou moyennes, à capital culturel élevé, que dans les familles de classes populaires. Il dépend en effet de conditions économiques, qui ne se limitent pas aux aspects strictement financiers (le coût des jeux et de jouets) mais englobent par exemple les questions spatiales (la taille du logement et l'existence d'une chambre particulière pour l'enfant favorisent le large déploiement des jeux). Il implique également que soient réalisées des conditions culturelles, telles la perception par les parents du caractère éducatif des jouets, appuyée sur une connaissance au moins partielle des théories du développement enfantin [...]. »

■ Muriel Darmon, *La Socialisation*, © Éditions Armand Colin, 2016, pour la 3e édition, Paris.

1. Ensemble des savoirs et des comportements attendus à l'école.

■ Le jeu en famille pour apprendre

1. *Donnez un exemple de jeu permettant « d'introduire l'école à la maison ».*
2. *Comment les jeux peuvent-ils favoriser la réussite scolaire ?*
3. *Pourquoi le choix des jeux diffère-t-il selon le milieu social ?*
4. *Pourquoi l'enfant de milieu social favorisé a-t-il plus de chances de réussir à l'école ?*

Doc 3 Obtention du bac selon la génération et le milieu social

Doc interactif
Manuel numérique

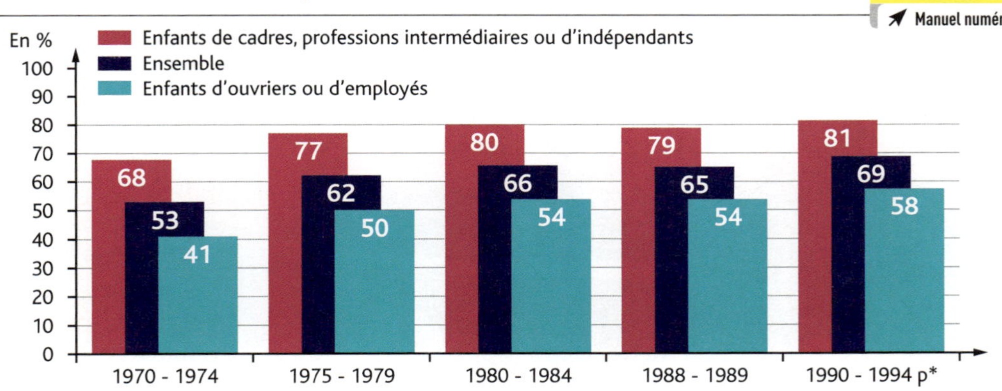

*p : données provisoires

Lecture : parmi les générations de jeunes nés de 1990 à 1994, 81 % de ceux dont le père occupe un emploi de cadre, de profession intermédiaire ou est travailleur indépendant sont bacheliers, contre 58 % des jeunes de père ouvrier ou employé.

Champ : France métropolitaine jusqu'à la génération 1985-1989 ; France métropolitaine + DOM (hors Mayotte) pour la génération 1990-1994. Les données proviennent de l'enquête Emploi de l'Insee, on établit les résultats pour les générations nées de 1970 à 1974 à partir de l'enquête de 1996 et ceux des générations nées de 1990 à 1994 à partir de l'enquête de 2016.

Source : Insee; enquêtes Emploi ; *L'état de l'École* 2017 © DEPP

1. *Faites une phrase avec la donnée « ensemble » pour la génération 1990-1994.*
2. *Par des données chiffrées, illustrez le lien que l'on observe entre milieu social et réussite au baccalauréat.*
3. *Quel peut être le lien de causalité entre réussite scolaire et origine sociale ?*
→ Chapitre 1, p. 14

DÉFINITION

Capital culturel

Ensemble des ressources culturelles (maîtrise de la langue, biens culturels, connaissance des arts…) détenues par un individu, qu'il peut mobiliser et transmettre.

SYNTHÉTISER

À l'aide des documents de cette page, expliquez comment le milieu social peut favoriser ou non la réussite scolaire.

Publicité et

OBJECTIFS
- Identifier le rôle de la publicité dans la socialisation différenciée par genre
- Analyser et réaliser une affiche de publicité

Partie 1 Analyse d'une affiche publicitaire

30 min.

Une affiche publicitaire pour une automobile en 1968

Publicité pour le cabriolet Simca de 1968

Note : Le slogan détourne le titre d'un film américain de 1953 de Fred Zinnemann « Tant qu'il y aura des hommes » (*From Here to Eternity*) qui a obtenu 8 Oscars en 1954.

1. Étudiez cette affiche en vous aidant du point méthode.
2. En quoi cette affiche met-elle en évidence une socialisation différenciée de genre ?

POINT MÉTHODE

Étudier une affiche publicitaire

Pour étudier une publicité, il faut se poser une série de questions :

a. Quel est le produit que l'on veut vendre ? La marque ? Quel est son nom ?

b. Quel est le public visé ? (Ne pas confondre celui représenté sur la publicité et le client potentiel. Par exemple, on peut montrer une catégorie sociale supérieure à celle du client prospecté pour s'appuyer sur son désir d'ascension et de réussite sociale.)

c. Y a-t-il un contenu informatif sur le produit ? Si oui, celui-ci améliore-t-il les conditions de choix du consommateur ?

d. Y a-t-il un slogan ? Si oui, quelle est sa fonction ?

e. Quelle est la couleur dominante et l'atmosphère créée ? (Austérité, sérieux, gaité, douceur, etc.)

f. Quel est l'argumentaire explicite ou implicite ? (Choix des termes, références historiques ou culturelles, jeu de mots, etc.)

g. Sur quelles motivations (conscientes ou non) de l'acheteur s'appuie cette publicité ?

Fiche à imprimer
Manuel numérique

Tuto
La publicité
Manuel numérique

socialisation

Partie 2 — Analyse d'une affiche pour une campagne de communication

30 min.

■ Une affiche pour une campagne de communication du ministère des Sports (2015)

3. Quel est l'objet de cette campagne d'affichage ?
4. En quoi cette affiche est-elle comparable ou non à une affiche publicitaire classique ?
5. Relevez dans l'affiche les éléments qui dénoncent les préjugés sexistes.

Pour aller plus loin

Vidéo

Pub Ariel - Partageons les tâches

hatier-clic.fr/ 19ses2061

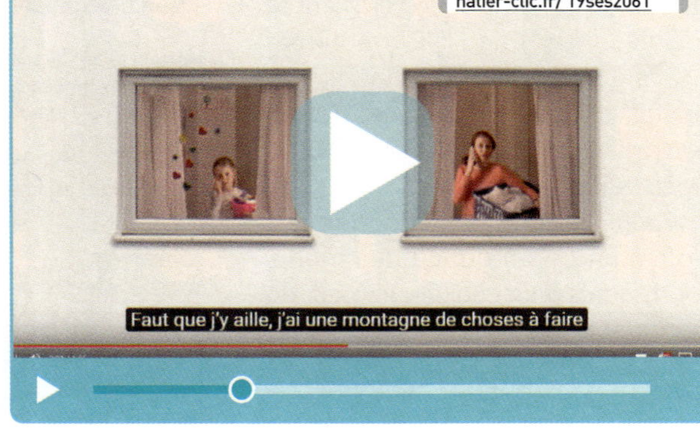

Partie 3 — Réaliser une affiche publicitaire

2 h

Vous travaillez dans une agence de pub et l'un de vos clients vous demande de réaliser une affiche.

› Étape 1 Constituez des groupes de travail et choisissez le bien ou le service ainsi que le public visé.
L'usage de ce produit doit permettre d'illustrer la socialisation genrée (par exemple, jouet, électroménager, soin de beauté, outil...).

› Étape 2 Rédigez un argumentaire pour convaincre votre client, le producteur du produit.
Pour structurer votre argumentaire, répondez aux questions du point méthode « Étudier d'une affiche publicitaire » (→ p. 88). Vous devrez aussi mettre en avant la dénonciation de la socialisation différenciée genrée (→ Hatier-clic).

› Étape 3 Créez une affiche qui traduise les éléments de l'argumentaire.
Choisissez un visuel (une photo et/ou un dessin) du produit comme élément central.
Rédigez un slogan (phrase courte et évocatrice).
Disposez le contenu informatif (marque, slogan, argumentaire) autour de l'image.

Le saviez-vous ?

Le chiffre d'affaires de la publicité en ligne en France a atteint 4,9 milliards d'euros en 2018. Selon les estimations, on accorde au digital la première place du classement des supports publicitaires les plus investis, devant la TV. La croissance, de l'ordre de 17 %, est la plus forte que le marché ait connue depuis 10 ans. Mais Google et Facebook captent à eux deux l'essentiel de cette croissance, soit près de 94 %.

ATELIER
SAVOIR-FAIRE

Socialisation et alimentation

OBJECTIFS
- Croiser des documents
- Établir un lien de causalité entre milieu social et surpoids

Doc 1 Dis-moi ce que tu manges, je te dirai qui tu es !

« L'étude des valeurs et des normes associées à l'alimentation est intéressante pour comprendre les [différences de] pratiques alimentaires. Les travaux du laboratoire Alimentation et Sciences sociales (ALISS) de l'INRA montrent [...] ce que signifie "bien nourrir son enfant" : si, pour les catégories aisées, cela revient à lui proposer des produits jugés "sains", en revanche, pour les catégories modestes, l'important est d'offrir une abondance d'aliments nourrissants pour conjurer la "peur de manquer", ce qui peut expliquer, en partie, les types de produits privilégiés par ces catégories. »

■ « Les différences sociales en matière d'alimentation », Ministère de l'Agriculture, de l'Agroalimentaire et de la Forêt, *Analyse* n°64, Centre d'études et de prospective, Octobre 2013.

Doc 2 Consommation de produits bio en 2017

« Avez-vous consommé des produits biologiques au cours des 12 derniers mois? »	Ensemble %	PCS + %	PCS – %
Consommateurs	**73**	**81**	**68**
Tous les jours	16	21	16
Au moins une fois par semaine	34	42	29
Environ une fois par mois	23	18	23
Non consommateurs	**27**	**19**	**32**

Note : Les « PCS + » rassemblent les artisans-commerçants, chefs d'entreprises, agriculteurs, cadres, professions intellectuelles supérieures et professions intermédiaires. Les « PCS – » rassemblent les ouvriers et employés.

■ Source : Agence Bio, Baromètre de consommation et de perception des produits biologiques en France, 15e édition, février 2018.

Doc 3 Surpoids et obésité chez les enfants de CM2 en 2015 selon leur origine socioprofessionnelle

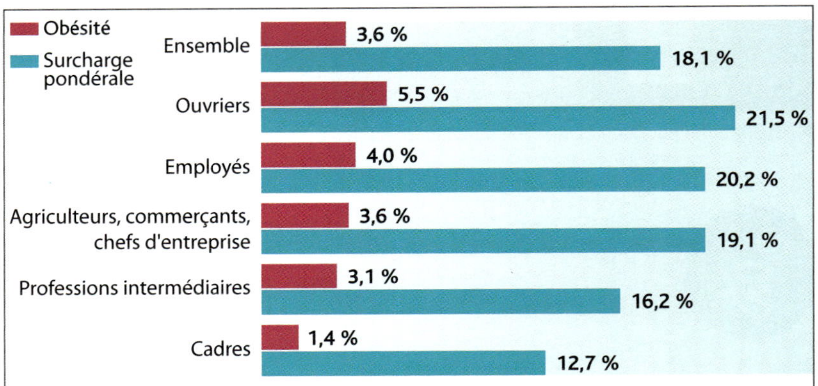

Lecture : En 2015, sur 100 enfants d'ouvriers scolarisés en CM2, 21,5 sont en surpoids et 5,5 en situation d'obésité.
Source : DRESS, Études et résultats, n°0993, février 2017.

EXPLOITER DES DOCUMENTS

1. *Montrez que les valeurs et les normes associées à l'alimentation sont différentes selon les milieux sociaux. (doc. 1)*
2. *Pour les professions et catégories socioprofessionnelles « + », quelle est la part de celles qui consomment des produits biologiques au moins une fois par mois voire plus ? (doc. 2)*

Fiche outil p. 156

3. *À partir de données chiffrées du document 2, illustrez l'idée principale du document 1 (qui différencie les pratiques alimentaires selon les catégories sociales).*
4. *Comparez le surpoids et l'obésité entre les enfants d'ouvriers et les enfants de cadres. (doc. 3)*
5. *Montrez que le document 1 peut expliquer au moins en partie le constat fait à la question 4.*

SYNTHÉTISER

6. *Quel lien pouvez-vous établir entre milieu social et surpoids ? Comment pouvez-vous expliquer cette corrélation ?*
→ Activité 5, p. 86

ATELIER ORIENTATION

Sociologie et orientation

Avec une spécialité « Sciences économiques et sociales », on peut poursuivre des études dites « longues » en Sciences humaines et sociales (SHS, dont la sociologie fait partie) : licence, puis master, voire doctorat/LMD.
En sociologie, les parcours de spécialisation sont choisis en L3 et concernent l'un des champs de la discipline (la ville, le travail, la santé, par exemple).

Formation

Études en sociologie

Onisep – Série Web
Ma 1re année en licence Sociologie
hatier-clic.fr/19ses2105

- Formation universitaire sur 3, 5 ou 8 ans (LMD).
- Étude des grands courants et auteurs de la sociologie.
- Cursus interdisciplinaire qui exige un intérêt pour les sciences sociales (histoire, économie…) et pour les enquêtes de terrain.
- Licences professionnelles possibles (accompagnement social, insertion sociale et professionnelle ou encore ressources humaines).
- Avec la licence, possibilité de passer les concours de la fonction publique : bibliothécaire, chargé d'études documentaires, secrétaire de mairie, etc.
- La majorité des étudiants poursuivent en master (pour passer les concours de professeur par exemple), voire en doctorat.
- Les diplômés en sociologie peuvent aussi rejoindre les instituts d'études politiques ou les écoles de journalisme mais l'accès y est sélectif. (→ Atelier Orientation, p. 113)

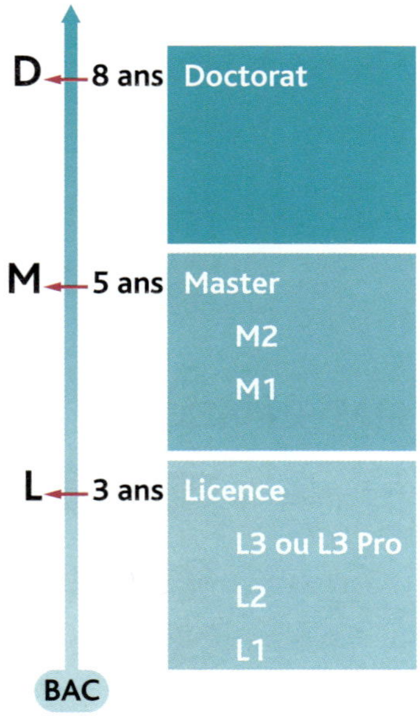

Métiers

Conseiller•ère en insertion sociale et professionnelle (CISP)

- Conseiller et apporter une réponse personnalisée à des jeunes confrontés à des problèmes d'insertion, de formation ou d'emploi.
- Salaire débutant : 1 700 € brut
- Bac + 3 à bac + 5 : les formations en psychologie, sociologie, droit, économie… sont les plus adaptées.
- Le secteur social offre des opportunités pour les jeunes candidats motivés et prêts à s'investir.

Fiche métier – Onisep
CISP
hatier-clic.fr/19ses2062

Pour info

- Vanessa Derouet, « Que faire après une Licence de sociologie ? », studyrama.com, 5 octobre 2018.
- Jean Chabod-Serieis, « Les filières littéraires et SHS, nouveaux viviers de recrutement des entreprises » ?, letudiant.fr, 15 janvier 2019.

RECHERCHER

1. *Donnez des exemples de métiers possibles après une licence, après un master ou après un doctorat en sociologie.*
2. *Quelles autres disciplines peut-on suivre en licence en Sciences humaines et sociales (SHS) ?*
3. *Comment peut-on devenir professeur·e après une licence de sociologie ?*

ACTIVITÉ

Vous devez présenter une formation universitaire en SHS à votre classe. Pour ce faire, vous allez réaliser un diaporama.

1 Rechercher des informations
En groupe, après avoir choisi la formation (psychologie, géographie, sciences de l'éducation…), recherchez sur le site onisep.fr les informations nécessaires à la présentation.

2 Organiser ces informations
Réalisez un sommaire du diaporama (conditions d'accès, contenus de la formation…) et classez les informations recueillies dans celui-ci.

3 Réaliser le diaporama
À partir du sommaire réalisé, créez les diapos en distinguant bien les informations fournies sur la diapo des commentaires faits lors de la présentation à la classe.

MAÎTRISER LES SAVOIR-FAIRE

1 Lire et comprendre une représentation graphique

Fiche outil p. 162

Maîtrise des connaissances et des compétences en français et en mathématiques à l'entrée en sixième

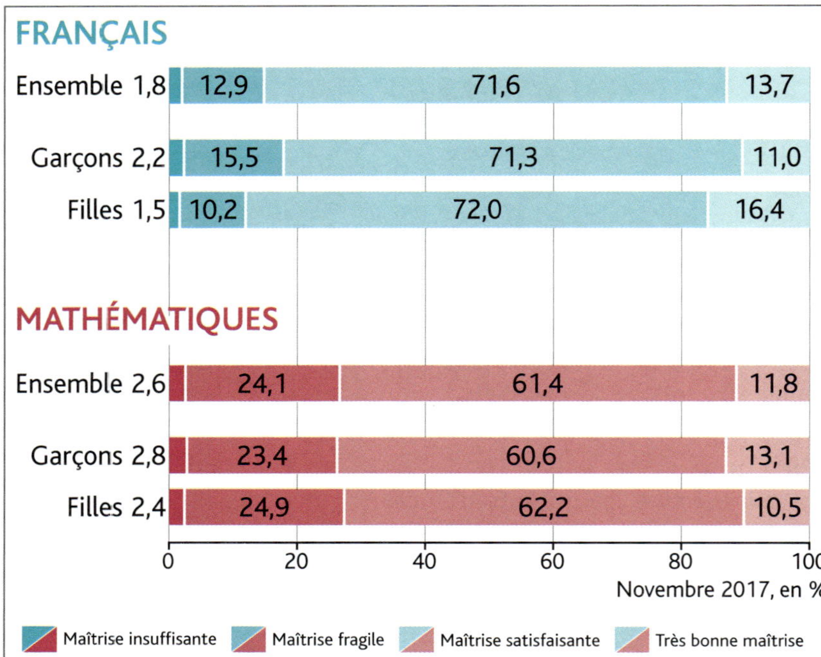

Champ : France métropolitaine + DOM, Public + Privé sans contrat.
Lecture : 71,6 % des élèves de sixième ont une maîtrise satisfaisante des connaissances et compétences en français et 13,7 % des élèves en ont une très bonne maîtrise.
Source : Repères et références statistiques sur les enseignements, la formation et la recherche 2018, Synthèses statistiques - Ministère de l'Education Nationale - Édition 2018

À partir du document, répondez à ces questions en illustrant avec des données chiffrées.

1. *Comparez les niveaux de maîtrise des filles et des garçons en français. Peut-on affirmer que les filles sont meilleures en français ?*
2. *Comparez les niveaux de maîtrise des filles et des garçons en mathématiques. Peut-on affirmer que les filles sont moins compétentes en mathématiques ?*

2 Croiser des documents

Fiche méthode p. 148

« Si les garçons ont été dépassés de longue date en français, ils restaient globalement meilleurs en mathématiques : ce n'est plus le cas. Cette égalisation des niveaux fait que les filles, longtemps très minoritaires dans les filières scientifiques du lycée font désormais presque jeu égal avec les garçons […]. Pour autant, les garçons choisissent bien rarement la série littéraire. […]
Ni les filles, ni les garçons, ne sont meilleurs élèves par nature. Ces écarts s'expliquent par leur éducation et leurs modes de vie différenciés. L'éducation des filles (respecter les règles, être sage, etc.) est globalement davantage en phase avec le système scolaire que celle des garçons (pour lesquels on tolère plus d'écarts). »

« Les filles deviennent meilleures élèves que les garçons », Observatoire des inégalités, 30 août 2017.

1. *Quelles données du document de l'exercice 1 permettent d'illustrer la première phrase du texte ?*
2. *Par quelle autre expression vue dans le chapitre peut-on remplacer le passage souligné ?*
3. *Comment la socialisation des filles peut-elle expliquer leur meilleure réussite à l'école ?*

S'AUTOÉVALUER

Exos interactifs
hatier-clic.fr/19ses2063

Corrigés → p. 175

1 Famille et école : des instances de socialisation complémentaires

Quelle(s) instance(s) transmet(tent) les normes suivantes ?
Plusieurs réponses sont possibles.

Normes	A. Famille	B. École
1. Ne pas aider un camarade pendant un contrôle.		
2. Aider un camarade à faire ses devoirs.		
3. Ne pas voler dans un magasin.		
4. Se laver les dents après un repas.		
5. Dire bonjour à son professeur.		
6. Ne pas couper la parole pendant un repas.		

2 Valeurs et normes

À quelle(s) valeur(s) correspondent les normes de l'exercice 1 ?
Recopiez, puis complétez le tableau par le(s) chiffre(s) correspondant(s).

A. Être poli **La politesse**	B. Être honnête **L'honnêteté**	C. Prendre soin de soi **La propreté**	D. Être solidaire **La solidarité/L'entraide**
....	....	....	....

3 Une socialisation différenciée selon le genre et le milieu social

Choisissez la situation selon qu'elle résulte de la socialisation différenciée selon le genre ou selon le milieu social.
Qu'est-ce qui explique les situations suivantes ?

	Une socialisation différenciée...	
	A. ... selon le genre	**B. ... selon le milieu social**
1. Les filles préfèrent jouer à la poupée plutôt qu'au football.		
2. Certains enfants préfèrent aller au musée qu'au cinéma.		
3. Les enfants d'ouvriers réussissent moins bien à l'école que les enfants de cadres.		
4. Les femmes s'investissent davantage que les hommes dans les tâches domestiques.		

POUR RÉSUMER

Comment devenons-nous des acteurs sociaux ?

1 La socialisation, un processus tout au long de la vie

pp. 78-79

• La **socialisation** désigne l'ensemble des mécanismes qui permettent d'acquérir les **normes** et les **valeurs** qui guideront les comportements, les manières de penser et de sentir des individus. Elle leur permet alors de devenir des **acteurs sociaux**, c'est-à-dire des individus capables de vivre en société. Les mécanismes de socialisation peuvent prendre plusieurs formes : **apprentissage** (acquisition de savoir-faire inculqués), **identification** (à l'un des parents par exemple) ou **intériorisation** (intégration de traits culturels d'un groupe à sa propre personnalité).

Les termes soulignés servent à compléter le schéma de synthèse.

2 La famille et l'école au cœur de la socialisation

pp. 80-81

• La socialisation est un processus continu : dès l'enfance les individus sont soumis à la **socialisation primaire** qui se déroule principalement dans la famille et à l'école : en effet, ces instances sont les premiers groupes auxquels un individu appartient. La **famille** et l'**école** ont un rôle complémentaire dans l'éducation et les interactions nombreuses et répétées dans le cadre de ces instances permettent de devenir des êtres sociaux, et de se préparer aux rôles adultes futurs (métier et profession, par exemple).

Mémorisation active

Pour ancrer les notions dans ma mémoire, j'utilise plusieurs fois dans l'année les outils de révision suivants :

Mémocartes
hatier-clic.fr/19ses2064

Tableau à imprimer
Manuel numérique

3 Contribution des médias et des pairs à la socialisation

pp. 82-83

• Ensuite, et tout au long de leur vie, les individus seront soumis à la **socialisation secondaire** : les **médias** et les **groupes de pairs** jouent un rôle actif de plus en plus central dans ce processus de socialisation secondaire. Ils contribuent à l'intégration de normes et de valeurs spécifiques aux groupes choisis par l'individu (la mode adolescente, par exemple). Ils permettent à celui-ci de se forger une identité sociale et favorisent son intégration, en s'adaptant à un univers plus large que le cercle familial.

4 Socialisation et genre

pp. 84-85

• Les instances de socialisation transmettent certaines valeurs ou normes aux garçons (débrouillardise...) différentes de celles des filles (bienveillance...). La socialisation est donc **différenciée** selon le **genre**.
• Cela se traduit notamment dans les jouets ou dans le « choix » des pratiques sportives et prépare les jeunes à leurs rôles futurs (père ou mère, répartition des tâches domestiques, type d'emplois...).

5 Socialisation et milieu social

pp. 86-87

• Si on partage tous des valeurs et des normes communes, notamment relayées par l'école, certains éléments culturels diffèrent selon le **milieu social** (niveau de langage, rapport aux arts...). Cette différence de **capital culturel** transmis par la famille a un impact sur le devenir des enfants. Ainsi les pratiques culturelles des milieux sociaux favorisés (visite de musée, aide aux devoirs...) semblent aider à la réussite scolaire de leurs enfants et facilitent leur intégration sociale.

MOTS-CLÉS

DICO SES — Reportez-vous au dico illustré en fin d'ouvrage.

- ✓ Acteur social
- ✓ Capital culturel
- ✓ Groupe de pairs
- ✓ Médias
- ✓ **Normes**
- ✓ **Socialisation**
- ✓ **Valeurs**

Résumer À L'AIDE D'UN SCHÉMA

Schéma imprimable
Manuel numérique

Schéma interactif
hatier-clic.fr/19ses2065

↓ Reproduisez et complétez le schéma de synthèse.

Utilisez les termes soulignés de la page 94.

LA SOCIALISATION

LES AGENTS (instances de socialisation)

Qui participe à la socialisation ?

- ....
- ....
- ....
- ....

LE PROCESSUS

Comment se déroule-t-elle ?

- .... des .... et des ....
- .... au milieu social
- .... de traits culturels à sa propre personnalité

LES RÉSULATS

Quels sont les effets de la .... ?

Conformité des comportements attendus en termes de .... et de ....

Réviser AVEC UNE PUBLICITÉ

→ La socialisation différenciée par les jouets

Vidéo
Publicité sur les jouets – U
hatier-clic.fr/19ses2066

1. *Comment la publicité participe-t-elle à la socialisation des enfants ?*
2. *À l'aide d'un exemple, illustrez le message introductif de cette publicité : « Dès la naissance, les enfants sont conditionnés ».*
3. *Cette publicité confirme-t-elle son message introductif ?*

CHAPITRE 5

Comment s'organise la vie politique ?

EXPLORER AVEC UN SCHÉMA

Le parcours de l'électeur

Doc interactif
Manuel numérique

À l'arrivée au bureau de vote :

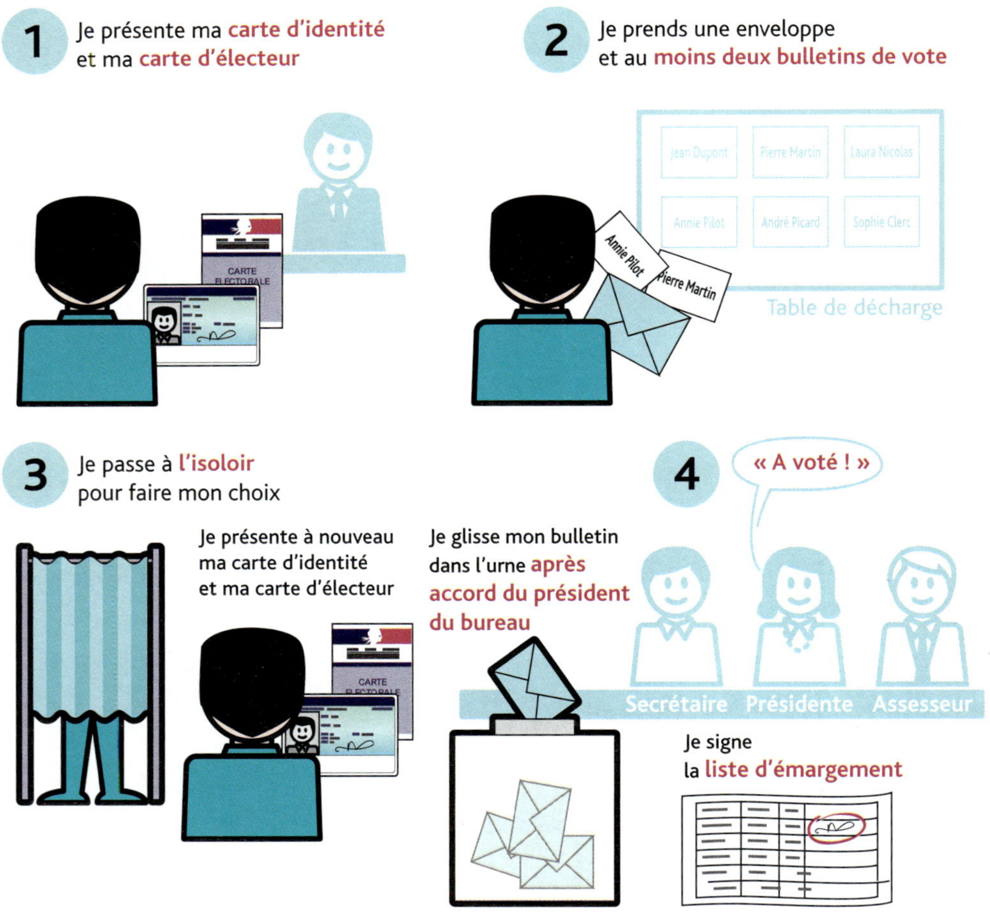

Source : Radio France, mars 2014.

1. *À quoi sert une élection ?*
2. *Pourquoi a-t-on besoin d'une pièce d'identité et d'une carte d'électeur pour voter ?*
3. *D'après vous, pourquoi les électeurs doivent-ils passer dans l'isoloir pour faire leur choix ?*

EXPLORER AVEC UNE VIDÉO

Les pouvoirs du président de la République

Le saviez-vous ?

La Constitution actuelle (Ve République française) date du 4 octobre 1958. Elle a été rédigée dans le contexte de la guerre d'Algérie et visait à mettre un terme à l'instabilité gouvernementale de la précédente République. Elle a permis de renforcer le pouvoir exécutif, incarné encore aujourd'hui par la figure centrale du président de la République.

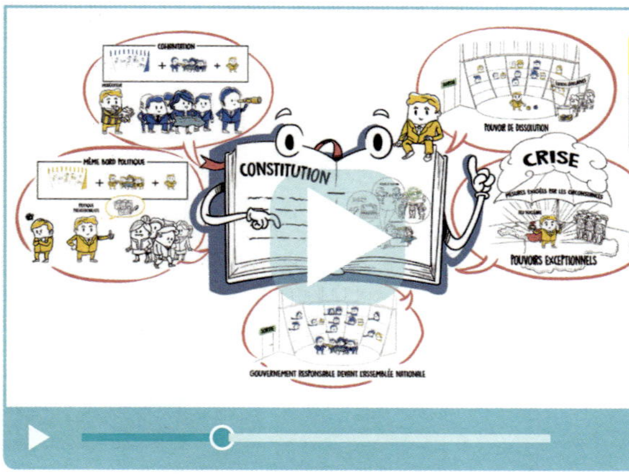

Vidéo
Le président de la République a-t-il vraiment tous les pouvoirs ?
hatier-clic.fr/19ses2067

1. *Faites une recherche en ligne pour trouver le sens du terme « constitution ».*
2. *En quoi le président de la République peut-il être considéré comme un arbitre dans la Ve République ?*
3. *Décrivez ce qu'est la « pratique présidentialiste ».*
4. *Quel rôle est joué par le président dans le cadre d'une cohabitation ?*
5. *Quels sont les pouvoirs du président mis en évidence dans cette vidéo ? Décrivez-les.*

EXPLORER AVEC UN TEXTE

Les « *Panama Papers* »

« Le 3 avril 2016, [...] sortent les premiers articles sur les fuites massives du cabinet panaméen Mossack Fonseca [...]. Un mystérieux lanceur d'alerte[1], 11 millions de documents épluchés par 370 journalistes du monde entier, et un nom exotique, "*Panama Papers*" : jamais le système mondial d'évasion fiscale n'avait été autant mis à nu. Quatorze leaders mondiaux épinglés, des démissions en Espagne et en Islande, des centaines d'enquêtes et de procédures de redressement : un jeu de massacre s'annonce. [...]
"Jamais nous n'avons autant parlé d'évasion fiscale que depuis un an et demi", souligne Manon Aubry, porte-parole de l'ONG Oxfam France sur les questions de justice fiscale. Pour elle, c'est net : sur ces questions, "<u>seule la pression de l'opinion publique peut avoir un réel impact sur les décisions politiques</u>." [...]
Même si elles sont encore "insuffisantes", de réelles percées ont été menées depuis 2016, ou sont sur la table, surtout au niveau européen. Depuis le 30 septembre, sous l'égide de l'OCDE[2], cinquante pays échangent automatiquement des informations sur leurs résidents, dont les Bermudes et les Îles Caïman, mis en cause dans les "*Paradise Papers*". Désormais, si un Français y ouvre un compte, le fisc se voit automatiquement communiquer le solde bancaire, mais aussi les intérêts, dividendes et autres gains tirés de la vente d'actions ou d'obligations. »

■ Timothée Vilars, « 18 mois de scandales et de réformes : non, les *Panama Papers* n'ont pas servi à rien ! », nouvelobs.com, 8 novembre 2017.

1. Personne ou groupe de personnes qui alerte l'opinion publique quand il est en possession d'informations témoignant d'un risque, d'un danger ou d'un scandale.
2. Organisation de coopération et de développement économique.

1. *Que sont les* « Panama Papers » *?*
2. *Quelles sont les conséquences des* Panama Papers *sur la vie politique des États ?*
3. *Expliquez la phrase soulignée.*

Comment s'organise la vie politique ?

DÉCOUVRIR LES ENJEUX

La science politique est une discipline qui s'intéresse à la manière dont le pouvoir politique est organisé et exercé dans une société. Elle étudie l'accession au pouvoir, la prise de décisions et le partage des responsabilités au sein de groupements humains constitués.

Emmanuel Macron, président de la République, et Édouard Philippe, Premier ministre, à la cérémonie du 11 novembre 2018.

Quelles sont les principales institutions politiques françaises ?

Depuis 1958, l'organisation politique de la France est régie par la Constitution de la Ve République. L'exercice du pouvoir politique se partage entre plusieurs **institutions** qui interagissent les unes avec les autres. Les principales d'entre elles sont le président de la République, le Gouvernement et le Parlement (Assemblée nationale et Sénat).

Comment la séparation des pouvoirs est-elle organisée ?

La répartition des responsabilités entre les institutions politiques obéit en partie au principe démocratique et fondamental de **séparation des pouvoirs**. Les pouvoirs exécutif, législatif et judiciaire disposent d'attributions clairement énoncées et organisées au sein de la Ve République.

Comment les différentes formes de scrutin déterminent-elles la représentation politique ?

En France, les citoyens participent à des élections pour désigner leurs représentants politiques. On parle de **scrutin** pour désigner les modalités de mise en place d'une élection. Selon le mode de scrutin mis en place (proportionnel, majoritaire), les résultats d'une même élection peuvent être sensiblement différents. La représentation politique dépend en grande partie des règles fixées lors de l'élection.

Quelles sont les fonctions des partis politiques ?

Les **partis politiques** sont au cœur de la démocratie représentative. Ils remplissent plusieurs fonctions essentielles au bon fonctionnement de notre système politique : ils proposent des programmes de gouvernement, sélectionnent les futurs gouvernants et contribuent à la mobilisation électorale.

Comment la société civile organisée et les médias contribuent-ils au débat public ?

Si la vie politique repose sur les institutions et les partis politiques, elle est également animée par des acteurs qui contribuent à nourrir le débat public. Ainsi, les **médias** interprètent et transmettent l'information aux citoyens. La **société civile organisée**, en contestant les décisions politiques ou en coopérant, peut influencer les pouvoirs publics.

Comment s'organise la vie politique ?

Les principales institutions politiques françaises

Activité 1 p. 100-101
Atelier p. 112 « L'impact du droit européen sur le droit français »

- Président de la République, Premier ministre
- Assemblée nationale, Sénat

Le principe de séparation des pouvoirs

Activité 2 p. 102-103

- Indépendance du pouvoir judiciaire, principe de séparation des pouvoirs
- Chevauchement des formes de pouvoir

Les différentes formes de scrutin et leurs effets

Activité 3 p. 104-105

- Scrutin majoritaire, scrutin proportionnel, alliances
- Effet du mode de scrutin sur la représentation politique

Projet p. 110-111 « L'élection du médiateur de la classe »

Les fonctions des partis politiques

Activité 4 p. 106-107

- Élaboration des programmes, sélection des candidats
- Laboratoire d'idées, mobilisation électorale

Le rôle de la société civile organisée et des médias

Activité 5 p. 108-109

- Rôle des syndicats et des lobbies
- Rôle des médias et des associations

1 Les principales institutions politiques françaises

OBJECTIF Identifier la composition et le rôle des principales institutions politiques de la Ve République

Doc 1 Qu'est-ce qu'une constitution ?

Vidéo
La Constitution
hatier-clic.fr/19ses2068

1. *En quoi la Constitution est-elle une « loi fondamentale » ?*
2. *Que définit la Constitution ?*
3. *Sur quels principes la Constitution repose-t-elle ?*
4. *Comment peut-on changer la Constitution ?*

DÉFINITIONS

Institution
Désigne une structure sociale (ou un système de relations sociales) dotée d'une certaine stabilité dans le temps. Les institutions politiques sont celles liées à l'exercice du pouvoir politique.

Pouvoir exécutif
Il s'agit du pouvoir chargé d'appliquer les lois.

Pouvoir législatif
Aussi appelé « pouvoir réglementaire ». Il a en charge la rédaction et le vote des lois.

Le saviez-vous ?
Le **suffrage universel** consiste en la reconnaissance du droit de vote à tous les citoyens en âge de voter. Il est **direct** lorsque les représentants sont directement élus par les citoyens et **indirect** lorsqu'il y a un intermédiaire entre les citoyens et les représentants.

Doc 2 Le pouvoir exécutif

Extraits de la Constitution du 4 octobre 1958 (Ve République)

« **Article 5.** Le **président de la République** veille au respect de la Constitution. Il assure, par son arbitrage, le fonctionnement régulier des pouvoirs publics ainsi que la continuité de l'État. Il est le garant de l'indépendance nationale, de l'intégrité du territoire et du respect des traités.

Article 6. Le président de la République est élu pour cinq ans au suffrage universel direct. Nul ne peut exercer plus de deux mandats consécutifs. […]

Article 8. Le président de la République nomme le **Premier ministre**. Il met fin à ses fonctions sur la présentation par celui-ci de la démission du Gouvernement. Sur la proposition du Premier ministre, il nomme les autres membres du Gouvernement et met fin à leurs fonctions.

Article 10. Le président de la République promulgue les lois dans les quinze jours qui suivent la transmission au Gouvernement de la loi définitivement adoptée.

Article 12. Le président de la République peut, après consultation du Premier ministre et des présidents des assemblées, prononcer la **dissolution**[1] de l'Assemblée nationale.

Article 15. Le président de la République est le chef des armées. Il préside les conseils et les comités supérieurs de la défense nationale.

Article 20. Le **Gouvernement** détermine et conduit la politique de la Nation. Il dispose de l'administration et de la force armée. […]

Article 21. Le Premier ministre dirige l'action du Gouvernement. Il est responsable de la défense nationale. Il assure l'exécution des lois. […] Il peut déléguer certains de ses pouvoirs aux ministres. […] »

■ Constitution du 4 octobre 1958, www.conseil-constitutionnel.fr

1. La dissolution de l'Assemblée nationale consiste à mettre fin au mandat de l'ensemble des députés élus avant de convoquer de nouvelles élections législatives.

1. *Comment et pour combien de temps le président de la République est-il élu ?*
2. *Quel est le rôle du président de la République ?*
3. *Quels sont les liens de pouvoir entre le président, le Premier ministre et le Gouvernement ?*
4. *Quels articles montrent que le président et le Premier ministre disposent tous deux du pouvoir exécutif ? Justifiez votre réponse.*

Doc 3 Le pouvoir législatif

Extraits de la Constitution du 4 octobre 1958 (Vᵉ République)

« **Article 24.** Le **Parlement** vote la loi. Il contrôle l'action du Gouvernement. Il évalue les politiques publiques. Il comprend l'**Assemblée nationale** et le Sénat. Les députés à l'Assemblée nationale, dont le nombre ne peut excéder cinq cent soixante-dix-sept, sont élus au suffrage direct.
Le Sénat, dont le nombre de membres ne peut excéder trois cent quarante-huit, est élu au suffrage indirect. Il assure la représentation des collectivités territoriales de la République. […]

Article 39. L'initiative des lois appartient concurremment au Premier ministre et aux membres du Parlement. »

■ Constitution du 4 octobre 1958, www.conseil-constitutionnel.fr

1. *Quel sont les rôles du Sénat et de l'Assemblée nationale ?*
2. *D'après vous, pourquoi deux institutions disposent du pouvoir législatif ?*
3. *Qui a l'initiative des lois dans la Vᵉ République ?*

Le saviez-vous ?

■ Le rôle principal du **Conseil d'État** est de conseiller le Gouvernement. Il doit obligatoirement être consulté dans l'élaboration d'un projet de loi.

■ Le rôle principal du **Conseil constitutionnel** est de se prononcer sur la conformité des textes de lois à la Constitution.

Doc 4 Le parcours d'une loi

LE PARCOURS D'UNE LOI

Initiative de la loi

- Un ministre prépare [un projet de loi], examiné par le Conseil d'État puis adopté en Conseil des ministres.
- Le texte est ensuite déposé par le Gouvernement à l'Assemblée nationale ou au Sénat

Examen de la loi

- Le texte est examiné en commission, puis discuté, amendé et voté en séance publique, à l'Assemblée nationale et au Sénat.

Navette parlementaire

- Le texte revient ensuite à l'Assemblée nationale, puis au Sénat.
- En cas de désaccord entre les deux chambres, une commission composée de 7 députés et de 7 sénateurs cherche un compromis.
- l'Assemblée nationale a le dernier mot.

Promulgation de la loi

- Le Conseil constitutionnel peut être saisi par 60 députés ou 60 sénateurs pour vérifier la conformité du texte de loi à la Constitution.
- La loi est promulguée par le président de la République, puis publiée au *Journal officiel*.

Source : Ministère de l'Intérieur, Le parcours d'une loi, juin 2017.

1. *Que signifie « amender un texte de loi » ?*
2. *Qui a le dernier mot si l'Assemblée nationale et le Sénat ne parviennent pas à se mettre d'accord sur un texte de loi ?*
3. *Quel peut être l'intérêt pour les députés et sénateurs de saisir le Conseil constitutionnel ?*

Doc interactif
Manuel numérique

SYNTHÉTISER

Fonctionnement de la Vᵉ République

Recopiez et complétez le schéma ci-contre en utilisant les mots en gras des documents 2 et 3 de cette double page.

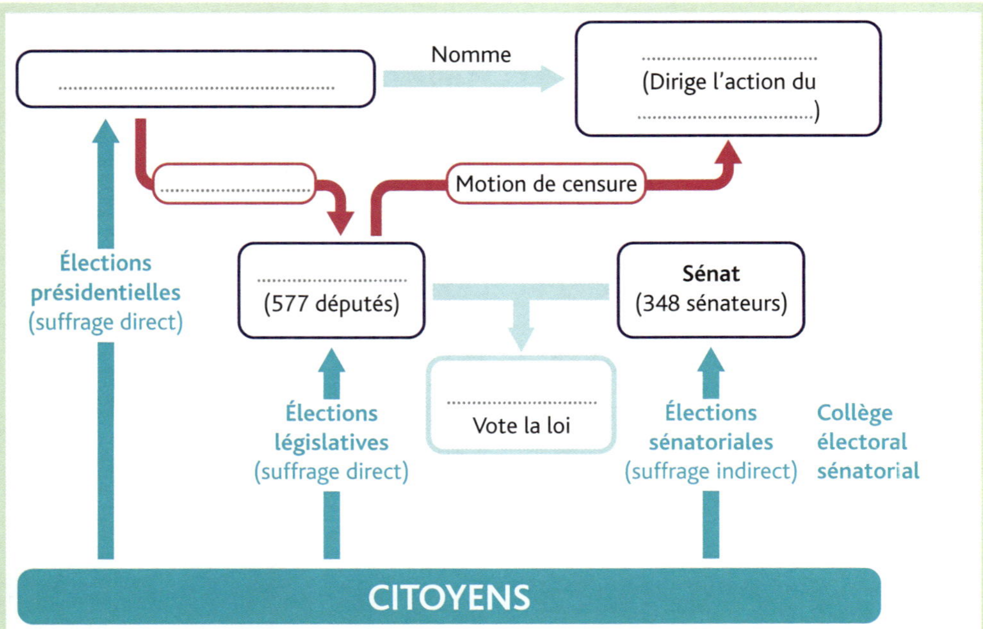

Exo interactif
Manuel numérique

2 Le principe de séparation des pouvoirs

OBJECTIF Expliquer le principe de séparation des pouvoirs et son application dans la Ve République

Doc 1 L'indépendance du pouvoir judiciaire

Doc interactif
Manuel numérique

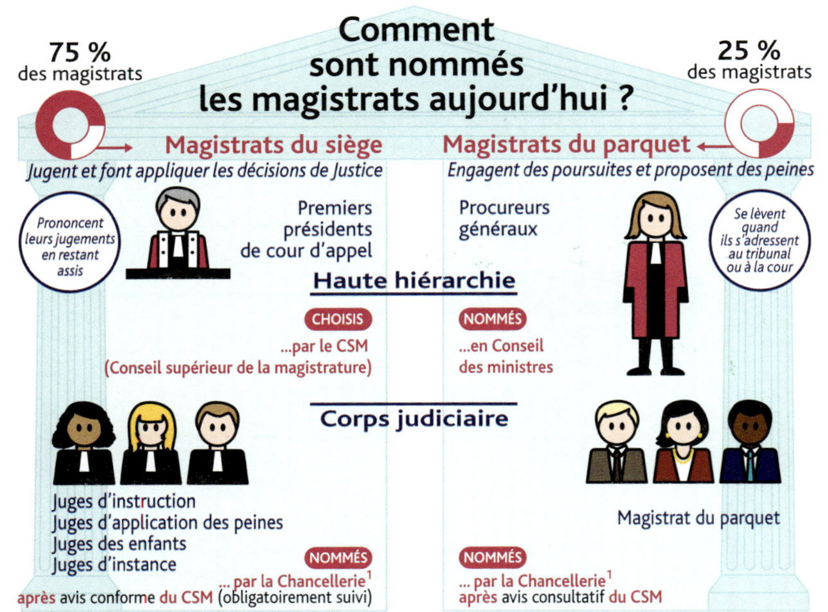

1. Ministère de la justice
Source : Laurence De Charette, « Les magistrats du parquet veulent plus d'indépendance », lefigaro.fr, 10 janvier 2011.

1. *Qu'est-ce qui différencie un magistrat du siège d'un magistrat du parquet en termes de fonctions ?*
2. *Comment sont-ils affectés à leurs fonctions ?*
3. *Selon vous, pourquoi est-il nécessaire que les magistrats soient indépendants du pouvoir exécutif ?*
4. *Qu'est-ce qui garantit l'indépendance des magistrats du siège ?*

Le saviez-vous ?

Selon la Constitution, le président de la République garantit l'indépendance de la justice. Il est assisté dans cette fonction par le **Conseil supérieur de la magistrature**.

Doc 2 Le principe de séparation des pouvoirs

« Lorsque, dans la même personne ou dans le même corps de magistrature, la puissance législative est réunie à la puissance exécutrice, il n'y a point de liberté ; parce qu'on peut craindre que le même monarque ou le même sénat ne fasse des lois tyranniques, pour les exécuter tyranniquement. Il n'y a point encore de liberté, si la puissance de juger n'est pas séparée de la puissance législative, et de l'exécutrice. Si elle était jointe à la puissance législative, le pouvoir sur la vie et la liberté des citoyens serait arbitraire ; car le juge serait législateur. Si elle était jointe à la puissance exécutrice, le juge pourrait avoir la force d'un oppresseur. »

■ Montesquieu, *De l'Esprit des lois*, 1748. Livre XI, chapitre VI.

1. *Pourquoi, selon Montesquieu, les pouvoirs législatif et exécutif doivent-ils être séparés ?*
2. *Pourquoi le pouvoir judiciaire doit-il être séparé des pouvoirs législatif et exécutif ?*
3. *Expliquez en quoi le principe de séparation des pouvoirs peut s'appliquer à la Ve République française.*

→ Activité 1 p. 100 à 101

Exercice — La répartition des pouvoirs aux États-Unis

À partir d'une recherche au CDI ou sur Internet :

1. Montrez comment les pouvoirs (exécutif, législatif, judiciaire) sont répartis aux États-Unis.
2. Comparez cette répartition avec la situation française.

QUI EST-CE ?

Montesquieu (1689-1755) est un philosophe et écrivain français. Dans son ouvrage *De l'Esprit des lois* (1748), il a théorisé le principe de **séparation des pouvoirs**, selon lequel les pouvoirs exécutif, législatif et judiciaire ne doivent pas être détenus par les mêmes individus afin d'éviter l'apparition de régimes tyranniques (principe à la base des régimes démocratiques actuels).

Doc 3 La dissolution de l'Assemblée

Vidéo
Déclaration de Jacques Chirac
hatier-clic.fr/19ses2069

1. *En quoi consiste une dissolution telle qu'énoncée dans la vidéo ?*
2. *Commentez la première phrase prononcée par Jacques Chirac dans son allocution. Que permet-elle d'illustrer ?*
3. *Quels arguments avance-t-il pour dissoudre l'Assemblée nationale en 1997 ?*
4. *En quoi la dissolution est-elle un exemple d'intervention du pouvoir exécutif dans le pouvoir législatif ?*

Le saviez-vous ?

En 1997, Jacques Chirac, alors président de la République, décide de dissoudre l'Assemblée nationale. Malgré cela, les résultats des élections législatives ne sont pas favorables à son parti, le RPR (Rassemblement pour la République), qui n'obtient que 140 places de députés, contre 250 pour le parti socialiste.

Doc 4 La motion de censure

« Le dépôt d'une motion de censure peut intervenir en réaction à l'engagement de la responsabilité du Gouvernement sur un texte – le fameux article 49.3 –, comme cela avait été le cas pour la loi défendue par la ministre Myriam El Khomri en 2016. Mais elle peut aussi être initiée de manière spontanée, pour censurer la politique d'un gouvernement [...].
Pour pouvoir être déposée, une motion de censure doit réunir 58 signatures [...]. Pour être adoptée, une motion de censure doit [...] recueillir la majorité absolue des voix, en l'occurrence 288 députés. Le nombre avait été approché au moment du vote de la loi Travail, en 2016 : 246 députés avaient voté pour. Approché mais pas atteint, comme ce fut quasi systématiquement le cas au fil de l'Histoire : sur les quelque 100 motions de censures déposées depuis 1958, une seule a été adoptée, dans la nuit du 4 au 5 octobre 1962, contre l'élection du président de la République au suffrage universel. Elle avait à l'époque fait chuter le gouvernement Pompidou.
Quel intérêt à déposer cette motion si elle n'a aucune chance d'aboutir ? [...] Concrètement, chaque motion de censure donne lieu à un débat, 48 heures après son dépôt. [...] Ce délai est censé empêcher "les votes trop émotionnels", selon le règlement consultable sur le site de l'Assemblée nationale. La motion est ensuite discutée à l'Assemblée, entre les députés et le chef du Gouvernement, qui ont ainsi l'occasion de l'interpeller sur un sujet précis. Le vote a lieu à l'issue de ce débat. »

■ Margaux Lannuzel, « Motion de censure contre le Gouvernement : comment ça marche ? », europe1.fr, 24 juillet 2018.

1. *Quel est l'objectif d'une motion de censure ?*
2. *Dans quelles conditions peut-elle être mise en place ?*
3. *Quelles sont les conditions de réussite d'une motion de censure ?*
4. *En quoi la motion de censure est-elle un exemple d'intervention du pouvoir législatif dans le pouvoir exécutif*

Pour aller plus loin
Vidéo
Expliquez-nous... la motion de censure
hatier-clic.fr/19ses2070

Le saviez-vous ?

L'article 49.3 de la Constitution donne la possibilité au Premier ministre « d'engager la responsabilité du Gouvernement sur le vote d'un projet de loi » en débat à l'Assemblée nationale. S'il décide d'y recourir, sa décision entraîne la suspension immédiate de la discussion du projet de loi. Le projet est considéré comme adopté, sans être soumis au vote, sauf si une motion de censure est déposée dans les vingt-quatre heures qui suivent.

DÉFINITIONS

Pouvoir judiciaire
Il a pour objet de contrôler l'application de la loi et de sanctionner son non respect.

Séparation souple des pouvoirs
Lorsque les pouvoirs ont une influence les uns sur les autres.

CONCLURE

Vous rédigerez deux paragraphes argumentés permettant de montrer que :
1. Il est possible d'observer une séparation des pouvoirs en France.
2. Cette séparation des pouvoirs est souple.

Fiche méthode p. 150

3 Les différentes formes de scrutin et leurs effets

OBJECTIF Montrer comment les modes de scrutin déterminent la représentation politique

Doc 1 Un exemple de scrutin majoritaire

Exo interactif
Manuel numérique

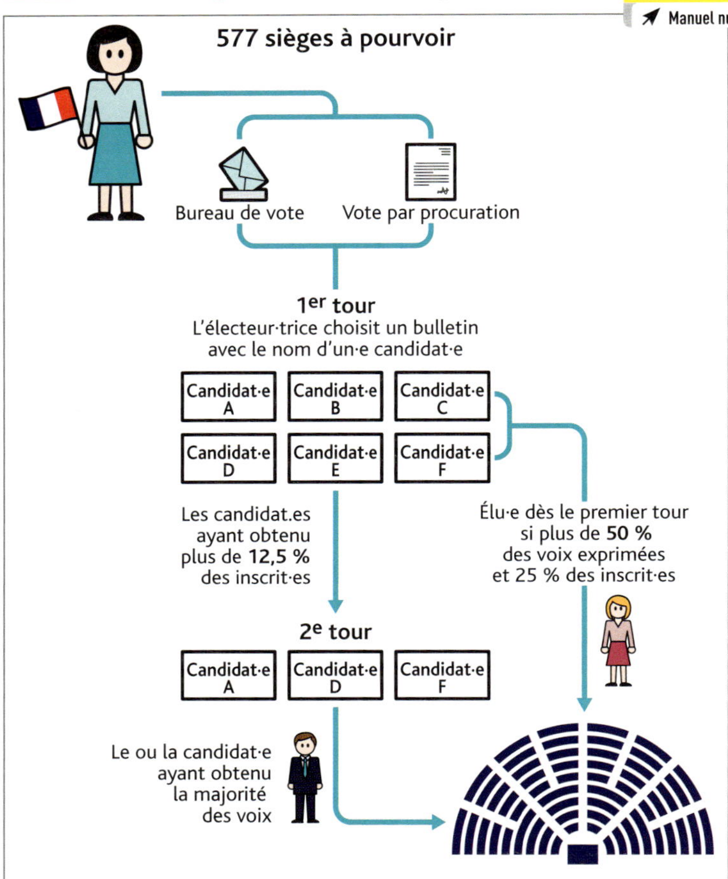

Source : Centre universitaire d'enseignement du journalisme de l'université de Strasbourg, 2017.

1. *Faites une recherche en ligne pour décrire le rôle d'un député. Où siège-t-il ?*
2. *Quelle est la condition pour être élu au premier tour des élections législatives ?*
3. *Quelle est la condition pour être élu au second tour des élections législatives ?*

DÉFINITIONS

Scrutin
Ensemble des opérations liées à une élection.

Scrutin majoritaire
Dans ce mode de scrutin, le candidat ou la liste de candidats obtenant le plus grand nombre de voix remporte l'élection.
Les grands scrutins majoritaires en France sont l'élection présidentielle et les élections législatives.

Scrutin proportionnel
Dans ce mode de scrutin, les partis politiques présentent des listes de candidats. Chaque parti obtient un nombre de sièges proportionnel au nombre de voix qu'il a obtenues lors de l'élection.

Doc 2 Un exemple de scrutin proportionnel

« Les élections européennes permettent d'élire les députés qui siégeront au Parlement européen. [...] Les élections ont lieu tous les cinq ans, à la même période, dans l'ensemble des pays membres de l'UE. Chaque pays se voit attribuer un nombre de sièges en fonction de sa population. Il doit ensuite conduire le scrutin sur son territoire et nécessairement à la proportionnelle. [...]
Une liste de candidats doit être présentée par chaque parti pour l'ensemble du territoire français, et chaque citoyen a la possibilité de donner sa voix à la liste de son choix. À l'issue du scrutin, les partis ayant obtenu plus de 5 % des suffrages bénéficieront d'un nombre de sièges proportionnel à leur nombre de voix. »

« Élections européennes 2019 : mode d'emploi », touteleurope.eu, 14 janvier 2019.

1. *Faites une recherche en ligne pour décrire le rôle d'un député européen.*
2. *Dans le cadre des élections européennes, tous les candidats inscrits sur la liste d'un parti sont-ils automatiquement élus ?*
3. *En 2019, 79 postes de députés européens étaient à pourvoir en France :*
   a. Combien de sièges peut espérer obtenir un parti qui obtient 20 % des voix ?
   b. Combien de sièges peut espérer obtenir un parti qui réalise 4 % des voix ?

Article
IIIe et IVe Républiques
hatier-clic.fr/19ses2071

Doc 3 Scrutin majoritaire ou proportionnel ?

A. Composition réelle de l'Assemblée nationale en juin 2017

B. Simulation avec un scrutin proportionnel

L'ASSEMBLÉE NATIONALE AUJOURD'HUI

577 députés élus au scrutin majoritaire à deux tours

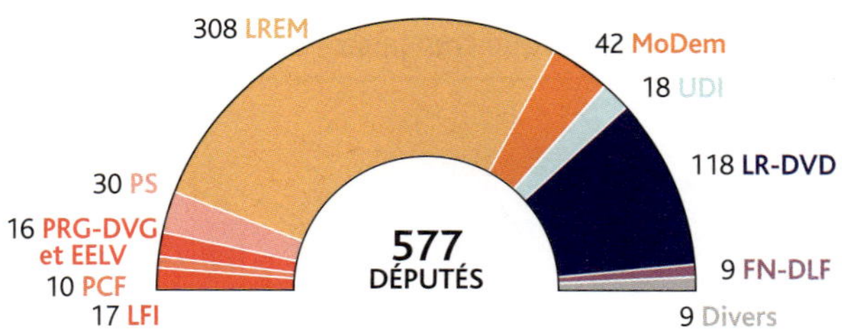

Sources : Résultats du 1er tour des législatives 2017, ministère de l'Intérieur / *Le Figaro*, 5 juillet 2017.

L'ASSEMBLÉE NATIONALE HYPOTHÉTIQUE

577 députés élus au scrutin proportionnel intégral

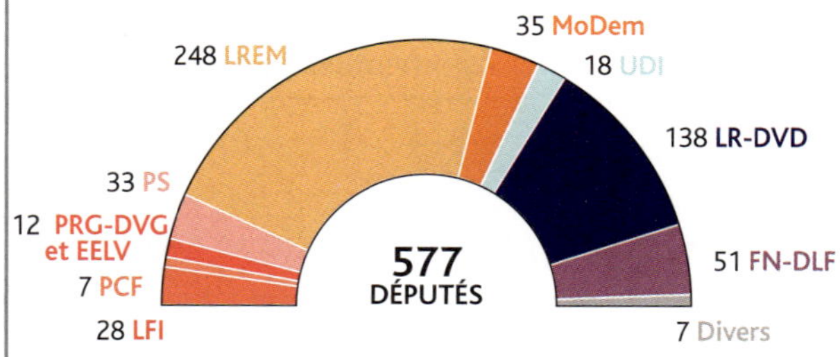

Sources : Résultats du 2nd tour des législatives 2017, ministère de l'Intérieur, 18 juin 2017 / Calculs : Hatier, 2019.

Note : LFI : La France insoumise • PRG-DVG et EELV : Parti radical de gauche-Divers gauche et Europe Écologie-Les Verts • PS : Parti socialiste • LREM : La République en marche MoDem : Mouvement démocrate • UDI : Union des démocrates indépendants • LR-DVD : Les Républicains-Divers droite • FN-DLF : Front national-Debout la France

1. *Calculez le pourcentage des sièges détenus par les députés LREM. (Doc. A)*
   Faites une phrase exprimant la signification de la donnée calculée.
2. *Quel parti politique domine l'Assemblée nationale ? (Doc. A)*
3. *Une opposition au parti majoritaire est-elle possible ? (Doc. A)*
4. *Quel parti politique dominerait l'Assemblée nationale ? (Doc. B)*
5. *Une opposition au parti majoritaire serait-elle possible dans cette configuration ? (Doc. B)*

Fiche outil p. 154

Exercice — Simulation de deux types de scrutins

Les citoyens sont appelés à élire les 100 députés d'une assemblée, dans le cadre d'un scrutin de liste à un tour. Les résultats de l'élection sont les suivants :

- le parti A a obtenu 47 % des votes ;
- le parti B a obtenu 36 % des votes ;
- le parti C a obtenu 17 % des votes.

1. Recopiez et complétez le tableau.

	Pourcentage de votes	Nombre de candidats élus	
		Scrutin majoritaire	Scrutin proportionnel
Liste du parti A			
Liste du parti B			
Liste du parti C			

2. À la lecture des résultats, recopiez et complétez la synthèse suivante en sélectionnant la bonne réponse.

	Scrutin majoritaire	Scrutin proportionnel
L'assemblée élue est-elle représentative des votes obtenus par chaque parti ?	[Oui / Non]	[Oui / Non]
Est-ce qu'un changement d'alliance est envisageable dans l'Assemblée ?	[Oui / Non]	[Oui / Non]

Le saviez-vous ?

À son arrivée au pouvoir, Emmanuel Macron a proposé d'introduire **une part de proportionnelle** dans les élections législatives.
Ainsi, il est prévu que 15 % des députés soient élus à la proportionnelle lors des élections législatives de 2022.

SYNTHÉTISER

Réalisez une fiche de révision indiquant les effets des modes de scrutin sur la représentation politique.

Fiche méthode p. 152

4 Les fonctions des partis politiques

OBJECTIF Montrer comment les partis politiques structurent la vie politique française

Doc 1 La fonction programmatique des partis

DEUX PROGRAMMES AUX ANTIPODES

Europe, économie, immigration...
Presque tout oppose les candidats au second tour de la présidentielle en France

Marine Le Pen — FN

LA RÉPUBLIQUE **En Marche !** — Emmanuel Macron

Europhobe

Marine Le Pen veut rétablir une monnaie nationale à la place de l'euro. Elle rejette les traités européens de libre-échange.

Europhile

Emmanuel Macron s'est positionné comme le plus europhile des 11 candidats. Il veut que la zone euro soit dotée de son budget, d'un Parlement et d'un ministre des Finances.

Moratoire sur l'immigration

Marine Le Pen veut réduire l'immigration à un solde annuel de 10 000 personnes, restreindre les conditions d'asile et de regroupement familial, et rendre impossible la régularisation des étrangers en situation illégale. Elle prévoit l'expulsion automatique des criminels étrangers, la suppression du droit du sol pour l'acquisition de la nationalité et l'interdiction du voile et du burkini dans l'espace public.

Pas de restrictions particulières

Emmanuel Macron n'a pas exprimé le souhait de limiter l'immigration. Il veut réduire les procédures de demande d'asile à un délai de moins de 6 mois, recours compris, et s'est dit favorable à l'accueil des réfugiés. Il propose encore une prime à l'embauche de jeunes issus de quartiers difficiles et a évoqué l'idée de faire de la lutte contre la discrimination une « priorité nationale ».

Source : « Emmanuel Macron face à Marine Le Pen, deux programmes aux antipodes » www.rts.ch, 5 mai 2017

1. *Qu'est-ce qu'un programme politique ?*
2. *Montrez, en vous appuyant sur le document, que les programmes varient d'un parti politique à l'autre.*
3. *En quoi la diversité de programmes dans une démocratie illustre-t-elle le pluralisme politique ?*

DÉFINITIONS

Mouvement politique
Un mouvement politique partage les mêmes objectifs qu'un parti, mais il n'est pas animé par des membres élus : il s'appuie davantage sur des initiatives individuelles.

Parti politique
Rassemblement organisé d'individus partageant des opinions communes et s'associant dans le but de faire élire des représentants pour exercer le pouvoir.

Pluralisme politique
Caractérise la diversité des courants d'opinion, de leurs représentants et des partis politiques.

Doc 2 La fonction de sélection des futurs candidats

« Le parti socialiste organisait une "primaire citoyenne de la Belle Alliance populaire", c'est-à-dire une primaire de la gauche, les 22 et 29 janvier 2017, à trois mois de l'élection présidentielle. Elle a été remportée par Benoît Hamon, en tête du second tour devant Manuel Valls. Au premier tour, [...] ils s'étaient affrontés sur leurs programmes lors de débats télévisés avec les autres candidats, Arnaud Montebourg, Vincent Peillon, Sylvia Pinel, François de Rugy et Jean-Luc Bennahmias. [...] Le vote est intervenu deux mois après une autre primaire ouverte, celle de la droite, qui a désigné François Fillon. »

■ « La primaire à gauche pour l'élection présidentielle 2017 », www.lexpress.fr

PRIMAIRES CITOYENNES
22 - 29 JANVIER 2017

1. *À partir d'une recherche en ligne, expliquez en quoi consiste une primaire citoyenne.*
2. *Quelles raisons ont pu pousser le parti socialiste à mettre en place une primaire citoyenne pour désigner son candidat à l'élection présidentielle ?*
3. *Quel est l'objectif des débats réalisés avant la primaire ?*
4. *Selon vous, la démocratie est-elle renforcée par ce type d'initiative ?*

Doc 3 Les partis, laboratoires d'idées

« *"Un cabinet fantôme, ça porte bien son nom : c'est fantôme."* Ces derniers mois, la constitution annoncée [...] du *"shadow cabinet"* du parti Les Républicains (LR) n'en finissait pas de susciter des railleries parmi les élus de droite. [...] Ce contre-gouvernement a finalement vu le jour mercredi 21 novembre. Le président de LR, Laurent Wauquiez, a annoncé la composition de cette "équipe thématique" lors d'une conférence de presse organisée au siège du parti.
"C'est une équipe de renouvellement, ce sont des nouveaux visages. Aucun d'entre eux n'a jamais exercé de responsabilités ministérielles", a vanté Laurent Wauquiez à propos des trente-quatre membres de cette instance. [...] La plupart de ses membres ne sont pas connus du grand public. Ils ont été choisis, selon l'expression de M. Wauquiez, comme des "experts" dans leurs domaines respectifs. [...] La constitution de cette équipe doit permettre d'impliquer les parlementaires dans les travaux de réflexion qui sont menés sur le projet du parti [...]. Et cette nouvelle étape doit aussi aider la formation de droite à produire de nouvelles idées. »

■ Olivier Faye, « Laurent Wauquiez dévoile (enfin) son *"shadow cabinet"* », lemonde.fr, 21 novembre 2018.

Le saviez-vous ?

La tradition du **cabinet fantôme** ou « *shadow cabinet* » vient de Grande-Bretagne : le parti d'opposition forme un gouvernement alternatif au gouvernement officiel. Chaque membre du cabinet est chargé de surveiller et de critiquer l'action d'un ministre du Gouvernement.

1. *Qu'est-ce qu'un « cabinet fantôme » d'après le texte ?*
2. *Pourquoi le parti Les Républicains a-t-il décidé de mettre en place un tel cabinet ?*

Exercice — Réalisation d'un exposé sur un parti ou mouvement politique français

1. Par groupes de deux, choisissez un parti politique parmi les principaux partis français.

2. À partir de recherches sur les sites officiels des partis, réalisez un diaporama mettant en évidence :
– l'origine historique et le nom de son dirigeant actuel ;
– les scores réalisés aux dernières élections (présidentielle et législative) ;
– les valeurs mises en avant et deux mesures apparaissant dans son programme.

3. Faites une restitution à l'oral.

Doc 4 Le rôle des militants

Vidéo
Mobilisation estivale pour les militants de LFI
hatier-clic.fr/19ses2072

1. *Quel est le principe des « caravanes insoumises » ?*
2. *Décrivez les actions menées par les militants de la France insoumise dans le cadre de ces caravanes.*
3. *En quoi les militants de la France insoumise agissent-ils comme des agents de socialisation des citoyens ?*
4. *En quoi les caravanes insoumises permettent-elles de préparer la mobilisation électorale ?*

DÉFINITION

Militantisme
Engagement d'un citoyen au sein d'une organisation ou d'un parti politique, en participant activement aux actions visant à propager ses valeurs et son programme.
Le militant participe à la **socialisation politique** des citoyens et à leur **mobilisation électorale**.

CONCLURE

Outil
Réaliser une carte mentale
hatier-clic.fr/19ses2081

Réalisez une carte mentale montrant les différentes fonctions des partis politiques. N'oubliez pas de faire figurer des exemples tirés des documents.

5 Le rôle de la société civile organisée et des médias

OBJECTIF Illustrer le rôle des médias et de la société civile dans le débat public

Doc 1 Les Français et le pouvoir politique

Exo interactif
Manuel numérique

Question : « Pour chacun des acteurs suivants, diriez-vous qu'ils ont trop, pas assez ou suffisamment de pouvoir dans notre pays ? »

	Trop de pouvoir (%)	Pas assez de pouvoir (%)	Suffisamment de pouvoir (%)	TOTAL (%)
• Les marchés financiers	78	6	16	100
• Les médias	52	13	35	100
• Le président de la République, le Gouvernement	47	16	37	100
• Les syndicats	27	41	32	100
• Les juges	19	46	35	100
• Les citoyens, les électeurs	3	85	12	100

■ Sondage Ifop, « Les Français et le pouvoir », 31 octobre 2018.

1. *Faites une phrase exprimant la signification de la donnée entourée.*
2. *Comment les citoyens perçoivent-ils le pouvoir des institutions politiques en France ?*
3. *Comment les citoyens perçoivent-ils le pouvoir de la société civile en France ?*

DÉFINITIONS

Association
Ensemble de personnes mettant en commun leurs connaissances pour réaliser un projet collectif dans un but autre que le partage de bénéfices ou l'enrichissement personnel (leur statut est régi par une loi datant de 1901 ; on parle d'association loi de 1901).

Société civile organisée
Ensemble des groupes d'intérêt qui contribuent au débat public, en dehors des partis politiques : syndicats, associations, lobbies.

Doc 2 Le rôle des associations

« Des associations telles que Médecins du Monde ou Aides sont [...] conduites, en France, à intervenir dans l'élaboration et la mise en œuvre des programmes gouvernementaux, concernant par exemple l'accueil d'urgence, la prévention du Sida ou le traitement des toxicomanes. [...] Le rôle attribué [...] à ce type de groupement est d'autant plus important que les dirigeants des partis politiques peuvent rarement contester, dans les débats parlementaires ou au sein des comités gouvernementaux, la validité de propositions qui émanent d'associations tenues pour expertes et représentatives. La légitimité de ces organisations résulte en effet de nombreux facteurs : leur visibilité et leur audience auprès du grand public, entretenues par les médias au jour le jour, voire par des opérations spectaculaires (Téléthon, Sidaction, émissions spéciales,...) ; les politiques de communication qu'elles mettent désormais en œuvre (campagnes de presse, de publicité, d'affichage, de collecte de fonds) ; la vedettisation de leurs dirigeants, telle que certains sont parfois appelés directement à occuper des postes ministériels ; leur capacité à mobiliser des militants au moment où les partis politiques sont faiblement attractifs [...]. Ce qui confère à ces groupements un rôle important dans la formulation politique des problèmes à traiter et des programmes à mettre en œuvre. »

■ Jacques Lagroye, Bastien François et Frédéric Sawicki, *Sociologie politique*, Presses de Sciences Po, Dalloz, 2012.

1. *Donnez des exemples de domaines dans lesquels les associations sont liées à « l'élaboration et la mise en œuvre de programmes gouvernementaux ».*
2. *Expliquez la phrase soulignée.*
3. *D'après le texte, d'où les associations tirent-elles leur légitimité ?*
4. *Expliquez pourquoi les associations sont un acteur incontournable de la vie politique.*

Doc 3 Le rôle des syndicats

Vidéo
Grève SNCF : les syndicats décidés à ne rien lâcher
hatier-clic.fr/19ses2073

1. *Quel est l'objet de la réunion à laquelle les syndicats sont conviés ?*
2. *Quelles sont les deux mesures du projet de loi auxquelles les syndicats s'opposent ?*
3. *Quelle est l'issue de la réunion ?*
4. *Montrez que le rôle des syndicats oscille entre contestation de l'action des pouvoirs publics et coopération avec ces derniers.*

Exercice

Débat : les médias, atout ou danger pour la démocratie ?

Vous réaliserez un débat en classe sur le rôle des médias dans la vie politique en vous appuyant sur les ressources proposées à l'adresse suivante.

Site web
Le rôle des medias
hatier-clic.fr/19ses2074

1. **Phase de recherche d'informations** (à la maison, en salle informatique ou au CDI). La classe est divisée en deux :
   - Une partie de la classe prépare des arguments permettant de mettre en évidence le fait que les médias sont des moyens d'expression essentiels au fonctionnement de la démocratie.
   - L'autre partie de la classe prépare des arguments permettant de montrer que le rôle des médias peut parfois être critiqué.

   Chaque argument devra être illustré.
2. **Débat en classe.** Les arguments sont classés dans un tableau (une colonne pour chaque camp).
3. Chaque groupe réalise une synthèse écrite du débat en reprenant les arguments opposés et les conclusions qui peuvent en être tirées.

DÉFINITIONS

Syndicat
Ensemble de personnes se regroupant pour défendre des intérêts professionnels communs.

Lobby (ou groupe de pression)
Ensemble de personnes cherchant à influencer les décideurs politiques en charge de l'élaboration ou du vote des lois et règlements. On distingue les lobbies professionnels, qui défendent des intérêts économiques (groupes industriels et financiers par exemple), des lobbies citoyens, qui mettent davantage en avant des préoccupations sociales (associations ou organisations non gouvernementales).

Doc 4 Les lobbies, un danger pour la démocratie ?

« Médicament, tabac, gaz de schiste, éoliennes, etc., les sujets sont nombreux pour lesquels l'action des lobbies est régulièrement contestée. En France, les lobbies sont traditionnellement considérés comme des défenseurs d'intérêts particuliers contre l'intérêt général. Leur action est avérée mais ne revêt aucun caractère officiel. Cependant, au nom de la transparence, le lobbying tend à être progressivement reconnu pour être mieux encadré. [...]
En 2008, le député Jean-Paul Charié publie un rapport d'information dans lequel il milite pour le développement des lobbies et leur reconnaissance dans le processus démocratique. Le député considère que les parlementaires ne peuvent pas tout savoir seuls. Les lobbies contribuent à leur information et leur permettent de sortir de "l'isolement des politiques".
D'autres responsables politiques regrettent, en revanche, une trop forte influence des lobbies qui pourrait être un frein dans la mise en place de réformes, notamment dans le domaine de la protection de l'environnement. S'il paraît vain de tenter d'empêcher tout lobbying, ces responsables mais aussi des organisations non gouvernementales (ONG), [...] militent pour un meilleur encadrement et une plus grande transparence. »

■ « Le lobbying en France : une pratique en voie de reconnaissance », vie-publique.fr, 3 septembre 2015.

1. *Les lobbies ont-ils une existence officielle ?*
2. *En quoi les lobbies peuvent-ils aider les pouvoirs publics dans leur prise de décision ?*
3. *Quels sont les risques liés à l'activité des lobbies en politique ?*

APPLIQUER

À l'aide d'une recherche en ligne, trouvez un exemple d'association, de syndicat ou de lobby. À l'écrit, mettez en avant une action significative de cette organisation puis expliquez en quoi elle a pu influencer les pouvoirs publics.

PROJET

L'élection du médiateur

OBJECTIFS
- Comprendre que le résultat d'une élection dépend du mode de scrutin fixé au départ
- Analyser les résultats d'une élection et rédiger un article de presse

Partie 1 Analyse de différents types de scrutin

1 h

Une classe a décidé d'élire un médiateur. Quatre candidats se sont portés volontaires : Léonie, Latifa, Nassim et Mario.

Afin d'exprimer leur vote, les élèves doivent hiérarchiser les candidats en les classant de 1 à 4, de celui qu'ils préfèrent (1) à celui qu'ils apprécient le moins (4). On a comptabilisé le nombre de voix obtenues pour chaque combinaison de classement des candidats et consigné les résultats dans un tableau.

Nombre de voix par combinaison	Léonie	Latifa	Nassim	Mario
11	3	4	1	2
9	2	1	4	3
8	1	2	4	3
7	2	3	4	1

Il s'agit de déterminer le candidat élu en fonction du type de scrutin.

Situation 1 Scrutin majoritaire à un tour

1. Qu'est-ce qu'un scrutin majoritaire à un tour ?
2. Quel candidat est élu par la classe dans ce cas ?

Situation 2 Scrutin majoritaire à deux tours

3. Avec ce type de scrutin, quels seraient les deux candidats à parvenir au second tour ?
4. Combien de votes vont se reporter sur ces deux candidats ?
5. Qui l'emporterait au second tour ?

Situation 3 La méthode Borda

Dans notre exemple, c'est comme si chaque élève donnait 4 points à son premier choix, 3 points au second, 2 points au troisième, 1 point au dernier. Reprenons le tableau des résultats des votes avec l'exemple de Mario. D'après son classement selon chaque combinaison, nous pouvons déterminer le nombre de points qu'il aurait obtenus avec la méthode Borda.

Nombre de voix par combinaison	Classement de Mario	Nombre de points obtenus d'après le classement	Total
11	2 = 2e position	11 x 3	33
9	3 = 3e position	9 x 2	18
8	3 = 3e position	8 x 2	16
7	1 = 1re position	7 x 4	28

➡ Mario aurait donc obtenu 95 points (33 + 18 + 16 + 28) au total.

6. Calculez le nombre de points obtenus par chaque candidat avec ce mode de scrutin.
7. Quel candidat serait proclamé élu si l'on utilisait la méthode Borda ?

Pour aller plus loin
Vidéo
La statistique expliquée à mon chat : les modes de scrutin
hatier-clic.fr/19ses2075

Le saviez-vous ?
Depuis le 6 juin 2000, la **loi sur la parité** en politique module l'aide publique aux partis politiques. Celle-ci est en effet conditionnée au respect de l'application de la parité pour la présentation des candidats aux élections. Le principe de parité signifie qu'autant de femmes que d'hommes doivent être présentés par les partis politiques aux élections.

DÉFINITION
La **méthode Borda** doit son nom à son inventeur, Jean-Charles de Borda. Dans ce système de vote pondéré, chaque électeur attribue des points aux candidats en fonction de ses préférences.
Chaque vote est donc pondéré par l'importance que chaque électeur donne aux différents candidats, et le candidat remportant l'élection est celui récoltant le plus de points.

Jean-Charles de Borda (1733-1799), mathématicien français.

de la classe

Situation 4 La méthode de Condorcet

Reprenons le tableau des résultats des votes avec l'exemple de Mario. Si l'on considère son duel face à Nassim, nous obtenons les résultats suivants.

Nombre de voix par combinaison	Nassim	Mario
11	1 (gagne)	2 (perd)
9	4 (perd)	3 (gagne)
8	4 (perd)	3 (gagne)
7	4 (perd)	1 (gagne)

➡ D'après le nombre de voix obtenues par combinaison, on constate que 11 personnes ont placé Nassim en première position, donc devant Mario. Cependant, le reste des électeurs a systématiquement placé Mario devant Nassim. Par conséquent, Mario regroupe 24 voix (9 + 8 + 7), tandis que Nassim n'obtient que 11 voix.

DÉFINITION

La **méthode de Condorcet** a été inventée par Nicolas de Condorcet. Dans ce système électoral, chaque candidat est confronté aux autres un par un. Le candidat ayant le plus de victoires par rapport à ses adversaires l'emporte.

Nicolas de Condorcet (1743-1794), mathématicien et homme politique français.

8. En vous appuyant sur l'exemple, calculez le résultat de tous les duels entre les candidats.
9. Quel candidat serait proclamé élu avec la méthode de Condorcet ?

Conclusion

10. Synthétisez les résultats des élections en fonction de chaque type de scrutin.
11. Quelles conclusions pouvez-vous tirer de ce travail ?
12. Quel mode de scrutin vous semble le plus juste ?

Partie 2 Application des modes de scrutin

2 h

Vous devez élire le médiateur de votre classe. Après vous être répartis en quatre groupes, chaque groupe doit présenter un candidat à l'élection.

Le travail sera organisé en deux séances d'une heure. Lors de la première séance, il s'agira de présenter les candidats et de procéder au vote. Dans la deuxième séance, l'objectif sera d'analyser les résultats et de rédiger un article de presse permettant de synthétiser les résultats de l'élection.

DÉFINITION

Le **dépouillement** est l'opération qui consiste à compter et vérifier les votes.

1. Présentation des candidats — 30 min

- Chaque groupe choisit son candidat pour l'élection et élabore une profession de foi, c'est-à-dire des propositions de mesures applicables après l'élection.
Ces propositions, limitées ici à quatre, sont synthétisées sur une affiche.
- Les quatre candidats présentent brièvement à l'ensemble de la classe leurs professions de foi.

2. Vote et dépouillement — 30 min

- Le mode de scrutin est déterminé par un tirage au sort entre la méthode Borda et la méthode de Condorcet.
- Chaque élève classe les quatre candidats de 1 à 4 et dépose son vote dans l'urne.
- Les résultats sont dépouillés par deux élèves pendant qu'un troisième élève consigne dans un tableur le nombre de voix par combinaison. Ce document est projeté à l'ensemble de la classe pour assurer la transparence du dépouillement.

3. Analyse des résultats et synthèse — 1 h

- Une version papier du tableau est distribuée par le professeur à chaque groupe.
- Chaque groupe détermine les résultats de l'élection en fonction du type de scrutin tiré au sort.
- Puis chaque groupe rédige un article de presse pour synthétiser les résultats de l'élection et réfléchir à l'impact du mode de scrutin sur ces résultats. Cet article ne devra pas dépasser une page et devra s'appuyer sur des données statistiques issues de l'élection.

ATELIER
SAVOIR-FAIRE

L'impact du droit européen sur le droit français

OBJECTIFS
- Comprendre les conséquences du droit européen sur le droit français
- Utiliser des documents pour produire une synthèse

Doc 1 Droit européen et droit français

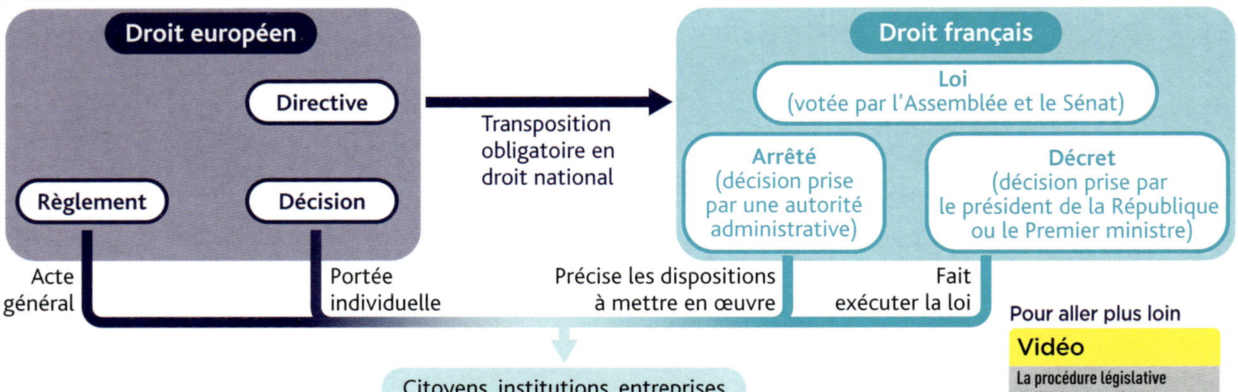

Hatier, 2019.

Pour aller plus loin
Vidéo
La procédure législative de l'Union européenne
hatier-clic.fr/19ses2076

Doc 2 Un exemple de règlement

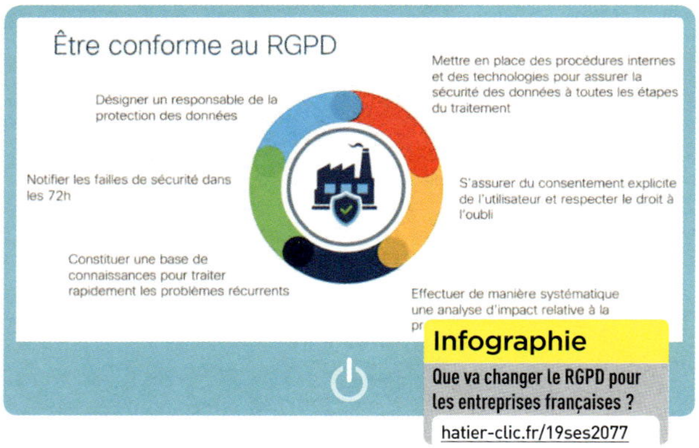

Infographie
Que va changer le RGPD pour les entreprises françaises ?
hatier-clic.fr/19ses2077

Doc 3 Un exemple de directive

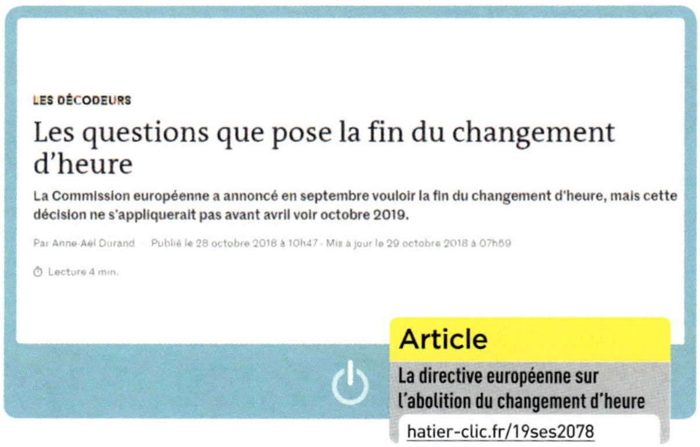

LES DÉCODEURS

Les questions que pose la fin du changement d'heure

La Commission européenne a annoncé en septembre vouloir la fin du changement d'heure, mais cette décision ne s'appliquerait pas avant avril voir octobre 2019.

Par Anne-Aël Durand · Publié le 28 octobre 2018 à 10h47 · Mis à jour le 29 octobre 2018 à 07h59

Lecture 4 min.

Article
La directive européenne sur l'abolition du changement d'heure
hatier-clic.fr/19ses2078

RECUEILLIR L'INFORMATION

1. *Faites une recherche en ligne et donnez les définitions de « directive », « règlement » et « décision ». (Doc. 1)*
2. *Qu'est-ce qui distingue un règlement d'une directive ? (Doc. 1)*
3. *Qu'est-ce que le RGPD ? Quels sont ses objectifs ? (Doc. 2)*
4. *Comment l'UE entend-elle pousser les États à abolir le changement d'heure ? (Doc. 3)*

ANALYSER

5. *Montrez par quel processus une directive européenne est intégrée au droit français. (Doc. 1)*
6. *À l'aide du doc. 1 et d'une recherche en ligne, dites s'il est possible pour l'État français de s'opposer à un règlement ou une décision de l'Union européenne.*
7. *Qui est concerné par le RGPD ? Pourquoi ? (Doc. 2)*
8. *Quelles sont les marges de manœuvre des États par rapport à l'abolition du changement d'heure ? (Doc. 3)*

SYNTHÉTISER

9. *D'après ces exemples, dans quelle mesure le droit européen détermine-t-il le droit français ?*

ATELIER ORIENTATION

Science politique et orientation

Les études en science politique sont couramment associées à « Sciences Po », l'Institut d'études politiques (IEP) de Paris, à l'École nationale d'administration (ENA) et à la haute fonction publique. Mais il existe des IEP régionaux, et 69 % des diplômés travaillent dans le secteur privé.

Formation

Dossier Onisep
Les IEP
hatier-clic.fr/19ses2079

Les dix IEP en France

- « Sciences Po » Paris et 9 IEP régionaux.
- Entrée en première année sur concours ;
  les sciences économiques et sociales, les langues vivantes, la littérature, la philosophie et l'histoire-géographie sont les disciplines sollicitées lors des épreuves.
- Cinq ans d'études (master) : un premier cycle pluridisciplinaire de 3 ans suivi d'un deuxième cycle de spécialisation et de professionnalisation de 2 ans.
- Des débouchés dans des secteurs variés : politique, haute fonction publique, banque-finance, audit-gestion, management, journalisme, communication, marketing, culture…

INTÉGRER UN IEP EN 1RE ANNÉE

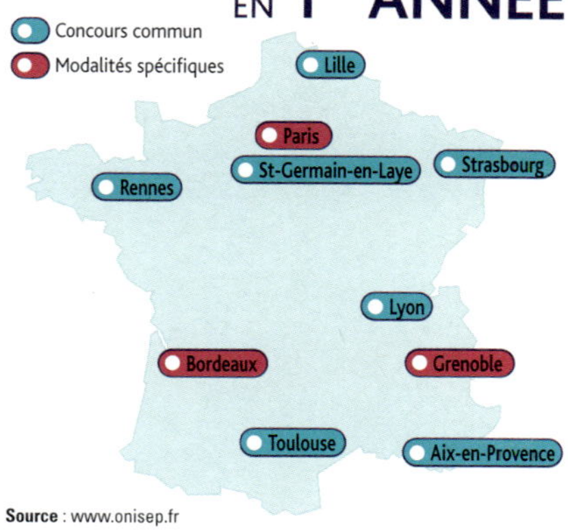

Source : www.onisep.fr

Métier

Assistant•e en ressources humaines

- Porte d'entrée dans le secteur des ressources humaines (RH)
- Salaire débutant : 1 660 € brut
- Accès avec un bac +3 (licence professionnelle, licence en économie et gestion, droit ou sociologie) ou avec un bac +5 (diplôme d'IEP, master en gestion des RH, master en droit, master en management, etc.)
- Un métier qui varie selon la taille des entreprises : recrutement, suivi du plan de formation, gestion administrative des salariés…

Métier Onisep
Métier « chargé•e d'études en ressources humaines » (bac + 5)
hatier-clic.fr/19ses2080

Pour info

- « Un ministre sur deux est passé par Sciences Po ou l'ENA », lefigaro.fr, 19 novembre 2018.
- « Sciences politiques », letudiant.fr, 22 novembre 2018.
- « Quels sont les débouchés après Sciences Po ? », Louis Heidsieck, étudiant.lefigaro.fr, 12 octobre 2018.

ALLER PLUS LOIN / S'INFORMER

1. *Recherchez puis décrivez les différentes épreuves à préparer selon l'IEP.*
2. *En dehors de l'entrée en première année après le bac, quels sont les niveaux d'accès aux IEP ?*
3. *La filière « Sciences Po » propose une formation pluridisciplinaire. Quelles sont les disciplines enseignées ?*
4. *En dehors des IEP, où étudier les sciences politiques ? Quels sont les parcours possibles ?*

ACTIVITÉ

Outil
Réaliser une carte mentale
hatier-clic.fr/19ses2081

Réaliser une carte mentale sur un parcours d'orientation

1. *Recensez les éléments du contenu de la carte : les deux voies d'accès aux études en science politique, le contenu des formations, les diplômes, les débouchés.*
2. *Une fois ce contenu recensé, classez les informations de manière logique pour les organiser en carte mentale.*
3. *Après avoir réalisé votre carte mentale, comparez-la à celle de votre voisin et discutez-en. Rectifiez ou complétez votre carte si besoin.*

1 Calculer et lire des pourcentages de répartition

Fiche outil p. 154

Voici les résultats du second tour de l'élection présidentielle du 7 mai 2017.

Nombre de voix obtenues par les candidats au second tour, résultats en % des inscrits et en % des votants			
Liste des candidats	**Voix**	**% Inscrits**	**% Exprimés**
M. Emmanuel Macron	20 743 128		
Mme Marine Le Pen	10 638 475		

Répartition des types de votes au second tour		
	Nombre	**% Inscrits**
Inscrits	47 568 693	100
Abstentions	12 101 366	
Votants	35 467 327	
Blancs	3 021 499	
Nuls	1 064 225	
Exprimés	31 381 603	

1. *À quoi correspondent les votes « exprimés » ?*
2. *Reproduisez les deux tableaux et complétez les données manquantes en utilisant des pourcentages de répartition.*
3. *Faites une phrase exprimant la signification des trois données entourées qui ont été calculées.*
4. *Commentez les résultats du second tour de l'élection présidentielle en utilisant des pourcentages de répartition pour illustrer vos propos.*

2 Comprendre un graphique

Fiche outil p. 152
Fiche outil p. 156
Fiche méthode p. 146

Part des femmes parmi les députés

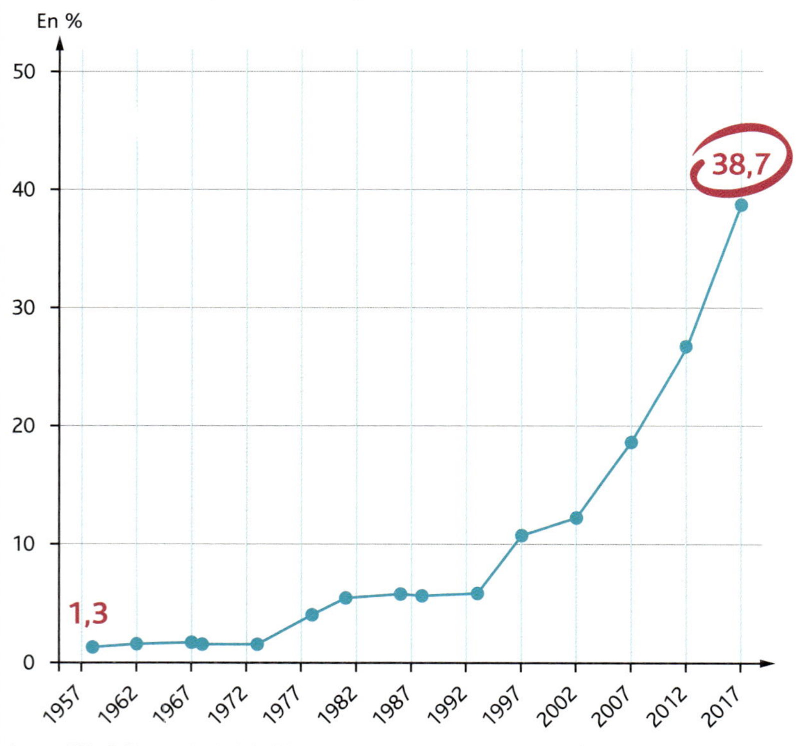

Source : HCE – © Observatoire des inégalités, 4 décembre 2018.

1. *Présentez le document.*
2. *Faites une phrase exprimant la signification de la donnée entourée.*
3. *Comment la part des femmes parmi les députés a-t-elle évolué entre 1958 et 2017 ? Vous mesurerez cette évolution de deux manières différentes.*

S'AUTOÉVALUER

Exos interactifs
hatier-clic.fr/19ses2082

Corrigés → p. 175

1 Pouvoir exécutif, législatif ou judiciaire ?

Reliez chaque instance au type de pouvoir exercé.

Président de la République 1.	a. Exécutif
Sénat 2.	
Juges, magistrats 3.	b. Législatif
Premier ministre 4.	
Gouvernement 5.	c. Judiciaire
Assemblée nationale 6.	

2 Les différents modes de scrutin

Répondez par vrai ou faux à chaque affirmation.

a. Le scrutin majoritaire permet de représenter fidèlement les votes des citoyens. V ❑ F ❑

b. Les élections européennes sont effectuées avec un scrutin majoritaire. V ❑ F ❑

c. Le scrutin proportionnel rend difficile la mise en place de majorités claires. V ❑ F ❑

d. Dans un scrutin majoritaire, celui qui a le plus de voix est déclaré élu. V ❑ F ❑

e. Les élections législatives sont réalisées avec un scrutin proportionnel. V ❑ F ❑

3 Les acteurs du débat public

Complétez le texte à l'aide des termes suivants.

1. *partis politiques* • 2. *programme* • 3. *contestation* • 4. *société civile organisée* • 5. *électorale* • 6. *associations* • 7. *sélectionner* • 8. *médias* • 9. *socialisation* • 10. *coopération* • 11. *influencer*

Les .....a..... sont au cœur de la démocratie représentative. En effet, ils ont pour fonction de .....b..... les futurs représentants et de proposer un .....c..... politique correspondant aux attentes d'une partie des citoyens. Ils participent également à la .....d..... des individus et à la mobilisation .....e..... .
Néanmoins, d'autres acteurs interviennent dans le débat public : les .....f....., mais aussi la .....g..... (composée des syndicats, des .....h..... et des groupes d'intérêt). La société civile organisée cherche à .....i..... les pouvoirs publics à travers deux types d'attitudes : la .....j..... (qui passe par l'échange et la discussion) et la .....k..... (qui passe par des mouvements de remise en question des décisions prises par les pouvoirs publics).

4 Coopération ou contestation ?

Dans chacun des exemples présentés ci-dessous, dites quelle est l'organisation de la société civile concernée (syndicat, association ou groupe de pression) et quel est son mode d'action (contestation ou coopération).

a. Une délégation de représentants des laboratoires pharmaceutiques s'exprime devant l'Assemblée nationale.

b. La CFDT organise une manifestation contre la réforme des retraites.

c. Le Secours populaire français est reçu au ministère des Affaires sociales et de la Santé.

d. Des militants de Greenpeace pénètrent dans une centrale nucléaire pour dénoncer ce type d'énergie.

e. La CGT est reçue par le président de la République pour évoquer la réforme du code du travail.

POUR RÉSUMER

Comment s'organise la vie politique ?

1 Les principales institutions politiques françaises

pp. 100-101

• En France, la Constitution de la Ve République organise depuis 1958 le fonctionnement des institutions politiques françaises. Le personnage central est le **président de la République**, élu au suffrage universel direct. Il nomme le **Premier ministre**, qui forme à son tour le Gouvernement (composé des ministres). Le **Parlement** comprend **l'Assemblée nationale** et le **Sénat**.

Les termes soulignés servent à compléter le schéma de synthèse

2 Le principe de la séparation des pouvoirs

pp. 102-103

• Les démocraties doivent obéir au principe de **séparation des pouvoirs** afin d'éviter qu'une seule personne (un tyran) ne concentre tous les pouvoirs et puisse écrire les lois, les appliquer puis contrôler leur application.
• Dans le régime politique français, le **pouvoir exécutif** appartient au président de la République et à son Premier ministre ; le **pouvoir législatif** appartient au Parlement. Le **pouvoir judiciaire** est détenu par les magistrats.
• La séparation des pouvoirs en France est souple, dans la mesure où le pouvoir exécutif et le pouvoir législatif peuvent s'influencer l'un l'autre.

3 Les différentes formes de scrutin et leurs effets

pp. 104-105

• Dans une démocratie représentative, les élections permettent de désigner des représentants choisis par les citoyens grâce à différents scrutins.
• On peut distinguer deux grandes formes de scrutins : le scrutin **majoritaire** et le scrutin **proportionnel**. Le scrutin majoritaire permet d'établir des majorités claires qui sont en mesure de gouverner mais laisse une place réduite à l'opposition. Le scrutin proportionnel, lui, permet de représenter beaucoup plus fidèlement le vote. Cependant, il peut générer des changements d'alliance entre partis.

4 Les fonctions des partis politiques

pp. 106-107

• Les **partis politiques** sélectionnent leurs futurs candidats et proposent des programmes politiques. Ils participent à la socialisation des citoyens en leur transmettant des normes et des valeurs. Enfin, grâce à leurs militants, les partis contribuent à la mobilisation électorale.

5 Le rôle de la société civile organisée et des médias

pp. 108-109

• La vie politique est également animée par d'autres acteurs qui contribuent à nourrir le débat public. Les **médias** relaient les opinions des citoyens et les informent des décisions prises par les pouvoirs publics. Ils peuvent également faire pression sur ces derniers en révélant au grand jour des affaires.
• La **société civile organisée**, composée des syndicats, des associations et des groupes de pression (lobbies), cherche à influencer les pouvoirs publics dans leur prise de décision, à travers deux modalités : la contestation, ou au contraire la coopération, qui favorise l'échange et le dialogue pour trouver des compromis.

Mémorisation active

Pour ancrer les notions dans ma mémoire, j'utilise plusieurs fois dans l'année les outils de révision suivants :

Mémocartes
hatier-clic.fr/19ses2083

Tableau à imprimer
Manuel numérique

MOTS-CLÉS

Reportez-vous au dico illustré en fin d'ouvrage.

✓ Assemblée nationale
✓ Dissolution
✓ Gouvernement
✓ **Institutions politiques**
✓ **Médias**
✓ Motion de censure
✓ Parlement
✓ **Parti politique**
✓ **Pouvoir exécutif**
✓ **Pouvoir législatif**
✓ **Pouvoir judiciaire**
✓ Premier ministre
✓ Président de la République
✓ **Scrutin majoritaire**
✓ **Scrutin proportionnel**
✓ Sénat
✓ Séparation des pouvoirs
✓ **Société civile organisée**

Résumer À L'AIDE D'UN SCHÉMA

Schéma imprimable
Manuel numérique

Schéma interactif
hatier-clic.fr/19ses2084

Reproduisez puis complétez le schéma de synthèse

Utilisez les termes soulignés de la page 116.

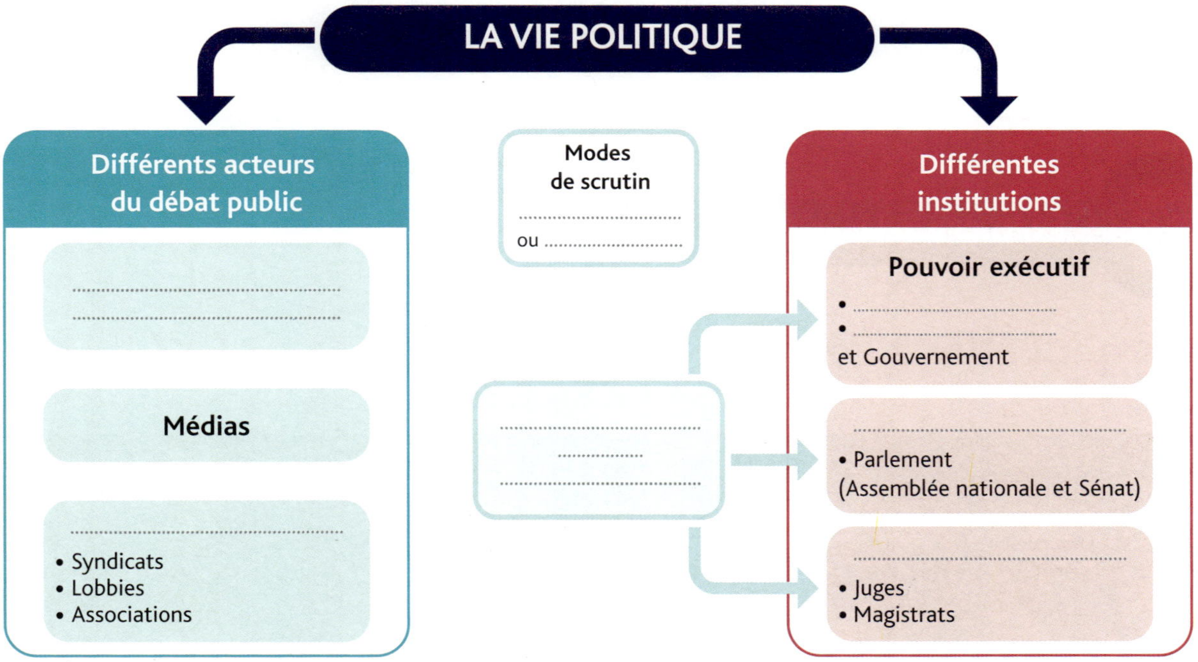

Réviser AVEC UN SITE INTERNET

→ **www.vie-publique.fr/decouverte-institutions**

Vous trouverez sur ce site de nombreuses ressources vous permettant de réviser et d'approfondir les notions du chapitre, notamment dans la rubrique « Découverte des institutions ».

Vous pouvez également vérifier votre maîtrise des connaissances ou approfondir le chapitre en réalisant les quiz à l'adresse suivante : www.vie-publique.fr/decouverte-institutions/liste-quizz

Voici quelques exemples de questions que vous pourrez aborder sur ce site :

1. *Pourquoi parle-t-on « d'irresponsabilité politique » du président de la République ?*
2. *Quel est le rôle du président de la République dans le domaine de la justice ?*
3. *Quelles sont les conditions pour être ministre ?*
4. *Existe-t-il une hiérarchie au sein du Gouvernement ?*
5. *Comment votent les parlementaires ?*

CHAPITRE 6

Quelles relations entre le diplôme, l'emploi et le salaire ?

EXPLORER AVEC UNE IMAGE

Pourquoi aller à l'école ?

■ De jeunes garçons fuient par milliers le sud du Soudan pour échapper au recrutement forcé de la guérilla ou des forces armées. Ici à l'école, avec le soutien des Nations Unies, au camp de Kakuma, au nord du Kenya (Sebastião Salgado, 1993).

1 *Décrivez la photo. Que font les enfants ?*
2 *Pourquoi le photographe a-t-il choisi de placer l'arbre au centre de la photo ?*
3 *Selon vous, quel est l'intérêt pour ces enfants d'aller à l'école ?*

EXPLORER AVEC UN PODCAST

Réussir sans effort et sans talent, est-ce possible ?

■ Dans son nouvel ouvrage *Peut-on réussir sans effort ni aucun talent ? Les mirages du mérite*, le philosophe Gilles Vervisch déconstruit tous les préjugés…

1. *Faites une recherche et dites ce qu'est le mérite.*
2. *Quelle idée l'auteur remet-il en question dans son ouvrage ?*
3. *Pourquoi parle-t-il du « mirage » du mérite ?*
4. *Le mérite suffit-il pour réussir ?*
5. *Selon vous, de quels éléments extérieurs à l'individu la réussite peut-elle dépendre ?*

EXPLORER AVEC UN TEXTE

Les stéréotypes et la réussite scolaire

« Le psychosociologue Claude Steele a démontré aux États-Unis la puissance de ce qu'il appelle la "menace des stéréotypes[1]" : les filles réussissent mieux les tests en mathématiques lorsqu'on leur dit explicitement que le stéréotype selon lequel les filles sont moins bonnes en maths que les garçons ne s'applique pas à ce test précis ; les Noirs-Américains réussissent moins bien les examens lorsqu'ils doivent commencer par préciser leur race[2] sur leur copie. […] Deux chercheures de la Banque mondiale[3] ont organisé un concours de résolution de labyrinthes entre enfants de basse et de haute caste[4] en Uttar Pradesh[5]. Elles ont découvert que les enfants de basse caste se défendent bien contre ceux de haute caste tant que la caste n'est pas mise en avant, mais dès qu'on leur rappelle leur infériorité de caste et le fait qu'ils affrontent des enfants de haute caste […] ils s'en tirent beaucoup moins bien. […] C'est une manifestation de l'intériorisation des stéréotypes. Un enfant qui s'attend à avoir des difficultés à l'école aura tendance à penser que, s'il ne comprend pas, c'est de sa faute à lui et non de celle de ses professeurs. À partir de là, il peut conclure qu'il n'est pas fait pour l'école – qu'il est "stupide", comme la plupart des gens de son milieu – et abandonner tout espoir de s'instruire, pour se contenter de rêvasser en classe ou même refuser d'y retourner. »

■ Abhijit V. Banerjee et Esther Duflo, *Repenser la pauvreté*, « Les livres du nouveau monde », © Éditions du Seuil 2012, « Points Essais », 2014.

1. Un stéréotype est une idée toute faite, une opinion préconçue.
2. La référence à la race est très fréquente aux États-Unis. En France, on n'utilise pas cette notion et on ne fait pas de statistiques ethniques.
3. Institution financière internationale qui accorde des prêts aux pays en développement.
4. Groupe social héréditaire et fermé (on naît et on se marie dans sa caste) en Asie du Sud. En Inde, les castes ont été abolies en 1949, mais elles perdurent dans les faits.
5. Un État du nord de l'Inde.

1. *Expliquez la phrase soulignée.*
2. *En quoi consiste « l'intériorisation des stéréotypes » ?*
3. *En quoi l'intériorisation des stéréotypes est-elle importante pour comprendre les différences de réussite scolaire ?*

CHAPITRE 6 Quelles relations entre diplôme, emploi et salaire ?

DÉCOUVRIR LES ENJEUX

L'emploi est un élément central d'intégration dans les sociétés contemporaines, car il confère une identité et il procure un revenu qui permet de consommer. Le diplôme facilite-t-il l'accès à l'emploi ? Le diplôme permet-il d'avoir un salaire élevé ? L'égalité d'accès au diplôme est-elle réalisée ?

Comment l'investissement en capital humain augmente-t-il les capabilités ?

L'éducation permet l'accès à l'emploi car elle augmente les capabilités, c'est-à-dire la liberté de choisir sa vie. Elle augmente aussi le **capital humain**, en permettant à l'individu de développer des savoirs et des compétences. Les possibilités d'accéder à un emploi qualifié sont alors plus importantes.

Le manque de qualification, une cause du chômage ?

Être diplômé indique à l'employeur un certain **niveau de compétence** pour prétendre à l'embauche. Le manque de qualification envoie donc un **signal négatif** aux employeurs et réduit les chances d'accéder à l'emploi. Cependant, être diplômé ne garantit pas forcément d'avoir un emploi correspondant à sa qualification.

Comment le niveau de formation détermine-t-il le salaire ?

Les salaires augmentent avec le **niveau de diplôme** car le savoir acquis permet d'être plus productif, plus efficace. Ils augmentent aussi avec l'âge, qui permet d'accumuler de l'**expérience** et des savoir-faire très utiles dans la production. Les diplômes et l'expérience augmentent la qualification individuelle.

Quels autres facteurs affectent le salaire ?

Être très qualifié ne permet pas toujours d'avoir un salaire élevé. D'autres facteurs affectent les salaires comme la **taille des entreprises**. De plus, il existe des **discriminations** dont sont victimes les femmes, les immigrés, les handicapés, les minorités et qui ont un impact sur leur rémunération.

Comment l'inégalité des chances se manifeste-t-elle à l'école ?

Malgré les **politiques de lutte** contre l'inégalité des chances à l'école, celle-ci persiste en fonction de l'origine sociale, du genre ou encore de l'origine ethnique. Les jeunes issus de milieux favorisés réussissent mieux à l'école que les autres car la culture transmise par l'école est proche de celle de leur famille, mais aussi parce que leurs parents multiplient les dispositifs permettant de contribuer à leur réussite.

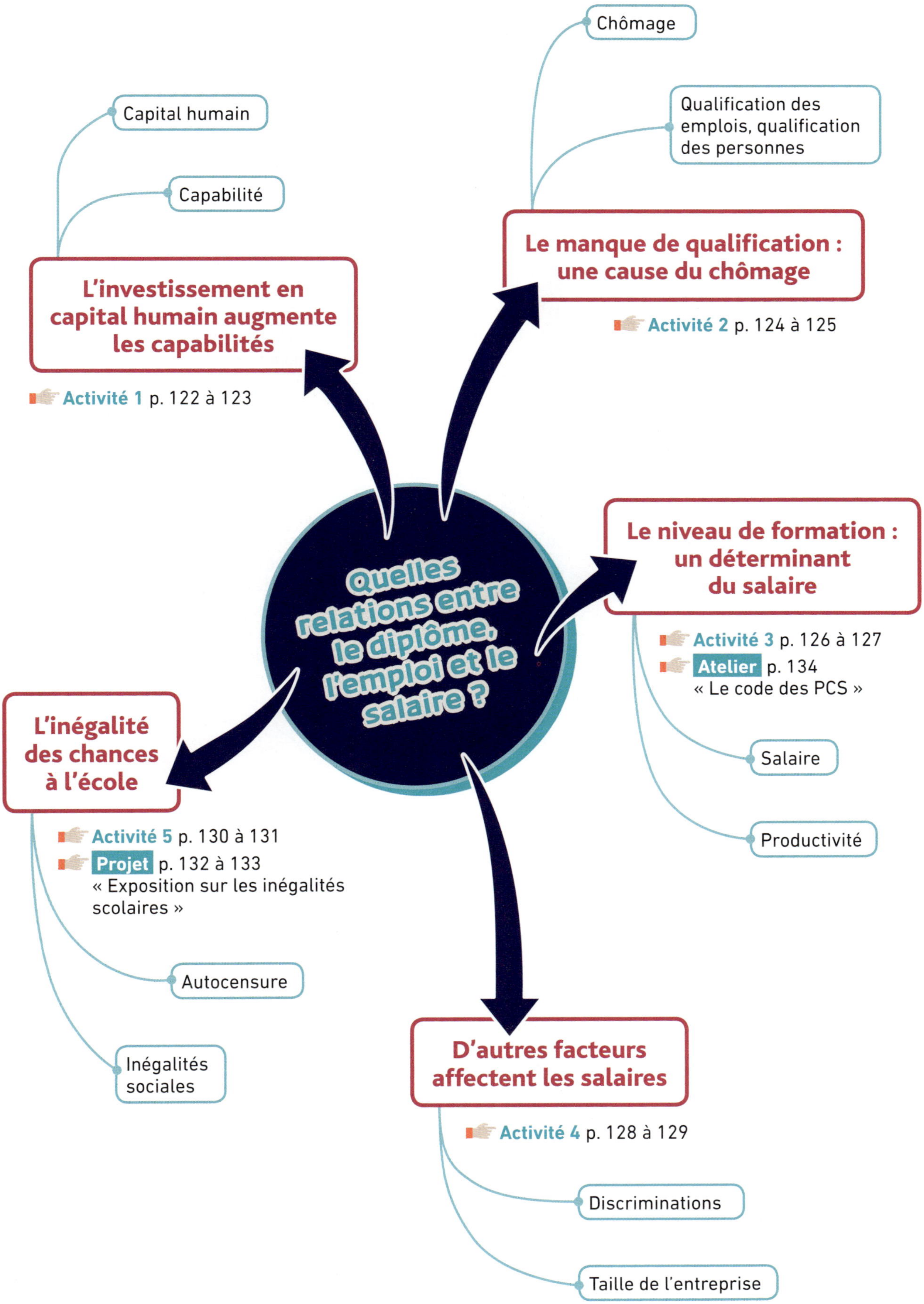
Quelles relations entre le diplôme, l'emploi et le salaire ?
L'investissement en capital humain augmente les capabilités
Activité 1 p. 122 à 123
Capital humain
Capabilité
Le manque de qualification : une cause du chômage
Activité 2 p. 124 à 125
Chômage
Qualification des emplois, qualification des personnes
Le niveau de formation : un déterminant du salaire
Activité 3 p. 126 à 127
Atelier p. 134 « Le code des PCS »
Salaire
Productivité
D'autres facteurs affectent les salaires
Activité 4 p. 128 à 129
Discriminations
Taille de l'entreprise
L'inégalité des chances à l'école
Activité 5 p. 130 à 131
Projet p. 132 à 133 « Exposition sur les inégalités scolaires »
Autocensure
Inégalités sociales

1 L'investissement en capital humain augmente les capabilités

OBJECTIF Expliquer pourquoi la poursuite d'études augmente le capital humain et développe les capabilités

Doc 1 Pourquoi aller à l'école ?

■ Petite fille à l'école à Calcutta, Inde

« Attirer les enfants à l'école [...] c'est par là que tout commence. En Indonésie, [...] chaque année de scolarité primaire supplémentaire [...] induit une augmentation d'environ 8 % des revenus. Cette estimation des rendements de l'éducation est très proche des résultats généralement obtenus aux États-Unis [...].
En 1968, Taïwan a institué une loi obligeant tous les enfants à aller au moins neuf ans à l'école. [...] Cette loi a eu des effets positifs significatifs sur la scolarisation des enfants, tant filles que garçons, ainsi que sur leurs perspectives professionnelles, particulièrement pour les filles. Les bénéfices de l'école ne sont pas uniquement financiers : le programme de Taïwan a également eu des effets sur la mortalité infantile. Au Malawi, les filles qui avaient continué d'aller à l'école [...] étaient également moins susceptibles de tomber enceintes. [...] Il existe aujourd'hui un corpus significatif d'études rigoureuses qui témoignent de l'ampleur des effets de l'éducation. »

■ Abhijit V. Banerjee et Esther Duflo, *Repenser la pauvreté*, « Les livres du nouveau monde », © Éditions du Seuil 2012, « Points Essais », 2015.

1. *Expliquez les effets de l'éducation sur l'accès à l'emploi et sur le revenu.*
2. *L'éducation n'a-t-elle que des effets économiques ? Justifiez votre réponse.*

Doc 2 Pourquoi investir dans le capital humain ?

« Dans son rapport de 1942, [...] Lord Beveridge inclut l'ignorance et la maladie parmi les cinq fléaux contre lesquels l'État doit protéger les individus. Dans une économie mue par l'innovation, l'investissement dans le "capital humain", c'est-à-dire dans l'éducation et la santé, demeure une priorité [...]. Dans une économie où sont en permanence introduits de nouveaux produits, de nouvelles technologies et de nouveaux modes d'organisation de la production, il est en effet indispensable de promouvoir la mobilité et l'adaptabilité des individus et de stimuler leur capacité d'innovation. [...] Un parent mieux éduqué fera profiter ses enfants de son éducation ; un individu bien formé fera partager son savoir et son expérience à ses collègues de travail. Autrement dit, un individu (ou un salarié) qui a reçu une bonne éducation participera davantage au progrès de son pays et aura plus de chances de contribuer à l'introduction de nouvelles technologies. »

■ Philippe Aghion et Alexandra Roulet, *Repenser l'État.* Pour une social-démocratie de l'innovation, coédition Seuil-La République des idées, 2011.

1. *Recherchez sur Internet qui est Lord Beveridge.*
2. *Expliquez la phrase soulignée.*
3. *Quel est l'intérêt pour un individu de développer son capital humain ?*
4. *Quels sont les investissements en capital humain réalisés par l'État ?*

DÉFINITION

Capital humain

Ensemble des capacités à produire d'un individu qui sont liées à son état de santé, à ses connaissances et aux compétences acquises. Il peut augmenter grâce à des investissements dans l'éducation et la formation professionnelle ainsi que dans la santé, pour améliorer le bien-être physique et mental des individus.

Exercice

« Poverty is not just a lack of money, it's not having the capability to realize one's full potential as a human being. »
Amartya Sen

- Traduisez cette citation.

Doc 3 L'éducation et la santé augmentent les capabilités

« Capabilité : ce terme, qu'on aurait pu traduire par "capacité" en français, mérite néanmoins les honneurs d'un néologisme car il contient, à lui seul, l'essentiel de la théorie de la justice sociale développée [...] depuis les années 1980. [...] Selon Amartya Sen[1], comme pour Martha Nussbaum[2], la "capabilité" désigne la possibilité pour les individus de faire des choix parmi les biens qu'ils jugent estimables et de les atteindre effectivement. Les "capabilités" sont, pour ces auteurs, les enjeux véritables de la justice sociale et du bonheur humain. [...] Les individus n'ont pas les mêmes besoins pour être en mesure d'accomplir le même acte : un hémiplégique n'a aucune chance de prendre le bus si celui-ci n'est pas équipé spécialement. [...] M. Nussbaum [propose] une liste des capabilités qu'elle juge plus centrales que d'autres, parce qu'elles conditionnent lourdement la liberté de chacun de mener une vie digne : le droit à une vie suffisamment longue, à la santé du corps, à la liberté de se déplacer, à recevoir une éducation, à avoir les croyances qu'il souhaite, à ne se heurter à aucune discrimination raciale, ethnique ou sexiste, à avoir des loisirs, etc. On y retrouve ainsi, formulés plus généreusement, l'essentiel des droits humains universaux. »

■ Nicolas Journet, *Sciences Humaines*, n° 241, octobre 2012.

1. Économiste et philosophe indien, prix Nobel d'économie 1998.
2. Philosophe américaine.

1. *Expliquez la phrase soulignée.*
2. *Que sont les capabilités pour Martha Nussbaum ?*
3. *Pourquoi la liberté de chacun dépend-elle des capabilités ?*
4. *Selon vous, quels choix de vie peut-on faire quand on dispose d'un bon niveau d'éducation ?*
5. *Que faut-il faire pour augmenter les capabilités ?*

Exercice — Effets des investissements dans l'éducation dans les pays en développement

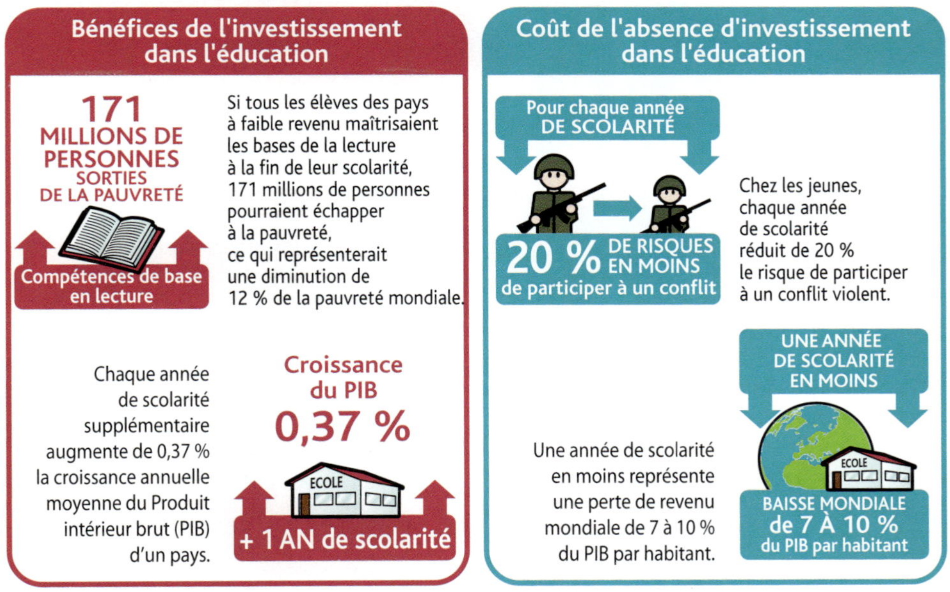

Source : « Investir dans l'éducation porte ses fruits », Globalpartnership.org, 22 mai 2014.

- Le document donne quatre informations :
  – Quelles sont celles concernant les capabilités ?
  – Quelles sont celles concernant le capital humain ?

Vidéo
Des écoles *low-cost* au Ghana
hatier-clic.fr/19ses2106

APPLIQUER

Exo interactif
Manuel numérique

Expliquez le schéma ci-dessous à l'oral.

Hatier 2019

2 Le manque de qualification : une cause du chômage

OBJECTIF Montrer que le manque de qualification est une cause du chômage

Doc 1 Des études à l'emploi

1. *Commentez le dessin.*
2. *Selon vous, quelle est l'importance du diplôme pour obtenir un emploi ?*

Doc 2 Le taux de chômage dépend du niveau de qualification

Taux de chômage selon le niveau de diplôme et la durée depuis la sortie de formation initiale en 2018

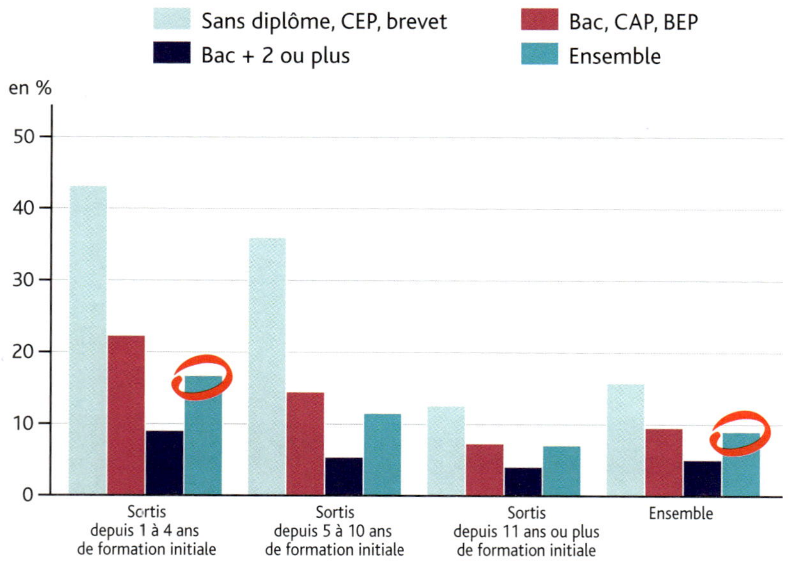

Lecture : en 2018, 9,4 % des personnes actives âgées de 15 ans ou plus, ayant un diplôme de niveau bac +2 ou plus et ayant achevé leur formation initiale depuis 1 à 4 ans sont au chômage.
Champ : France hors Mayotte, population des ménages, personnes actives de 15 ans ou plus.
Source : Insee, enquête Emploi 2018.

1. *Faites une phrase exprimant la signification des deux données entourées.*
2. *Qui a le plus de risques d'être au chômage ?*
3. *Qui a le moins de risques d'être au chômage ?*
4. *Selon vous, pourquoi le risque d'être au chômage est-il plus élevé pour les personnes sorties de formation depuis 1 à 4 ans ?*

Fiche outil p. 162

DÉFINITIONS

Chômage
Situation des personnes en âge de travailler (15 ans ou plus) sans emploi, disponibles pour travailler et qui recherchent activement un emploi.

Population active
Regroupe les personnes ayant un emploi et les chômeurs.

Taux de chômage
Mesure la part des chômeurs parmi la population active.

$$\text{Taux de chômage} = \frac{\text{Nombre de chômeurs}}{\text{Population active}} \times 100$$

Doc 3 La qualification des emplois augmente

« Les emplois peuvent être répartis en trois catégories : ceux accessibles essentiellement à des diplômés (cadres et professions intellectuelles, professions intermédiaires), ceux accessibles principalement à des salariés ayant une compétence reconnue soit par un diplôme (bac pro par exemple), soit par une expérience professionnelle antérieure (ouvriers qualifiés, employés qualifiés), enfin, ceux potentiellement accessibles sans diplôme (ouvriers non qualifiés, employés non qualifiés). Dans le premier regroupement, les emplois concernés ont progressé de 2,4 millions entre 1985 et 2015 ; dans le second, ils ont reculé de 0,14 million, dans le troisième, ils sont en très légère diminution (– 42 000). [...] C'est donc bien la structure professionnelle[1] qui s'est modifiée en trente ans. Les non diplômés ont vu les emplois accessibles se réduire comme peau de chagrin et sont restés sur le carreau pour l'essentiel par manque d'opportunités. Chômage et découragement ont fait leur œuvre face à un marché du travail où les peu diplômés – et surtout les pas diplômés du tout – sont regardés de travers. Cette évolution est inquiétante : pas seulement parce qu'elle tend à concentrer le chômage sur certains, mais aussi parce qu'elle se traduit par des retraits du marché du travail[2], lourds de lendemains qui risquent de se traduire en matière de pauvreté, d'isolement et d'exclusion sociale. Dans notre société, le diplôme n'est pas seulement un signal, c'est une nécessité pour maîtriser les outils professionnels dont toutes les activités se sont dotées. De plus en plus, l'échec scolaire annonce une forme d'exclusion à venir. [...] La formation, initiale autant que continue[3], est la clé de la lutte contre le chômage et l'exclusion. »

Denis Clerc, « Chômage : pourquoi les non diplômés restent sur le carreau », *Alternatives économiques*, 2 février 2018.

1. Catégories des métiers énoncés dans le paragraphe précédent.
2. Rencontre entre l'offre de travail des travailleurs et la demande de travail des employeurs.
3. La formation initiale est dispensée par le système scolaire. La formation continue concerne les salariés (stages ou autres formations).

1. *Comment progresse la qualification des emplois en France ? Distinguez selon le type d'emplois.*
2. *Quelle est la conséquence de ces évolutions pour les non diplômés ?*
3. *Expliquez la phrase soulignée.*
4. *Quelles sont les conséquences du chômage ?*
5. *En quoi le développement de la qualification individuelle peut-il permettre à un individu de réduire ses risques d'être au chômage ?*

Le saviez-vous ?

Les causes du chômage sont multiples. Le manque de formation n'est qu'une cause du chômage parmi d'autres. Il s'explique aussi par le manque de compétitivité des entreprises parce que les coûts de production sont trop élevés ou parce qu'elles ne sont pas assez innovantes, par les délocalisations d'entreprises, par le progrès technique qui réduit les besoins en main-d'œuvre, ou encore par l'insuffisance de la demande.

Doc 4 Diplôme et insertion professionnelle

Vidéo
Emploi : génération stagiaire
hatier-clic.fr/19ses2086

1. *Quel est l'intérêt pour une entreprise de recruter des stagiaires ?*
2. *Selon vous, quel peut être l'intérêt pour un jeune diplômé d'effectuer un stage ?*
3. *Quels sont les problèmes soulevés par les situations de Nadia Z. et de Terry C. ?*

DÉFINITIONS

Qualification des emplois
Qualités, compétences que requiert un emploi.

Qualification individuelle
Diplômes, compétences d'une personne.

SYNTHÉTISER

Après avoir montré, à l'aide de données judicieusement choisies dans la double page, que le manque de qualification favorise le chômage, vous montrerez qu'être diplômé ne permet pas toujours un accès facile à l'emploi.

Fiche méthode p. 148

3 Le niveau de formation : un déterminant du salaire

OBJECTIF Montrer que le salaire est déterminé en partie par le niveau de diplôme et l'expérience acquise

Doc 1 Le salaire dépend de la catégorie socioprofessionnelle

Salaires mensuels nets moyens dans le secteur privé selon la catégorie socioprofessionnelle[1] en 2015

Catégorie socioprofessionnelle	Montant mensuel net en euros
Cadres et chefs d'entreprise salariés	4 141
Professions intermédiaires	2 271
Employés	1 637
Ouvriers	1 717
Ensemble	2 250

1. Voir les catégories socioprofessionnelles dans l'Atelier p. 134.

Champ : France hors Mayotte, salariés en équivalent temps plein du secteur privé et des entreprises publiques, y compris bénéficiaires de contrats aidés et de contrats de professionnalisation. Sont exclus les apprentis, les stagiaires, les salariés agricoles et les salariés des particuliers employeurs.

■ Salaires dans le secteur privé selon le sexe et la catégorie socioprofessionnelle en 2015, Insee, 2018.

1. *Faites une phrase exprimant la signification de chaque donnée entourée.*
2. *À l'aide d'un calcul, comparez l'écart de salaire entre les cadres et les ouvriers, puis faites une phrase exprimant la signification du résultat.*
3. *Selon vous, comment peut-on expliquer que les cadres ont des salaires plus élevés que ceux des employés ?*

NE PAS CONFONDRE

Salaire médian : niveau de salaire tel que 50 % de l'ensemble étudié gagnent plus et 50 % de cet ensemble gagnent moins.

Salaire moyen : la somme des salaires divisée par l'effectif de l'ensemble.

Fiche outil p. 158

Doc 2 L'âge et le diplôme influent sur les salaires

Salaires mensuels nets déclarés en 2016 en fonction de l'âge et du diplôme (salaires médians à temps plein du secteur public et privé, en euros)

	15-24 ans	25-34 ans	35-44 ans	45-54 ans
Hommes				
Supérieur long	1 500	2 250	2 950	3 400
Supérieur court	1 350	1 800	2 250	2 600
Bachelier	1 250	1 600	1 900	2 150
CAP, BEP	1 300	1 550	1 700	1 850
Brevet ou aucun diplôme	n. s.[2]	1 450	1 500	1 700
Ensemble des diplômes[1]	1 300	1 750	2 050	2 200
Femmes				
Supérieur long	1 450	1 850	2 200	2 550
Supérieur court	1 250	1 600	1 850	2 200
Bachelier	1 150	1 400	1 600	1 750
CAP, BEP	1 200	1 350	1 400	1 500
Brevet ou aucun diplôme	n. s.[2]	1 300	1 350	1 400
Ensemble des diplômes[1]	1 200	1 600	1 800	1 900

1. L'ensemble des diplômes sont ceux du supérieur et du secondaire, le diplôme national du brevet n'est pas pris en compte. Le salaire médian est arrondi aux 50 € les plus proches.

2. n. s. : non significatif.

Lecture : en 2016, le salaire médian des hommes bacheliers âgés de 15 à 24 ans en emploi à temps plein est de 1 250 € par mois.

Champ : France métropolitaine + DOM hors Mayotte, données provisoires.

■ L'État de l'école, 2017.

1. *Faites une phrase exprimant la signification de la donnée entourée.*
2. *En choisissant à chaque fois deux données significatives, montrez que :*
   - le salaire augmente avec le diplôme ;
   - le salaire augmente avec l'âge ;
   - le salaire dépend du sexe.
3. *Montrez que les écarts de salaire entre diplômés et non diplômés se creusent quand l'âge augmente.*
4. *En quoi le document permet-il de montrer que le niveau de formation détermine le salaire ?*

Fiche outil p. 155

Doc 3 Diplômes, expérience et salaires

« Les salariés voient leur rémunération augmenter à mesure qu'ils avancent en âge, en raison de l'expérience professionnelle accumulée. [On observe] une progression rapide des salaires en début de carrière, notamment pour les diplômés, suivie d'un ralentissement prolongé, avec un plafond en fin d'activité. [...]
Les gains de productivité [...] contribuent à accroître le niveau de salaire à âge donné, d'une génération à l'autre. [...] Avec le même volume de travail, chacun produit plus, donc gagne plus. [...]. Entre la plus ancienne[1] et la plus jeune[2] des cohortes[3], le nombre de bacheliers a plus que doublé, et même presque triplé pour les femmes. [...] De tels changements tendanciels dans la composition de la main-d'œuvre ont un impact quasi mécanique sur l'évolution moyenne des salaires. [...]
Depuis la crise de 2008-2009, les débuts de carrière des hommes se dégradent, quel que soit le niveau d'éducation. [...] La massification de l'enseignement supérieur a certainement joué ici un rôle. Le pourcentage d'hommes diplômés du supérieur ayant doublé en vingt ans, l'appareil productif[4] a eu du mal à absorber cette rapide montée du niveau de qualification de la population active, avec pour conséquence un certain déclassement[5] du diplôme à l'entrée sur le marché du travail. [...] »

■ Léa Flamand, Christel Gilles, Alain Trannoy, « Les salaires augmentent-ils vraiment avec l'âge ? », *France stratégie*, novembre 2018.

1. Personnes nées entre 1935 et 1939. 2. Personnes nées entre 1970 et 1974. 3. Ensemble des individus d'une même génération. 4. Ensemble des entreprises réparties dans les différents secteurs d'activité. 5. Ceux qui entrent sur le marché du travail accèdent à des emplois moins qualifiés que ceux qu'ils espéraient, compte tenu de leurs diplômes.

1. *Pourquoi la productivité augmente-t-elle avec l'âge et avec le niveau de formation ?*
2. *Pourquoi les gains de productivité permettent-ils d'augmenter les salaires ?*
3. *Pourquoi les salaires augmentent-ils moins vite pour les générations les plus jeunes ?*

Doc 4 Dévalorisation des diplômes et des salaires

1. *Comment la valeur des diplômes de l'enseignement supérieur a-t-elle évolué ?*
2. *Comment peut-on expliquer la dévalorisation des diplômes ?*
3. *Comment expliquer les difficultés d'insertion dans l'emploi pour les jeunes issus des zones urbaines sensibles ?*
4. *Pourquoi les non diplômés ont-ils de grandes difficultés à s'insérer dans l'emploi ?*

DÉFINITION

Productivité

$$\text{Productivité} = \frac{\text{Volume de la production}}{\text{Quantité de travail}}$$

Indicateur d'efficacité de la production. Plus le travailleur est qualifié, plus il est efficace dans son travail. Il est alors en mesure de réclamer une rémunération plus importante car il crée davantage de richesses.

Exercice

Exo interactif — Manuel numérique

Complétez le schéma avec les notions « productivité » et « expérience » en indiquant quels documents de la double page montrent chacune des relations.

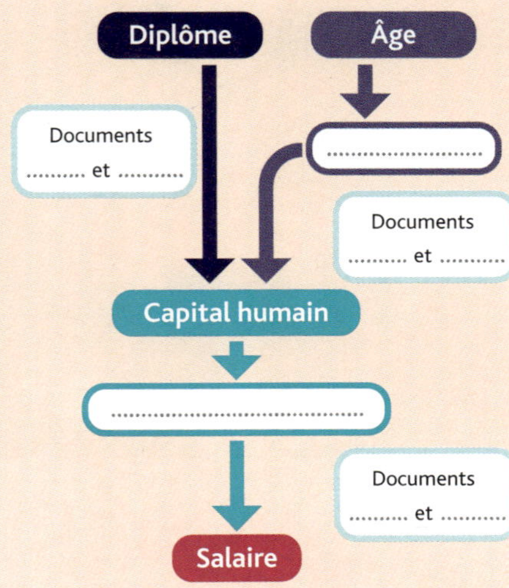

Le saviez-vous ? Les salaires dépendent aussi de la loi, qui fixe le salaire minimum interprofessionnel de croissance (SMIC), du contrat de travail et des conventions collectives qui s'appliquent dans les branches d'activité.

CONCLURE

Sujet : *« La hausse du niveau de formation permet-elle toujours d'augmenter les salaires ? »*

Après avoir analysé la consigne, vous rédigerez deux paragraphes argumentés permettant de répondre au sujet.

Fiche méthode p. 142
Fiche méthode p. 150

4 D'autres facteurs affectent les salaires

OBJECTIF Montrer qu'à niveau de diplôme égal, le salaire peut varier selon différents facteurs

Doc 1 Le salaire varie en fonction du genre

« Mesdames, arrêtez tout ! À partir du samedi 3 novembre, vous travaillerez pour des prunes. Puisque les femmes gagnent 16,2 % de moins que les hommes dans l'Union européenne, d'après Eurostat, c'est en effet après cette date qu'elles cessent symboliquement d'être rémunérées pour leur travail par rapport à leurs collègues masculins. Dans l'espoir de faire bouger les choses, Bruxelles a donc choisi de consacrer cette journée à l'égalité salariale. [...] La France, elle, est à 15,2 %, soit un peu moins que la moyenne européenne. Voilà pourquoi la lettre d'information féministe *Les Glorieuses* a fixé au 6 novembre, à 15 h 35 précises, le jour après lequel les Françaises travailleront pour rien. Elle a également lancé le mouvement #6novembre15h35 pour sensibiliser l'opinion à ce sujet. »

■ Marie Charrel, « Après le 3 novembre, les Européennes travailleront... pour rien », Le Monde.fr, 2 novembre 2018.

Pour aller plus loin
Article
Les 3 chiffres sur l'inégalité salariale femmes-hommes
hatier-clic.fr/19ses2088

1. *Quel est l'écart de salaire entre les femmes et les hommes dans l'Union européenne ? en France ?*
2. *Pourquoi l'association Les Glorieuses a-t-elle lancé le mouvement « #6novembre15h35 » ?*

DÉFINITION

Plafond de verre
L'expression désigne l'ensemble des obstacles que rencontrent les femmes, les personnes immigrées, les personnes handicapées, les minorités en général, pour accéder à des postes élevés dans la vie professionnelle. Un « plafond invisible » les empêche de monter dans la hiérarchie. Ce plafond résulte des discriminations et des stéréotypes sur les qualités supposées des différentes catégories.

Doc 2 Le salaire varie en fonction de l'origine

« Les descendants d'immigrés maghrébins semblent confrontés à un "plafond de verre" qui rend plus difficile leur accès aux plus hauts salaires, au-delà de 3 000 euros nets mensuels à temps complet. À caractéristiques égales[1], leurs chances d'accéder à ces niveaux de salaire par rapport aux personnes sans ascendance migratoire sont inférieures de 15 % environ parmi les femmes et 25 % parmi les hommes. Chez les hommes, ce moindre accès aux rémunérations les plus élevées est plus marqué pour les salariés les plus anciens sur le marché du travail. Pour les niveaux de salaire inférieurs, les différences de caractéristiques expliquent la quasi-totalité des écarts de salaire observés entre descendants d'immigrés maghrébins et personnes sans ascendance migratoire. [...]
Cette présence du "plafond de verre" pour les hommes descendants d'immigrés liée à l'ancienneté sur le marché du travail pourrait correspondre à un effet de génération, mais également à une accumulation des difficultés rencontrées par les descendants d'immigrés au fil de leur carrière. L'importance du parcours professionnel est sans doute renforcée par le fait qu'il ne permet pas à tous d'accumuler la même expérience. [...] L'accès à l'emploi, et à un poste à temps complet, est plus difficile pour les descendants d'immigrés maghrébins, à niveau d'éducation, d'ancienneté sur le marché du travail, etc., donnés. »

■ Béatrice Boutchenik et Jérôme Lê, « Les descendants d'immigrés maghrébins : des difficultés d'accès à l'emploi et aux salaires les plus élevés », *Emplois, chômage, revenus du travail*, Insee, 2017.

1. Même âge, même sexe, même diplôme, même ancienneté sur le marché du travail.

1. *Les descendants et descendantes d'immigrés magrébins ont-ils les mêmes chances d'avoir une rémunération supérieure à 3 000 € que les personnes sans ascendance magrébine ? Comment peut-on l'expliquer ?*
2. *En quoi peut-on parler de « plafond de verre » pour caractériser la situation des immigrés maghrébins en termes de salaire ?*

Doc 3 L'impact des discriminations sur les inégalités salariales entre les femmes et les hommes

« Les statistiques comparant les situations professionnelles des femmes à celles des hommes indiquent toutes d'importantes inégalités de revenus alors que les femmes sont souvent plus diplômées que les hommes. Trois mécanismes se conjuguent ici. D'abord les contrats de travail précaires et à temps partiel (subis ou choisis) pénalisent les femmes. Ensuite, les femmes se heurtent au "plafond de verre" qui les éloigne des postes à responsabilité. Enfin, il se maintient une forte séparation des domaines d'activité tenus pour "féminins" et "masculins", puisque 20 % seulement des métiers emploient entre 40 et 60 % de femmes et d'hommes et peuvent donc être tenus pour mixtes. En fin de compte, l'écart de salaire global pour les sexes est de 26 %. [...] Il se maintient à 12,5 %[1] pour les métiers équivalents, ce qui peut être tenu pour un indicateur de discrimination "toutes choses égales par ailleurs". [...] Comme les membres des "minorités", les femmes ont toujours l'impression de devoir en faire plus que les hommes pour que leurs compétences et leur valeur finissent par s'imposer. »

■ François Dubet, *Ce qui nous unit. Discrimination, égalité et reconnaissance*, coédition Seuil-La République des idées, 2016.

1. Ces données sont issues de : « Ségrégation professionnelle et écarts de salaires femmes-hommes », *DARES Analyse*, novembre 2015.

1. *Selon vous, pourquoi les « contrats de travail précaires et à temps partiel » contribuent-ils aux inégalités salariales femmes-hommes ?*
2. *En quoi le « plafond de verre » auquel se heurtent les femmes favorise-t-il les inégalités salariales femmes-hommes ?*
3. *Expliquez la phrase soulignée.*

Le saviez-vous ? Lorsqu'un phénomène social a plusieurs causes, la technique « toutes choses égales par ailleurs » permet d'analyser l'effet de chaque cause, indépendamment des autres.

Doc 4 Le salaire varie selon la taille de l'entreprise

A. Salaire selon la taille de l'entreprise

Salaire mensuel moyen brut pour un temps complet (en euros)

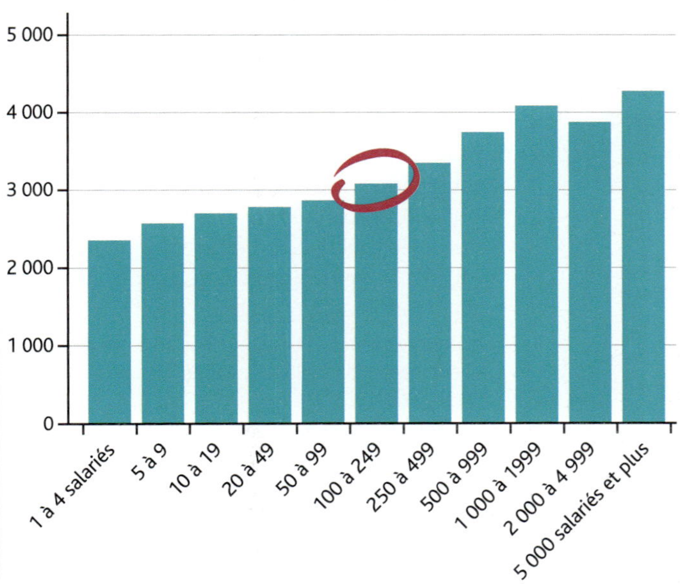

Notes : salariés à temps complet du secteur privé ou d'une entreprise publique. Hors apprentis, stagiaires, salariés agricoles et des particuliers employeurs.
Source : Insee - Données 2012 © Observatoire des inégalités
« Les salaires vont du simple au double selon la taille de l'entreprise », Observatoire des inégalités, 27 janvier 2016.

B. Les raisons de l'écart

« Travailler dans une grande ou dans une petite entreprise ? En termes de salaires, mieux vaut choisir la première option. Une étude réalisée par le ministère du Travail met en lumière l'écart grandissant, de près de 600 euros, entre la rémunération des salariés des très petites entreprises et des plus grandes. [...] Ce fossé s'explique notamment par le fait que les petites entreprises œuvrent dans des secteurs moins rémunérateurs et qu'elles recrutent plus souvent des jeunes au Smic ou à des postes d'ouvriers et d'employés. »

■ « L'écart de salaires entre grandes entreprises et TPE atteint 600 euros », publié sur lexpress.fr le 8 avril 2014, © lexpress.fr 05/04/2014.

1. *Faites une phrase exprimant la signification de la donnée entourée*
2. *Calculez l'écart en pourcentage entre le salaire moyen des entreprises de 1 à 4 salariés et celui des entreprises de 5 000 salariés et plus. Faites une phrase exprimant la signification de la donnée calculée.*
3. *Comment évolue le salaire mensuel moyen brut en fonction de la taille des entreprises ?*
4. *Comment peut-on expliquer les écarts constatés ?*

Fiche outil p. 162

Le saviez-vous ? Un décret du 8 janvier 2019 oblige les entreprises de plus de 50 salariés à se doter d'un indice permettant de mesurer les différences de salaires à poste égal et à compétence égale.

CONCLURE

Pour aller plus loin
Vidéo Lutter contre les discriminations
hatier-clic.fr/19ses2089

Construisez un schéma de synthèse montrant que le salaire dépend de plusieurs facteurs.

5 L'inégalité des chances à l'école

OBJECTIF Montrer que les chances d'accès aux formations diplômantes sont socialement différenciées

Doc 1 L'origine sociale des élèves et étudiants

Part des enfants d'ouvriers et de cadres[1] dans différentes filières du système éducatifen 2016-2017, en %

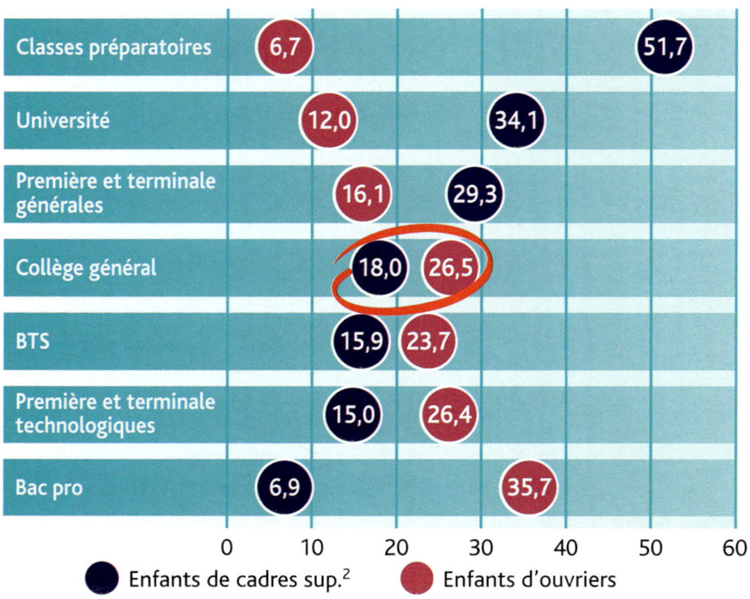

Notes : **1.** Voir les catégories socioprofessionnelles dans l'Atelier p. 134. **2.** Cadres et professions intellectuelles supérieures. **Lecture** : en 2016-2017, 6,9 % des élèves de bac pro sont des enfants de cadres et professions intellectuelles supérieures.
Source : *Alternatives économiques*, hors-série n° 112, octobre 2017.

1. *Faites une phrase exprimant la signification des données entourées.*
2. *Sur le graphique, quelles sont les filières permettant d'accéder aux emplois les plus qualifiés ?*
3. *Dans quelles filières les enfants d'ouvriers sont-ils majoritaires par rapport aux enfants de cadres ? Dans quelles filières les enfants de cadres sont-ils majoritaires par rapport aux enfants d'ouvriers ?*
4. *D'après vous, qu'est-ce qui peut expliquer cette répartition des enfants en fonction de leur milieu social d'origine selon les filières ?*

Fiche outil p. 162

Doc 2 Le poids de l'origine sociale dans la réussite scolaire

« Être un enfant de cadre ou d'ouvrier fait-il une différence dans le système éducatif français ? Selon [l'étude] Elfe[1] réalisée [...] sur 18 000 enfants nés en 2011, [...] parmi les 100 mots qui leur avaient été proposés, les enfants de deux ans n'en connaissaient en moyenne que 74. Cependant, ceux dont la mère avait un diplôme inférieur au brevet des collèges en connaissaient quatre de moins. [...] [Par ailleurs] les enfants les plus aisés sont scolarisés dans des établissements prestigieux offrant la meilleure éducation possible tandis que ceux qui résident dans des quartiers moins fortunés se trouvent affiliés à des établissements plus précaires. [...] Ils font face à des pratiques d'évaluation et d'orientation moins sélectives. De plus, les enfants d'ouvriers ont tendance à être orientés vers des métiers semblables à ceux de leurs parents [...]. Un enfant originaire d'un quartier pauvre peut devenir cadre mais il devra fournir un effort plus important qu'un enfant issu d'un milieu aisé [...]. L'environnement familial, éducatif et scolaire exerce des conditionnements qui déterminent la personne que l'on devient. »

Julie Mayence, « Les inégalités sociales seraient à l'origine des difficultés scolaires », *La Provence*, 17 janvier 2019.

1. Étude longitudinale française depuis l'enfance. Il s'agit d'une étude débutée en 2011 et suivant les enfants de la naissance jusqu'à vingt ans afin de mieux comprendre comment l'environnement, l'entourage familial et les conditions de vie influencent leur développement, leur santé, leur socialisation et leur parcours scolaire.

1. *En quoi peut-on dire que la réussite scolaire dépend en partie de l'origine sociale ?*
2. *Expliquez la phrase soulignée.*
3. *Selon vous, comment les pouvoirs publics peuvent-ils lutter contre les inégalités scolaires liées aux origines sociales ?*

Exercice

Les inégalités scolaires

Document
Sur le chemin de l'égalité
hatier-clic.fr/19ses2090

En vous appuyant sur le rapport correspondant au lien, relevez trois formes d'inégalités scolaires entre les filles et les garçons.
Vous devrez illustrer chaque inégalité relevée à l'aide de données judicieusement choisies dans le document.

Doc 3 Inégalités et orientation

A. Les inégalités de genre à l'école…

« L'inégalité fille-garçon persiste encore aujourd'hui à l'école et "la faute est en partie liée à la formation des enseignants", assure Margaux Collet, co-rapporteur du rapport publié par le Haut-Conseil à l'Égalité entre les femmes et les hommes […]. Une majorité des professeurs se disent neutres, mais ceux-ci reproduisent sans le savoir différents stéréotypes. D'après cette étude, "les garçons sont plus interrogés que les filles, en moyenne à 56 %". Ceux-ci monopolisent aussi la cour de récréation en occupant l'ensemble de l'espace. De même, "ces inégalités sont présentes dès le CP dans les manuels scolaires. 70 % des personnes représentées à faire le ménage ou la cuisine sont des femmes", précise Margaux Collet, "alors que 97 % des scientifiques sont des hommes. Les noms des personnages dans les problèmes mathématiques sont aussi à majorité des prénoms masculins", ajoute-t-elle. Les conséquences sont que cela impacterait l'ambition et l'imaginaire des petites filles. »

■ « École : les inégalités filles-garçons sont "liées à la formation des enseignants" », www.francetvinfo.fr, 22 février 2017.

1. *En quoi l'école véhicule-t-elle parfois des stéréotypes de genre ? (Doc. 3A)*
2. *Quelles autres instances de socialisation peuvent également véhiculer des stéréotypes genrés ?*
3. *Faites une phrase exprimant la signification des données entourées (Doc. 3B).*
4. *Montrez que les choix d'orientation dans le supérieur dépendent du genre. Comment l'expliquer ? (Doc. 3B)*

B. …et leur traduction en termes de choix d'orientation

Part des femmes dans l'enseignement supérieur selon la formation ou le type d'institution en 2016 (en %)

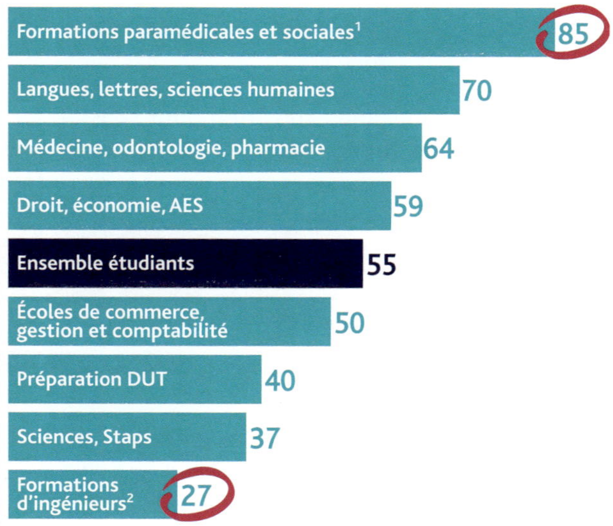

Notes : **1.** Données 2015-2016. **2.** Ensemble des formations d'ingénieurs (universitaires ou non), y compris formations en partenariat.
Champ : France métropolitaine + DOM. **Lecture** : en 2016, les femmes représentent 70 % des inscrits à l'université en langues, lettres et sciences humaines.
Source : MESRI-SIES.

Doc 4 Le diplôme et l'origine

Exo interactif
Manuel numérique

Niveau de diplôme selon l'origine et la génération

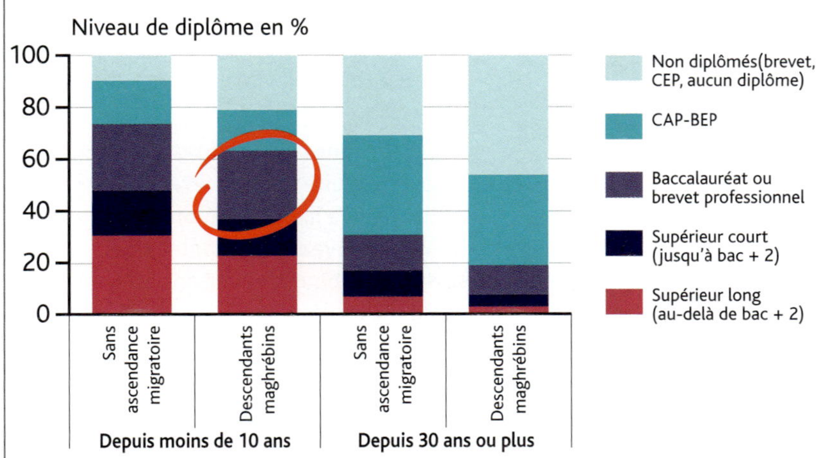

Champ : France métropolitaine, personnes de 18 ans à 59 ans ayant terminé leurs études initiales, descendantes d'immigrés originaires du Maghreb ou sans ascendance migratoire. **Lecture** : 23 % des descendants d'immigrés maghrébins ayant terminé leurs études initiales depuis moins de dix ans, sont diplômés du supérieur long.
Source : Béatrice Boutchenik, Jérôme Lê, « Les descendants d'immigrés maghrébins : des difficultés d'accès à l'emploi et aux salaires les plus élevés », *Emplois, chômage,revenus du travail*, Insee, 2017.

1. *Faites une phrase exprimant la signification de la donnée entourée.*
2. *Montrez que le niveau de diplôme dépend de la génération et de l'ascendance migratoire.*
3. *Comment pouvez-vous l'expliquer ?*

Fiche outil p. 162

SYNTHÈSE

Quelles illustrations peuvent correspondre à ces différentes affirmations ? *Vous vous appuierez sur les documents de la double page pour trouver les illustrations adaptées.*

a. L'origine sociale a une influence sur la réussite scolaire.
b. Selon leur sexe, les individus ne s'orientent pas vers les mêmes études.
c. Le niveau de diplôme varie en fonction de l'origine.
d. Les stéréotypes de genre ont un impact sur la construction de l'identité des enfants.

PROJET

Préparer une exposition

OBJECTIFS
- Comprendre comment se manifestent les inégalités à l'école
- Préparer une exposition

Vous devez préparer une exposition pour sensibiliser vos camarades des autres classes aux inégalités scolaires. Pour ce faire, vous analyserez les différents types d'inégalités scolaires, puis vous rechercherez des données statistiques et des informations pour en comprendre les causes.

Partie 1 Analyser les inégalités à l'école

30 min.

Document Les trois formes d'inégalités à l'école

« La dénonciation des inégalités et des injustices scolaires est si banale qu'elle nous dispense de savoir véritablement de quoi on parle. [...] Il est possible de distinguer trois grandes dimensions des inégalités scolaires correspondant aux différentes fonctions accomplies par tous les systèmes scolaires. [...]

a. L'égalité d'accès

Ce n'est qu'au XIXe siècle que s'est installée la norme de l'école ouverte à tous. Dès lors, un critère de justice s'est imposé : l'égalité d'accès à la formation élémentaire. [...] Avec le temps, le seuil scolaire[1] s'est déplacé vers l'enseignement secondaire et l'enseignement supérieur, et l'on peut penser qu'un système scolaire qui ouvre largement les portes de ses lycées et de ses universités est plus juste qu'un système qui sélectionne précocement parce qu'il distribue plus largement les biens scolaires[2]. [...]

b. L'égalité des chances

Ce modèle domine aujourd'hui dans les sociétés qui considèrent que tous les individus sont fondamentalement égaux et qu'ils doivent occuper des positions sociales inégales en fonction de leur mérite. Dans ce cas, grâce à l'égalité des chances, les élèves se hiérarchisent selon leur seul mérite. [...] Cette conception de la justice scolaire est si profondément installée qu'elle est aujourd'hui la clé de voûte des critiques des systèmes scolaires dans la plupart des sociétés modernes. [...]

c. L'égalité des résultats

Le système scolaire le plus juste est celui qui resserre les inégalités entre les meilleurs et les moins bons des élèves ou bien celui qui fait que les résultats moyens des enfants d'ouvriers et des enfants de cadres sont relativement proches. De ce point de vue, la meilleure école n'est pas celle qui permet à quelques enfants issus de milieux défavorisés d'accéder à l'élite ; elle est celle dans laquelle les enfants de pauvres ont des performances et des utilités scolaires[3] proches de celles des enfants issus des milieux favorisés. »

■ François Dubet, « Penser les inégalités scolaires », dans Marie Duru-Bellat et Agnès Van Zanten, *Sociologie du système éducatif*, Paris, PUF, 2017.

1. Niveau scolaire accessible à tous.
2. Connaissances et diplômes.
3. Satisfaction, avantages qu'apporte l'école.

1. Qu'est-ce qui distingue les trois formes d'inégalités scolaires ?
2. Voici trois situations : classez-les selon les trois types d'inégalités scolaires.
   - *En 2017, il y a 17,8 % de filles et 82,2 % de garçons dans les filières technologiques de production.*
   - *26,5 % des collégiens sont fils d'ouvriers, mais seulement 12 % des étudiants à l'université le sont en 2016-2017.*
   - *Dans les écoles primaires où les enfants viennent majoritairement des milieux défavorisés, les enfants ont de moins bons résultats en lecture et en calcul que dans les autres écoles.*
3. Quelles mesures pourriez-vous proposer pour réduire les trois exemples d'inégalités vus à la question précédente ? Vous pouvez consulter les sites suivants pour trouver des exemples de mesures.

Documents
La lutte contre les inégalités scolaires
hatier-clic.fr/19ses2091
hatier-clic.fr/19ses2092
hatier-clic.fr/19ses2093

consacrée aux inégalités scolaires

Partie 2 Préparer une exposition

2 h

Vous devez maintenant organiser les informations recueillies et les compléter d'autres analyses et données statistiques afin de mettre en place votre exposition. Celle-ci a pour objectif de documenter les différentes formes d'inégalités scolaires.

Selon l'effectif de la classe, constituez plusieurs groupes. Chaque groupe se concentrera sur un type d'inégalité.

1. Choisissez collectivement le lieu de l'exposition (votre salle de classe de SES, le hall du lycée, le CDI...).
2. Déterminez les supports appropriés à votre exposition (panneaux ou feuilles à afficher). Prévoyez une à deux affiches par type d'inégalité.
3. Recherchez dans des journaux, des revues, ou sur Internet :
   - des données statistiques et des graphiques montrant les différentes formes d'inégalités à l'école ;
   - des images permettant d'illustrer votre propos ;
   - des informations permettant de comprendre les causes des inégalités scolaires.

   Vous vous répartirez le travail : certains chercheront les données tandis que d'autres se concentreront sur les analyses.
4. Construisez les panneaux en distinguant :
   - la mise en évidence des inégalités à partir des données statistiques, graphiques, témoignages ;
   - une analyse de leurs causes (en utilisant des textes courts) ;
   - un moyen pour les combattre.

Vous pouvez consulter

Document
L'État de l'école 2018
hatier-clic.fr/19ses2094

Document
Inégalités sociales et migratoires
hatier-clic.fr/19ses2096

Sans lire tout le contenu, choisissez dans la table des matières les sujets que vous souhaitez approfondir.

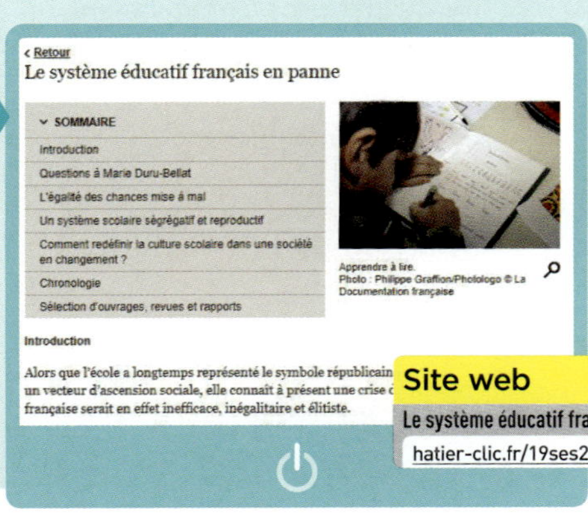

Site web
Le système éducatif français en panne
hatier-clic.fr/19ses2095

Observatoire des inégalités
www.inegalites.fr, thème « Éducation »

ATELIER SAVOIR-FAIRE

Le code des PCS

OBJECTIFS
- Expliquer comment la nomenclature des PCS est élaborée et utilisée
- Analyser un phénomène économique

Doc 1 Pourquoi un code des PCS ?

« Comme le précise l'Insee, "la définition [des catégories socioprofessionnelles] a pour objet de classer l'ensemble de la population en un nombre restreint de catégories présentant chacune une certaine homogénéité sociale. La prise en compte de plusieurs critères (profession, statut[1], qualification, importance de l'entreprise pour les non salariés, etc.) permet de rassembler des actifs ayant un profil professionnel et social similaire." [...] Cette "homogénéité sociale" est expressément rapportée à la notion de groupe social : "les personnes appartenant à une même catégorie sont présumées être susceptibles d'entretenir des relations personnelles entre elles, avoir souvent des comportements et des opinions analogues, se considérer elles-mêmes comme appartenant à une même catégorie et être considérées par les autres comme appartenant à une même catégorie." »

■ Serge Bosc, *Stratification et transformation sociale*, © Armand Colin, 2013, Paris.

1. Le statut permet de distinguer, d'une part les travailleurs indépendants des salariés et, d'autre part, les salariés du secteur public et du secteur privé.

Doc 2 Taux de chômage selon la catégorie socioprofessionnelle en 2017

PCS	Taux de chômage (en %)
1. Agriculteurs exploitants	0,9
2. Artisans, commerçants, chefs d'entreprise	4,7
3. Cadres, professions intellectuelles supérieures[1]	3,3
4. Professions intermédiaires[2]	4,7
5. Employés[3]	10,2
6. Ouvriers (y compris agricoles)	13,5
7. Inactifs ayant déjà travaillé	–
8. Autres sans activité professionnelle	–
Dont - chômeurs n'ayant jamais travaillé	100
- élèves ou étudiants	–
Total	**9,4**

Champ : France métropolitaine, population des ménages de 15 ans ou plus.

■ Source : Insee, enquête Emploi, 2018.

1. Exemples : professions libérales, cadres, professeurs, professions scientifiques, professions de l'information, des arts et des spectacles, ingénieurs.
2. Exemples : professeurs des écoles, infirmiers, kinésithérapeutes, assistants sociaux, techniciens contremaîtres, agents de maîtrise.
3. Exemples : employés administratifs, employés de commerce, policiers, militaires, personnel des services directs aux particuliers.

COLLECTER L'INFORMATION

1. *À quoi sert la nomenclature des PCS ? (doc. 1)*
2. *À partir de quels critères est-elle construite ? (doc. 1)*
3. *Faites une phrase avec la donnée entourée. (doc. 2)*

ANALYSER L'INFORMATION

4. *Expliquez la phrase soulignée. (doc. 1)*
5. *Qu'est-ce qui différencie les groupes 1 et 2 des autres groupes d'actifs ? (doc. 2)*
6. *Quelle est la différence entre le groupe 1 et le groupe 2 ? (doc. 2)*
7. *Selon quel critère peut-on hiérarchiser les groupes 3, 4, 5 et 6 ? (doc. 1 et 2)*
8. *Qu'est-ce qui distingue les groupes 5 et 6 ? (doc. 2)*

CLASSER DES PROFESSIONS

9. *Dans quelle PCS classeriez-vous les professions suivantes :*
   - Esthéticienne salariée
   - Technicien informatique
   - Ouvrier dans la métallurgie
   - Professeure d'université
   - Horticultrice
   - Artisan menuisier

ANALYSER UN PHÉNOMÈNE ÉCONOMIQUE

10. *Comment varie le taux de chômage en fonction de la PCS ?*

ATELIER
ORIENTATION

SES et orientation

Si, avec une spécialité « Sciences économiques et sociales », on peut bien sûr suivre des études en économie, en sociologie ou en sciences politiques, des choix bien plus variés sont aussi possibles. Soit via l'association à une autre spécialité, soit en se mettant à niveau pour une spécialité non suivie.

Formation

Les écoles d'infirmier·e·s

- Association des spécialités SES et SVT (Sciences de la vie et de la Terre)
- Diplôme d'État (bac +3), grade de licence depuis 2009
- Formation en Institut de formation en soins infirmiers (IFSI)
- Admission en IFSI à partir de Parcoursup (rentrée 2019, fin du concours)
- Formation théorique pour moitié (dont sciences humaines, sciences sociales et droit), l'autre moitié en stage pour l'enseignement clinique

Vidéo Onisep
Infirmier - Témoignage
hatier-clic.fr/19ses2097

Les écoles d'art

- Bac +3, diplôme national des métiers d'art et du design (MAD de niveau licence)
- À la rentrée 2019, intégration de la MANAA (Mise à niveau en arts appliqués) et des BTS dans le cursus de 3 ans
- Accès à partir de Parcoursup (tous bacheliers, mais un dossier de travaux artistiques à présenter est conseillé)
- Acquisition de connaissances et de compétences professionnelles dans les différents champs des métiers d'art et du design

Dossier Onisep
Les écoles d'art
hatier-clic.fr/19ses2098

Où vont les bachelier·e·s ?

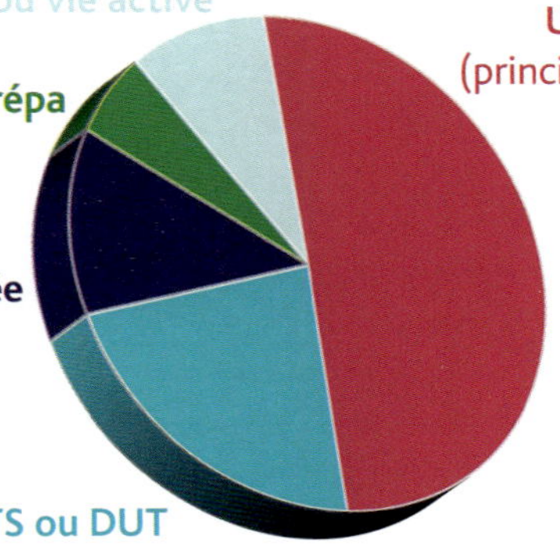

Source : RERS 2018, « Taux d'inscription dans l'enseignement supérieur en 2017 ».

Pour info
« Bac 2021 : comment choisir ses spécialités selon ses études et son projet professionnel ? » studyrama.com, 29 janvier 2019.

RECHERCHER

1. *Quelles sont les autres formations paramédicales possibles ?*
2. *Peut-on poursuivre des études après l'obtention d'un diplôme d'État d'infirmier·e ?*
3. *Faut-il obligatoirement faire la spécialité « Arts » pour s'inscrire en école d'art ?*
4. *Dans quels autres domaines de formation y a-t-il des mises à niveau (ou année préparatoire) ?*

ACTIVITÉ

Vous êtes journaliste et votre directeur de rédaction vous commande un article sur le thème : *« Pourquoi choisir la spécialité SES ? »*
Les contraintes : un écrit, réalisé en groupe, de 1 500 à 2 000 signes, contenant au moins une iconographie, avec citation des sources.

1 Préparation de l'article
Recherchez les informations nécessaires (site Onisep, pages « Orientation » du manuel, autres recherches) et choisissez l'iconographie (photo, schéma...) qui accompagnera l'article.

2 Rédaction de l'article
Rédigez le corps de l'article avec un titre, un chapô (texte court en début), une légende pour l'iconographie et des intertitres.

3 Finalisation de l'article
Mettez en forme votre travail en vous servant d'un traitement de texte. Vérifiez la production finale (respect des contraintes et orthographe).

MAÎTRISER LES SAVOIR-FAIRE

1 Lire un tableau à double entrée

Fiche outil p. 155

Caractérisation de l'emploi trois ans après la fin des études initiales selon le diplôme, pour la génération[1] 2013			
	Part des jeunes en CDI[2] ou fonctionnaires (en %)	**Part des jeunes en emploi de cadres ou professions intermédiaires** (en %)	**Salaire médian[3]** (en euros)
Non diplômés	29	17	1 200
CAP-BEP	45	13	1 300
Baccalauréat professionnel	53	25	1 330
Baccalauréat technologique	42	32	1 280
Baccalauréat général	39	40	1 280
Diplôme supérieur	66	78	1 710
Ensemble	**55**	**51**	**1 460**

Champ : primo-sortants du système éducatif, en emploi à la date d'enquête, France entière.

Source : Céreq, enquêtes Génération.

« L'État de l'école », ministère de l'Éducation nationale, 2017.

1. Ici, une génération désigne les personnes qui ont achevé leurs études à la date indiquée.
2. Contrat à durée indéterminée.
3. Salaire net médian des jeunes qui sont salariés à la date de l'enquête.

1. *Présentez le document.*
2. *Faites une phrase exprimant la signification de chaque donnée entourée.*
3. *Quelles sont les informations essentielles apportées par le document ?*

2 Utiliser un texte

Fiche méthode p. 144

Les discriminations au travail

« La France figure parmi les pays où la discrimination est ressentie avec le plus d'acuité. [...] Les perceptions témoignent de "l'existence d'un problème profond et bien visible dans notre société, porteur de lourdes conséquences, non seulement économiques mais aussi humaines et sociales.", affirment Stéphane Carcillo et Marie-Anne Valfort dans *Les Discriminations au travail*[1]. [...] "La discrimination est rarement explicite et peut s'insinuer à toutes les étapes de la vie professionnelle, de la candidature à l'embauche à la perte d'un emploi, en passant par les chances de promotion. Elle peut même imposer sa marque bien en amont du marché du travail, durant les années d'éducation, et influencer l'acquisition de compétences-clefs comme les choix de carrière", détaillent [les auteurs]. [...]

La liste des groupes discriminés est longue. Dans les pays de l'OCDE, les femmes ont un accès plus difficile à l'emploi autour de l'âge de la maternité, et elles gagnent en moyenne 15 % de moins que les hommes à temps plein sans qu'on puisse expliquer l'essentiel de cet écart. [...] La situation est pire encore pour les LGBT[2] qui peuvent avoir jusqu'à deux fois moins de chance que les hétérosexuels et les cisgenres [ceux dont le genre est ressenti comme adéquat à leur sexe de naissance], à compétences et expérience équivalentes, de décrocher un entretien s'ils révèlent leur identité au moment de la candidature. L'apparence physique influence également les chances d'être recruté. »

Margherita Nasi, « La discrimination peut être combattue », *Le Monde*, 31 octobre 2018.

1. Stéphane Carcillo et Marie-Anne Valfort, *Les discriminations au travail. Femmes, ethnicité, religion, âge, apparence, LGBT*, Les presses Sciences Po, 2018.
2. Personnes lesbiennes, gays, bisexuelles et transgenres.

1. *Quelles sont les formes de discrimination au travail citées dans ce texte ?*
2. *Pourquoi la discrimination est-elle « rarement explicite » ?*
3. *Expliquez pourquoi les discriminations au travail peuvent trouver leur origine dans les discriminations scolaires.*
4. *Selon vous, quelles sont les conséquences des discriminations au travail sur les individus qui en sont victimes ?*

S'AUTOÉVALUER

Exos interactifs
hatier-clic.fr/19ses2099

Corrigés → p. 175

1 Savoir définir

Reliez chaque terme à sa définition.

Qualification des emplois **1.**
Qualification des personnes **2.**
Productivité **3.**

A. Connaissances, compétences, savoir-faire qu'exige un emploi
B. Mesure de l'efficacité d'une organisation productive
C. Connaissances, compétences, savoir-faire d'une personne

2 Comprendre un mécanisme

Complétez le schéma avec les termes suivants.

a. *salaires* • b. *qualification* • c. *croissance* • d. *productivité*

Augmentation de la .....1..... → Augmentation de la .....2..... ↗ .....3..... économique ↘ .....4..... plus élevés

3 Que signifie la notion de capital humain ?

Parmi les réponses ci-dessous, plusieurs permettent de comprendre la notion de capital humain. Quelles sont-elles ?

1. L'homme est un capital que l'on peut acheter.
2. Les connaissances acquises par la formation et l'expérience sont un investissement qui génère un revenu.
3. Prendre soin de sa santé améliore son capital humain.
4. Le capital humain désigne le niveau de formation initiale et professionnelle, l'expérience, les compétences, l'état de santé.

4 Maîtriser la notion de capabilité

Complétez le texte avec les termes suivants.

a. *santé* • b. *liberté* • c. *capital humain* • d. *choix* • e. *qualification*

Les capabilités augmentent quand le .....1..... augmente, car un niveau de .....2..... plus élevé, tout autant qu'une bonne .....3..... permettent de faire plus de .....4..... dans sa vie. Une augmentation des capabilités signifie une augmentation de la .....5..... individuelle.

5 Du diplôme à l'emploi et au salaire

Répondez par vrai ou faux aux affirmations suivantes.

1. Les jeunes sans diplôme ont le taux de chômage le plus élevé.	V ❑	F ❑
2. Le salaire est la rémunération du travail.	V ❑	F ❑
3. Le salaire augmente avec le niveau de diplôme.	V ❑	F ❑
4. Le genre n'a pas d'influence sur le salaire.	V ❑	F ❑
5. La qualification des emplois augmente en France.	V ❑	F ❑

POUR RÉSUMER

Quelles relations entre le diplôme, l'emploi et le salaire ?

1 L'investissement en capital humain augmente les capabilités

pp. 122-123

• La poursuite d'études permet aux individus d'augmenter leur **capital humain**, à travers l'acquisition de connaissances leur permettant d'accéder à des emplois plus qualifiés et mieux rémunérés. Elle est une source de croissance économique.
• L'éducation permet également aux individus de faire des choix, d'acquérir une liberté de pensée, de choisir leur vie, d'accéder à l'**emploi** : elle augmente les **capabilités**.

Les termes soulignés servent à compléter le schéma de synthèse

2 Le manque de qualification : une cause du chômage

pp. 124-125

• L'insuffisance de la formation est l'une des causes du **chômage** car la **qualification** des emplois augmente. Le taux de chômage des jeunes sans formation est ainsi six fois plus élevé que celui des plus qualifiés en 2017.
• Le diplôme est souvent perçu par les employeurs comme un signal de capacité à travailler. Cependant, être diplômé ne garantit pas d'avoir un emploi correspondant à sa qualification, car le nombre de diplômés augmente plus vite que les emplois qualifiés.

Mémorisation active

Pour ancrer les notions dans ma mémoire, j'utilise plusieurs fois dans l'année les outils de révision suivants :

Mémocartes
hatier-clic.fr/19ses2100

Tableau à imprimer
Manuel numérique

3 Le niveau de formation : un déterminant du salaire

pp. 126-127

• Les emplois les plus qualifiés sont les mieux rémunérés. Le salaire augmente avec le niveau de **diplôme** et avec l'âge, car la formation et l'expérience augmentent la **productivité**, ce qui justifie d'augmenter les **salaires**.
• La situation se dégrade pour les générations les plus jeunes car le nombre de personnes qualifiées augmente plus vite que les emplois qualifiés. Il y a donc une dévalorisation des diplômes qui favorise la compression des salaires.

4 D'autres facteurs affectent le salaire

pp. 128-129

• Les différences de salaires peuvent également s'expliquer par des **discriminations** : à caractéristiques égales (poste de travail, ancienneté, durée du travail...), les salaires des femmes et des immigrés sont plus faibles que ceux des hommes sans ascendance migratoire.
• Les salaires sont par ailleurs plus faibles dans les petites entreprises, qui offrent souvent des emplois moins qualifiés que les plus grandes.

5 L'inégalité des chances à l'école

pp. 130-131

• Les enfants de cadres ont plus de chances d'accéder aux formations prestigieuses que les enfants d'ouvriers. Les inégalités de **genre** entre les filles et les garçons diminuent, mais les filles restent majoritaires dans les filières littéraires, qui offrent moins d'accès à l'emploi.
• L'**inégalité des chances** persiste donc, car la culture scolaire est proche de celle des classes dominantes, qui utilisent de nombreux moyens pour assurer la réussite de leurs enfants (soutien scolaire, filières prestigieuses, stages à l'étranger...). De plus, l'école reproduit les stéréotypes.

MOTS-CLÉS

DICO SES — Reportez-vous au dico illustré en fin d'ouvrage.

✓ **Capabilité**
✓ **Capital humain**
✓ Chômage
✓ Égalité des chances
✓ **Emploi**
✓ Productivité
✓ **Qualification**
✓ **Salaire**

Résumer À L'AIDE D'UN SCHÉMA

Schéma imprimable
Manuel numérique

Schéma interactif
hatier-clic.fr/19ses2101

Reproduisez et complétez le schéma de synthèse en utilisant les termes soulignés de la page 138.

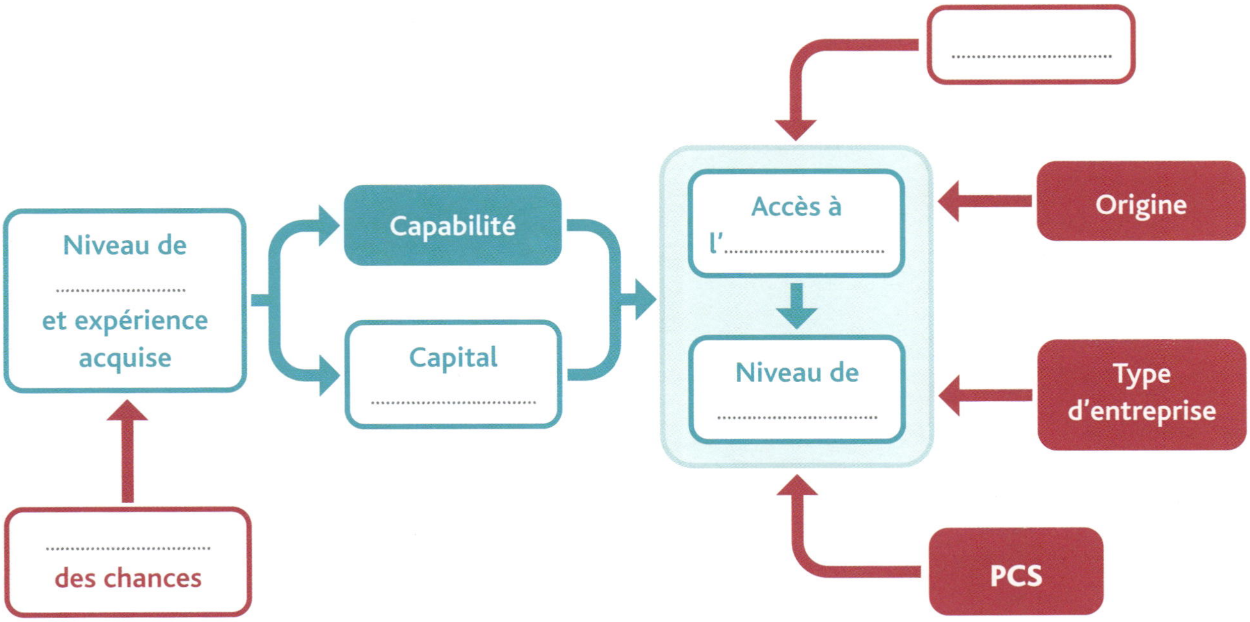

Réviser AVEC UN FILM

Au bout des doigts

Film de Ludovic Bernard, 2018 (1 h 46).

La musique est le secret de Mathieu Malinski, un sujet dont il n'ose pas parler dans sa banlieue, où il traîne avec ses potes. Alors qu'un des petits cambriolages en compagnie de ces derniers le mène aux portes de la prison, Pierre Geitner, directeur du Conservatoire National Supérieur de Musique l'en sort en échange d'heures d'intérêt général. Ayant décelé en Mathieu un futur très grand pianiste, il l'inscrit au concours national de piano. Mathieu entre dans un nouveau monde dont il ignore les codes...

1. *Décrivez le monde de Mathieu et celui des musiciens du conservatoire.*
2. *Quels obstacles Mathieu doit-il surmonter ?*
3. *Montrez que Mathieu s'autocensure.*
4. *Qui aide Mathieu ? Qui le décourage ? Pourquoi ?*
5. *Pourquoi Pierre et la comtesse lui imposent-ils travail et rigueur ?*
6. *En quoi le film illustre-t-il l'inégalité des chances ?*

SOMMAIRE

FICHES MÉTHODE

FICHES OUTILS

1 Lire et comprendre une consigne

Ce que l'on attend de moi :

EXEMPLE 1

Verbe de commande

À l'aide d'un exemple, montrez les effets de la mise en place d'une taxe ou d'une subvention sur l'équilibre d'un marché.

Cadre et contexte — Notions/vocabulaire de SES

▶ argumenter des liens de causalité entre deux phénomènes à partir d'un exemple.

EXEMPLE 2

Illustrez la pluralité des instances de socialisation.

▶ donner des exemples pour illustrer une notion

EXEMPLE 3

Comparez la socialisation primaire et la socialisation secondaire.

▶ présenter les points communs et les différences entre plusieurs notions.

EXEMPLE 4

Distinguez production marchande et production non marchande.

▶ mettre uniquement en évidence ce qui différencie deux notions.

EXEMPLE 5

Comment les modes de scrutin structurent-ils la vie politique ?

▶ expliquer une situation ou un mécanisme en présentant leurs caractéristiques (causes, conséquences, etc.).

EXEMPLE 6

Présentez les limites écologiques de la croissance.

▶ présenter les éléments principaux, significatifs, d'un phénomène.

EXEMPLE 7

Qu'est-ce que l'économie ?

▶ définir une notion, lui donner du sens en présentant ses principales caractéristiques.

EXEMPLE 8

En sciences sociales, un modèle peut-il rendre compte de la réalité ?

▶ discuter, débattre en présentant les arguments en faveur d'une thèse puis en les nuançant.

Étape 1 J'analyse la formulation de la consigne pour comprendre les attentes

- **De quel type de question s'agit-il** ?
  Le verbe de commande permet d'identifier la façon dont la question devra être traitée.
- **Qu'attend-on de moi ?**
  Selon le type de question, il s'agira de mobiliser des connaissances pour les restituer, les discuter ou les illustrer.

Étape 2 Je repère les éléments-clés de la consigne

- **Le verbe de commande** : il donne le sens de la consigne, l'action attendue pour répondre à la question.
- **Les mots de vocabulaire SES** : ils indiquent les connaissances et notions à mobiliser pour répondre à la question.
- **Le cadre et le contexte** : il s'agit d'indications, termes ou d'expression du langage courant, qui permettent d'orienter la question et de contextualiser la ou les notions à mobiliser.

Consigne	Type de question
• Montrez... • Pourquoi peut-on dire... • Comment...	Explication d'une notion, avec ou sans exemples
• Illustrez... • Expliquez...	Illustration d'une notion ou d'un mécanisme par un ou plusieurs exemples
• Comparez... • Distinguez..., Qu'est-ce qui distingue...	Comparaison de deux notions (présentation de différences et/ou de similitudes)
• Quelles sont les caractéristiques... • Présentez... • Qu'est-ce que...	Présentation, complète ou partielle, d'une notion ou d'un mécanisme
• Quelle relation... • Présentez le lien...	Mise en relation de deux notions
• Discutez de... • Peut-on considérer...	Débat, discussion autour d'une notion

2 Lire et analyser un texte

Titre : donne des indications sur ce qui va être lu (type de document, thème abordé, cadre spatio-temporel, etc.).

DOCUMENT SUPPORT

L'appli des ados doit se réinventer

Sept ans après sa création, Snapchat, l'application préférée des moins de 25 ans, suscite **encore** des doutes. Snap, l'entreprise qui la développe, est **pourtant** valorisée à près de 17 milliards de dollars en Bourse [...]. **Mais** Snap [cocréée et dirigée par Evan Spiegel] n'a toujours pas dégagé le moindre bénéfice. **Au contraire,** la perte nette cumulée depuis ses débuts s'élève à plus de 5 milliards de dollars [...] !

Les « teenagers » se ruent sur cette messagerie [périssable] tellement innovante à laquelle leurs parents ne comprennent rien. Les jeunes adultes aussi [...].

[Ce réseau social] est **également** très prisé des annonceurs et des médias traditionnels qui publient leurs « stories » dans un espace dédié sur Snapchat. En payant, évidemment.

Mark Zuckerberg, le patron de Facebook, a très vite compris la menace. Dès 2013, il offre **déjà en effet** de racheter Snapchat pour 3 milliards de dollars [...]. **Mais,** surprise : Evan Spiegel, 23 ans, refuse. Bien vu ! Quatre ans plus tard, Spiegel introduit sa société à la Bourse de New York à un prix (par action) qui la valorise à 24 milliards de dollars, huit fois plus que l'offre de Facebook ! [...]

Mark Zuckerberg décide **alors** de « tuer » Snapchat en copiant ses fonctionnalités les plus populaires pour Instagram et WhatsApp, deux applis mobiles qui, elles, ont accepté de se laisser racheter... La greffe prend si bien que les stories sur Instagram sont aujourd'hui utilisées par 400 millions de personnes. Deux fois plus que le nombre quotidien d'utilisateurs actifs de Snapchat qui tend à plafonner et a **même** baissé au 2e trimestre 2018. L'inventeur de la messagerie périssable touche les limites d'un modèle économique qui repose à 97 % sur les revenus publicitaires.

Ceux-ci augmentent **certes** fortement **mais** moins vite que les pertes. D'où quatre vagues de licenciements en quelques mois. Ses réserves d'argent liquide restent conséquentes [...] **mais** elles s'épuisent vite, mangées **notamment** par des dépenses de recherche et développement [...]. Snapchat a beau rester l'appli favorite des jeunes, ce public est versatile. Pour le garder, elle se doit de rester « fun ». Innover est un impératif.

■ Yves Adaken, « L'appli des ados doit se réinventer », *Pour l'éco*, n° 2, octobre 2018.

Connecteurs logiques

§ 1
Un constat initial (mais paradoxal), qui sera ensuite expliqué : Snap est en difficulté.

§ 2 et 3
Quelle est l'activité de cette entreprise ?

Termes du registre courant

§ 4
Le début de la rivalité entre Snap et Facebook, dont E. Spiegel est sorti provisoirement vainqueur.

§ 5
La riposte de Facebook et les difficultés subséquentes de Snap

Termes du registre savant

§ 6
Les perspectives d'avenir de Snap

Source : donne des indications sur l'origine du document (nom de l'auteur, support dont le document est extrait, date de publication, etc.).

Étape 1 Présenter le texte

Je cherche les informations relatives au texte

- **Quelle est la nature du texte ?** S'agit-il d'un article, d'une enquête, d'une interview... ? La nature du texte permet d'avoir une idée du type d'informations qui pourront en être extraites.

- **Quelle est sa source ?** Identifier la source du document aide à déterminer la manière de traiter les propos tenus (type de source, fiable ou non, connue ou inconnue, grand public ou spécialisée, etc.) :
  - **Livre.** Provient-il d'un chercheur en sciences sociales ? Est-ce un essai ? Un recueil de témoignages ? Un roman ?
  - **Article de presse.** Émane-t-il de la presse grand public ? Provient-il de la presse spécialisée ?
  - **Rapport officiel.** Qui l'a rédigé ? Dans le cadre de quelle lettre de mission ? Avec le concours de quelles personnes ? Quelle suite les pouvoirs publics lui ont-ils donnée ?
  - **Réseaux sociaux.** Qui s'y exprime ? Quelle est la compétence de ces personnes quant au sujet abordé ? Quelles sont leurs motivations ? Comment leurs propos sont-ils modérés ?
- **Quel est le thème abordé ?**
- **Quel est le cadre spatio-temporel ?**

Exemple présenté :
Le texte est extrait d'un article publié en octobre 2018 par la revue Pour l'éco dans son deuxième numéro. Cette revue étant une revue d'initiation à l'économie, cet article est d'un abord simple. Yves Adaken y relate et y explique les difficultés que rencontre actuellement Snap, une entreprise états-unienne dont l'application Snapchat est très utilisée par les lycéen•ne•s. Seule une partie du texte original a été reproduite.

Je m'interroge sur la signification de certains termes

- Ceux du registre courant. ► greffe
- Ceux du registre savant. ► Bourse

Étape 2 Analyser le texte

J'analyse la structure du texte

- **Je repère les différents paragraphes.** Le texte est organisé en paragraphes présentant une certaine unité de contenu. Si le texte est long, ils sont généralement regroupés en parties, voire en sous-parties, avec ou sans titre.
- **Je m'appuie sur les connecteurs logiques.** Ils permettent non seulement de lier les paragraphes les uns aux autres, mais aussi de structurer les contenus respectifs des paragraphes.

Connecteurs	Fonctions
En outre, de plus, de surcroît	Compléter une information antérieure
D'une part, d'autre part, enfin	Structurer une énumération
Grâce à, à cause de, eu égard à	Souligner une cause
Donc, ainsi, par conséquent	Marquer une conséquence ou une conclusion
Par exemple, c'est ainsi que, entre autres	Illustrer un propos
Cependant, toutefois, néanmoins, mais	Indiquer une restriction

3 Présenter et exploiter un document statistique

Tuto
Manuel numérique

Les données quantitatives sont représentées sous des formes variées. Il peut s'agir de représentations graphiques (courbes d'évolution, diagrammes en bâtons…) ou de tableaux statistiques (à simple ou double entrée).

Étape 1 Présenter un document statistique

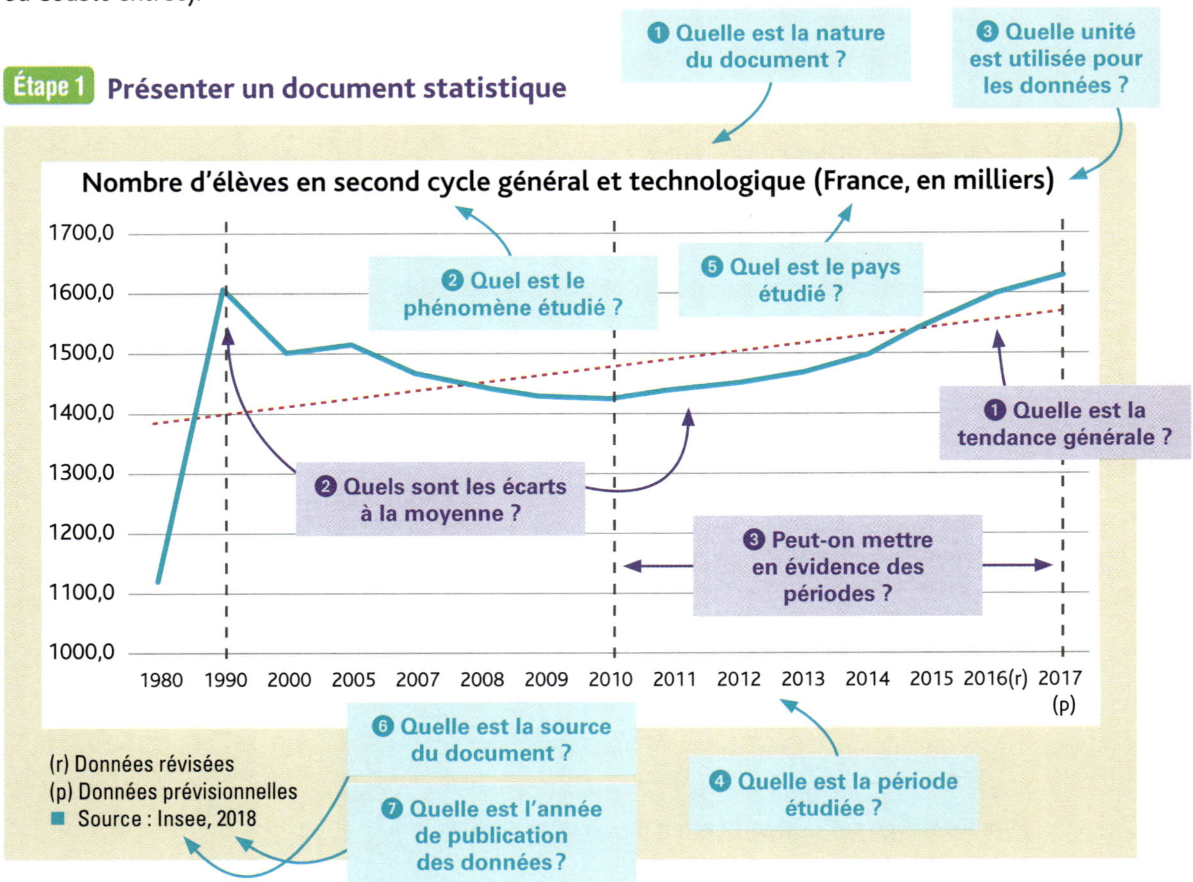

Étape 2 Analyser un document statistique

1	Quelle est la nature du document ?	*Cela peut être un tableau statistique à double entrée ou un graphique d'évolution par exemple.*
2	Quel est le (ou quels sont les) phénomène(s) étudié(s) ?	*Ils peuvent-être économiques (le PIB, le taux de chômage…) ou sociaux (le niveau de diplôme donné selon la PCS, le taux de pauvreté…).*
3	Quelle est l'unité utilisée pour les données ?	*Les données peuvent être en valeur absolue (unités, milliers, millions, milliards) ou relative (en %, en indices).*
4	Quelle est la période étudiée ?	*L'observation peut porter sur une année ou la période étudiée est une succession d'années (2014, 2015, 2016…) ou de périodes (2005-2010, 2010-2015…).*
5	Quel est le pays ou le groupe de pays étudié ?	*L'étude peut traiter d'un ou de plusieurs pays. S'il y a plusieurs pays, ils peuvent être regroupés en zones (pays de l'OCDE, de la zone Euro…).*
6	Quelle est la source du document ?	*Une institution nationale (Insee, Ined…) ou internationale (Eurostat, OCDE, FMI…).*
7	Quelle est l'année de publication des données ?	*Normalement postérieure à la dernière année de la période étudiée dans le document. Sinon, certaines données sont estimées.*

Exemple sur un tableau statistique à simple entrée

Inscrits sur les listes électorales en France entre 2014 et 2018.

En milliers d'électeurs	2014	2015	2016	2017	2018
Inscrits sur les listes électorales	44652	44614	44855	45754	45448

Source : INSEE, 2018

Étape 1 Je présente le document statistique

Ce document est un tableau statistique à simple entrée présentant le nombre d'inscrits sur les listes électorales en France, en milliers d'électeurs entre 2014 et 2018. Il est publié par l'INSEE.

Étape 2 J'analyse le document statistique

Ce document permet d'observer l'évolution du nombre d'inscrits sur les listes électorales dans le temps.

Nous pouvons d'abord constater que le nombre d'inscrits sur les listes électorales augmente entre 2014 et 2018. En effet, alors qu'il y avait 44 652 000 inscrits en 2014, il y en a 45 448 000 en 2018 (soit une hausse de 1,8%).

Cette augmentation générale est le résultat d'une évolution annuelle irrégulière. En effet, alors que le nombre d'inscrits diminue entre 2014 et 2015 passant de 44 652 000 inscrits à 44 614 000, celui-ci augmente ensuite chaque année entre 2015 et 2017 passant de 44 614 000 à 45 754 000, pour de nouveau diminuer entre 2017 et 2018 passant de 45 754 000 à 45 448 000.

Les principes d'exploitation des tableaux

- **Simple entrée**

La première ligne (ou la première colonne) comporte les intitulés : ces derniers font référence soit aux années soit aux indications géographiques des données statistiques permettant ainsi de réaliser des comparaisons dans le temps ou dans l'espace.

L'analyse d'un tableau statistique à simple entrée doit permettre de dégager une tendance générale ainsi que des tendances internes qui doivent être illustrées par des lectures adéquates de données issues du tableau.

- **Double entrée**

Fiche Outil p. 155

L'analyse d'un tableau statistique à double entrée doit permettre de dégager une lecture horizontale » (en comparant par exemple les années) et une lecture « verticale » (en comparant par exemple les pays). Cela permet de lire l'évolution dans le temps pour chaque pays et la comparer entre pays. Dans le cas de l'évolution du PIB de plusieurs pays sur une période, on peut classer les pays selon qu'ils ont connu une évolution similaire ou différente de leur PIB en illustrant par des données.

4 Croiser des documents

SUJET : En quoi les chances d'accès aux formations diplômantes de l'enseignement supérieur sont-elles socialement différenciées ?

DOCUMENT 1

Les étapes du processus sélectif jusqu'à un diplôme du supérieur.

Connecteurs logiques

Il y a eu une ouverture très importante de l'accès d'une classe d'âge au baccalauréat **mais** elle ne s'est pas traduite par une démocratisation proportionnelle de l'accès à l'enseignement supérieur **parce que** les enfants d'ouvriers n'ont vu augmenter leurs chances d'obtenir un baccalauréat qu'au prix d'une relégation de fait dans les filières technologiques et professionnelles. **Ceci** a entraîné une accentuation des inégalités au sein de la population bachelière, pour une double raison : **d'abord parce que** ces bacheliers ont moins souvent accès au supérieur **ensuite parce que** leurs chances d'y réussir sont nettement plus faibles, compte tenu des processus d'orientation par l'échec (scolaire) qui y conduisent.

■ Marie Duru-Bellat et Annick Kieffer, « Du baccalauréat à l'enseignement supérieur en France : déplacement et recomposition des inégalités », *Population*, 2008, vol. 63.

DOCUMENT 2

Le poids des différentes catégories sociales dans les différentes filières

Part d'enfants de cadres et d'ouvriers dans les filières (en %)

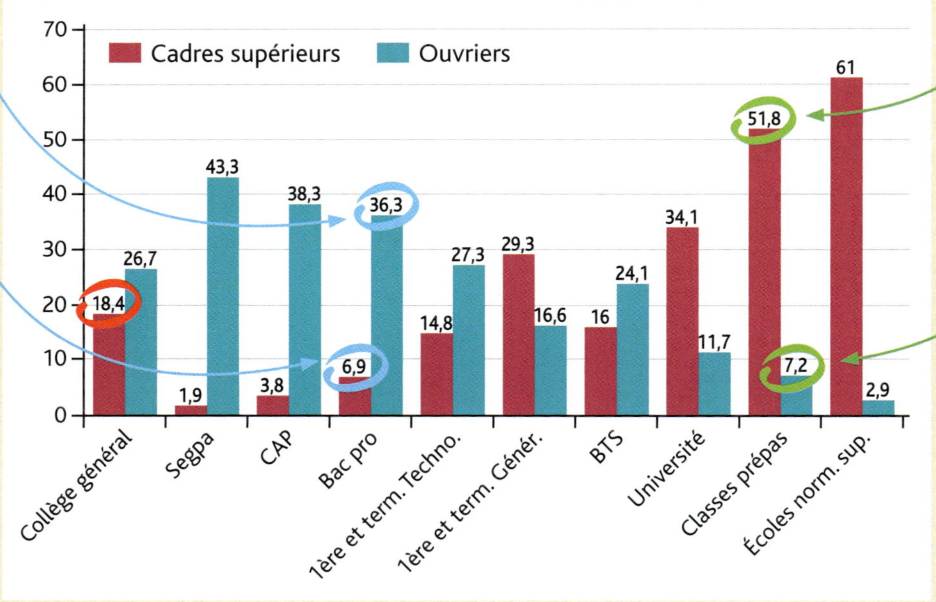

Lecture : en 2017, sur l'ensemble des élèves de Bac pro, 6,9 % étaient des enfants de cadres supérieurs.

Source : ministère de l'Éducation nationale, données 2017-2018.

Étape 1 J'identifie clairement la question à étudier

- Quel est **le sens** de chaque mot et expression du sujet ?
- Quelle est la **consigne** ?
- Quel est **le champ du sujet** dans le temps et l'espace ?

Étape 2 J'identifie et sélectionne les informations utiles pour la question à étudier

- Quelles sont les différentes **idées** d'un texte ?
- Quelle est la **signification** des différents types de données chiffrées d'un tableau statistique ou d'un graphique ?
- Quelles **informations** ou **données chiffrées** permettent de traiter le sujet ?
- Comment les **résumer** ?

Étape 3 J'utilise ces informations pour formuler des idées pour répondre

- Quelles idées présentes dans les différents documents se **contredisent** ou se **complètent** ?
- Comment associer ces différentes idées pour **construire une argumentation** ?

Astuces

✶ Reformuler le sujet si besoin

Fiche Outil p. 142

✶ Repérer les idées du texte

Fiche Outil p. 143

✶ Réutiliser les données

Fiche Méthode p. 146
Fiches Outil p. 155 et p. 162

✶ Surligner avec la même couleur les idées à rapprocher

Fiche Méthode p. 150

Application

Les documents montrent qu'il y a un lien entre l'origine sociale des individus et la possibilité d'accéder ou non aux filières de l'enseignement supérieur (étape 1). Formulation d'une idée et son illustration (étape 3) à partir d'informations sélectionnées (étape 2).

Étape 1

IDÉE 1

Si de plus en plus de jeunes d'une même génération accèdent au bac, la part des jeunes qui accèdent aux diplômes du supérieur n'a pas augmenté dans la même proportion Car les enfants d'ouvriers accèdent surtout aux bacs technologiques et professionnels (doc.1). En 2017, sur 100 élèves de Bac pro 36,3 sont enfants d'ouvriers (alors que seulement 6,9 sont enfants de cadres) (doc. 2).

IDÉE 2

Les enfants d'ouvriers accèdent moins aux formations diplômantes et sélectives comme les classes prépas du fait du processus d'orientation et/ou des moindres chances d'y réussir (doc. 1). En 2017, 51,8 % des élèves en classe prépa sont enfants de cadres supérieurs (7,2 % d'enfants d'ouvriers) alors qu'ils ne sont 18,4 % parmi les élèves de collège (26,7 % sont enfants d'ouvriers) (doc.2).

Étapes 2 et 3

Ces idées illustrées par des données statistiques et qu'il faut encore compléter par des explications peuvent servir à répondre au sujet et former des séquences argumentatives.

5 Rédiger une argumentation

Comment rédiger un paragraphe argumenté ?

DOCUMENT 1

À l'aide du document ci-dessous, montrez que le salaire est déterminé par le niveau de formation.

Les catégories socio-professionnelles sont classées par ordre décroissant de diplôme. Les salaires correspondants sont aussi classés par ordre décroissant. Il y a donc une corrélation positive.

Catégorie socioprofessionnelle	Salaires mensuels nets (en euros)
Cadres (1)	4141
Professions intermédiaires	2271
Employés	1637
Ouvriers	1717
Ensemble	2250

(1) : y compris chefs d'entreprise salariés.

Note : salaires en équivalent temps plein (EQTP).

Champ : France hors Mayotte, salariés en EQTP du secteur privé et des entreprises publiques, y compris bénéficiaires de contrats aidés et de contrats de professionnalisation. Sont exclus les apprentis, les stagiaires, les salariés agricoles et les salariés des particuliers employeurs.

■ Source : Insee, DADS (fichier semi-définitif), https://www.insee.fr/fr/statistiques/2407703

DOCUMENT 2

Extrait d'un cours de SES

La poursuite d'étude et l'obtention d'un diplôme élevé constituent un investissement ***en capital humain*** *qui permet au salarié d'obtenir un meilleur salaire. En effet, en augmentant son niveau de qualification, l'individu développe ses compétences et ses qualités, ce qui lui permet d'être plus efficace dans son travail et donc de revendiquer un niveau de rémunération plus élevé.*

DÉFINITION

Argumenter : justifier une idée par un ou plusieurs éléments (faits, mécanismes).

Étape 1 J'énonce clairement l'idée

- Il s'agit d'affirmer l'idée qui sera explicitée dans la suite de l'argumentation.
- L'affirmation doit être une réponse directe au sujet proposé.

Étape 2 J'explique l'idée

- Il s'agit de mobiliser les notions, mécanismes, théories ou auteurs permettant de valider l'idée énoncée.
- L'explication doit répondre de manière explicite au sujet.

Étape 3 J'illustre à l'aide du document l'idée de mon paragraphe argumenté

- Pour un tableau statistique ou une représentation graphique : quelles sont données chiffrées qui permettent de vérifier l'idée énoncée ?
- Pour un texte : quelle(s) phrase(s) permettent de vérifier l'idée énoncée ?

Fiche Méthode p. 144

Conseils

✶ Lisez le sujet puis immédiatement après, lisez votre affirmation. Si l'affirmation répond au sujet c'est que vous le traitez correctement. Si ce n'est pas le cas, il y a un risque de hors-sujet.

✶ Il est parfois possible d'illustrer une idée en croisant plusieurs documents

Fiche Méthode p. 148

Pour vous obliger à bien relier l'exemple au sujet, vous pouvez utiliser l'expression « ce qui montre que » juste après votre exemple, ce qui vous forcera à faire le lien avec la consigne.

Application

Étape 1
Affirmation ou Idée
Précédée souvent d'un connecteur logique comme tout d'abord, d'autre part, de plus…) : c'est votre intention de démonstration.

Le salaire est déterminé par le niveau de formation. En effet, lorsqu'un individu investit dans son capital humain en poursuivant ses études et en obtenant un diplôme élevé, alors il augmente son niveau de qualification, ce qui lui permet de développer des compétences et des qualités qui le rendent plus efficace dans son travail. Il est alors en mesure d'obtenir un salaire plus important. On constate ainsi selon l'Insee, en 2015, que le salaire mensuel net moyen des ouvriers était de 1717 euros alors celui des cadres était de 4141 euros soit 2,4 fois plus, ce qui montre bien qu'un niveau de formation plus élevé permet d'obtenir une rémunération plus avantageuse.

Étape 2
Explication
Connaissances permettant de justifier, de dire pourquoi ce qui a été affirmé est vrai. C'est l'argumentation : elle doit compléter l'idée par des notions, des mécanismes, des références théoriques à des auteurs.

Je note les liens de causes à effets lorsqu'il y en a.
Je dois savoir décrire et expliquer les mécanismes.

Attention !
Dans certains cas, il peut arriver que l'explication et l'illustration soient confondues.

6 Préparer ses révisions

QU'EST-CE QUE RÉVISER ?

Repérer	Réaliser	Mémoriser
Identifier les éléments à apprendre et à maîtriser autour d'un thème.	Concevoir des outils pour mieux se représenter et s'approprier les notions à maîtriser.	S'exercer régulièrement pour vérifier sa maîtrise du cours et entretenir sa mémoire.

› Repérer ce qu'il faut apprendre et maîtriser

Voici l'exemple d'un « tableau de bord » récapitulant ce qu'il faut retenir du chapitre 2 : « Comment crée-t-on les richesses ? ».

Je regroupe toutes les notions liées au thème du chapitre. Je dois savoir les définir et les illustrer par des exemples.

J'associe les dates, événements et faits marquants liés au thème du chapitre.

NOTIONS ESSENTIELLES	FAITS A RETENIR
• Production marchande et non marchande • Entreprises • Administration	• La diversité des producteurs
ENCHAINEMENTS ET MECANISMES	**PROBLEMATIQUES ET SUJETS**
La production résulte de la combinaison de facteurs (travail, capital)	• Quels sont les principaux indicateurs de création de richesse de l'entreprise ?
INDICATEURS	**⚠**
• Chiffre d'affaires • Valeur ajoutée • Bénéfice	Ne pas confondre la valeur de la production avec la valeur ajoutée

J'identifie les questions qui pourraient m'être posées autour de ce thème.

Je note les liens de causes à effets lorsqu'il y en a. Je dois savoir décrire et expliquer les mécanismes.

Je rassemble les termes et mots-clés liés au thème. Je dois savoir les définir et connaître la formulation des indicateurs.

J'indique les erreurs à ne pas commettre et que j'ai identifiées pendant le cours et les activités d'entraînement.

Réaliser ses outils de mémorisation

L'exemple ci-dessous est une carte mentale sur un champ notionnel : la production (chapitre 2).

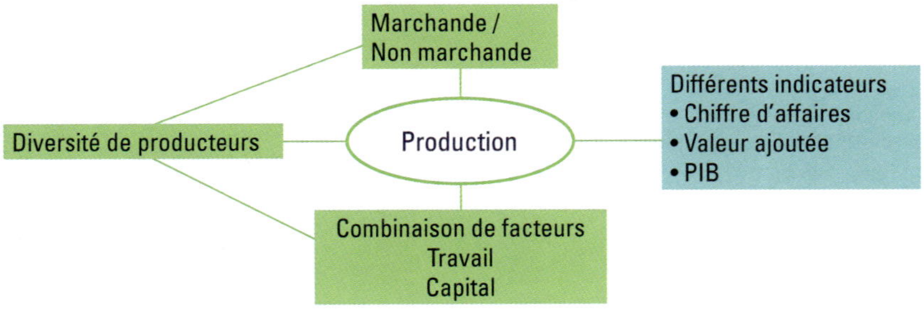

Astuce

Je peux m'appuyer sur les schémas de synthèse à la fin des chapitres du manuel pour créer mes outils.

➡ Schéma de révision du chapitre 2 p. 53

Ces outils sont propres à chacun pour favoriser la mémorisation.
Quelques exemples d'outils d'aide à la mémorisation :

- une **fiche de synthèse,** réalisée à partir des notes de cours et du manuel ;
- un **tableau à deux colonnes,** l'une contenant des questions liées au cours, l'autre apportant les réponses à ces questions ;
- des **cartes de mémorisation** (mémocartes).

Mémoriser en s'entraînant régulièrement

- Je me sers des outils créés dans l'étape précédente pour régulièrement vérifier que je maîtrise l'essentiel.

Question

Quel est l'intérêt du PIB ?

→ Je **réponds** à la question → Je **retourne la carte** pour vérifier la réponse. →

Réponse

Produit intérieur brut : indicateur économique qui correspond aux biens et services marchands produits en une année dans un pays. Son évolution permet de mesurer la croissance économique.

Question

Qu'est-ce que le chiffre d'affaires (CA) ?

→ Je **réponds** à la question → Je **retourne la carte** pour vérifier la réponse. →

Réponse

Il permet de mesurer les recettes de l'entreprise suite à la vente de sa production. On le calcule en multipliant le prix de vente par la quantité vendue.

Question

Qu'est-ce que la valeur ajoutée ?

→ Je **réponds** à la question → Je **retourne la carte** pour vérifier la réponse. →

Réponse

C'est la mesure de la richesse créée par le producteur. Pour la production marchande, elle se mesure par la différence entre le CA et les consommations intermédiaires.

- J'utilise les pages d'exercices à la fin de chaque chapitre du manuel ainsi que les exercices interactifs du manuel numérique pour m'entraîner.

➡ Voir les exercices d'entraînement pour le chapitre 2, p. 50 à p. 51

Mémocarte
hatier-clic.fr/19ses2012

1 Calculer et lire des proportions et des pourcentages de répartition

Tuto
Manuel numérique

DÉFINITION

Une proportion est utile pour comparer deux grandeurs entre elles et savoir quel est le poids de l'une par rapport à l'autre.

Proportion $= \dfrac{\text{Partie}}{\text{Ensemble}}$

Pourcentage de répartition = Proportion × 100

Attention !
Un pourcentage de répartition ne peut pas dépasser 100 %, car 100 % correspond à l'ensemble total. La partie ne peut pas être plus importante que l'ensemble.

EXEMPLE

Dans quelle classe les filles sont-elles le mieux représentées ?

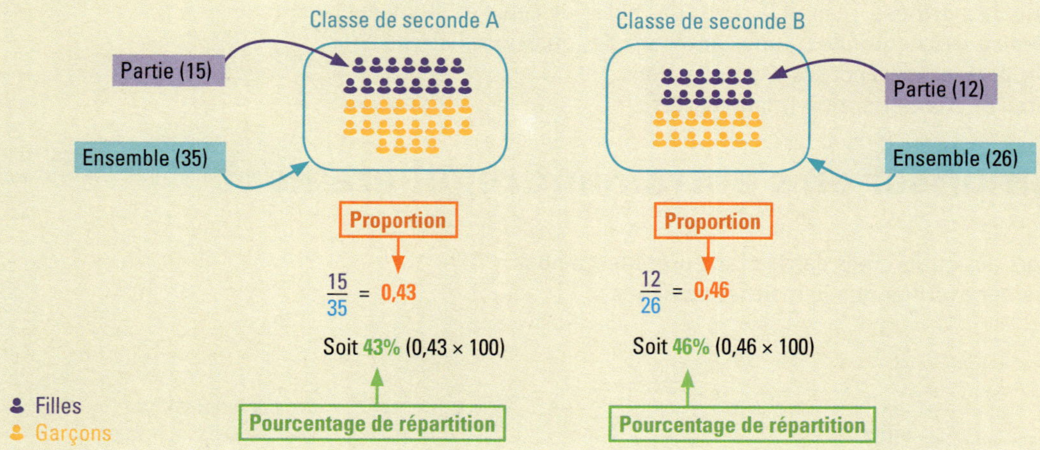

Étape 1 Calculer une proportion

Repérer la donnée qui correspond à la partie. Repérer la donnée qui correspond à l'ensemble total.	• *Faire une phrase de lecture des données*
Effectuer le calcul : Proportion $= \dfrac{\text{partie}}{\text{ensemble total}}$	*Ici, la proportion de filles est de 0,43 en seconde A et de 0,46 en seconde B.*
Interpréter les résultats trouvés.	*Dans la seconde A, il y a plus de filles que dans la seconde B mais leur pourcentage est plus élevé en seconde B.*

Étape 2 Calculer un pourcentage de répartition

On peut exprimer les proportions en pourcentage. Pour cela, il faut multiplier la proportion obtenue par 100. Pourcentage de répartition = proportion × 100	*Ici, le pourcentage de filles dans la seconde A est de 43 %, contre 46 % en seconde B.*

Étape 3 Exprimer un pourcentage de répartition

Il y a plusieurs manières de lire une proportion :

La partie représente x % de l'ensemble.	• Les filles représentent 43 % des élèves dans la classe de seconde A
x % de l'ensemble sont la partie.	• 43 % des élèves de seconde A sont des filles.

2 Lire des tableaux à double entrée

DÉFINITION

Les tableaux statistiques à double entrée permettent de faire des analyses chiffrées en croisant deux caractéristiques.

Étape 1 Présenter le tableau

Caractéristiques étudiées en lignes et en colonnes

Titre

5 Quand ?
Quand est-ce mesuré ? La date du tableau peut différer de la date de parution de la source.

2 Quoi ?
Qu'est-ce qui est mesuré ?
- Titre
- Caractéristiques étudiées en colonnes et en lignes
- Précisions apportées par les notes parfois.

Répartition par filière des bacheliers 2015 selon leur origine sociale, en %

	Filière			ensemble
	générale	technologique	professionnelle	
Agriculteurs exploitants	58	17	25	**100**
Artisans, commerçants, chefs d'entreprise	51	20	29	**100**
Cadres, professions intellectuelles supérieures	77	14	9	**100**
Professions intermédiaires	59	22	19	**100**
Employés	53	26	21	**100**
Ouvriers	34	22	44	**100**
Retraités	42	19	39	**100**
Inactifs	45	28	27	**100**
Non renseigné	25	15	60	**100**
Ensemble	**54**	**20**	**26**	**100**

Champ : France métropolitaine plus département d'outre mer, hors spécialités agricoles.

■ L'État de l'école 2016, ministère de l'Éducation nationale, de l'Enseignement supérieur et de la Recherche.

4 Comment ?
Comment est-ce mesuré ? Repérer les unités du tableau : euros, pourcentages, effectifs, indices…

3 Où ?
Où est-ce mesuré ? plusieurs pays ? un seul ? une région ?

1 Qui ?
Qui fournit l'information ? Source indiquée : organisme officiel (gage de fiabilité) ou non ?

Étape 2 Dégager les informations et leur donner du sens

J'extrais les informations du tableau :

Repérer la ligne et/ou la colonne « Ensemble ».	*Les rubriques « Ensemble » indiquent la répartition des bacheliers par filière et par PCS.*
Exprimer dans une phrase un nombre pris au hasard dans le tableau.	*Ici, 34. En 2015, en France, 34 % des enfants d'ouvriers ont un bac général.*

Je construis le commentaire :

Dégager les informations générales à partir de l'ensemble (ou total).	*Les titulaires d'un bac général sont les plus nombreux. Viennent ensuite les bacs professionnels, puis les bacs technologiques.*
Analyser les cas particuliers : comparer les données à celles de l'ensemble pour repérer celles qui sont nettement supérieures (ou inférieures) à l'ensemble. Comparer les données entre elles.	*Ici, par exemple, ce sont surtout les enfants de cadres et professions intellectuelles supérieures qui ont un bac général, alors que les enfants d'ouvriers ont plus souvent un bac professionnel.*
Expliquer en utilisant ses connaissances.	*Cette particularité s'explique par la bonne connaissance du milieu scolaire par les milieux favorisés.*
Terminer par une synthèse.	*On constate une inégalité scolaire, puisque les jeunes n'accèdent pas aux mêmes filières selon leur origine sociale.*

Fiche outil

3 Mesurer une évolution

Tuto
Manuel numérique

Lorsqu'on mesure la variation d'une grandeur statistique, on dispose de plusieurs outils.

Attention !
Une évolution n'est pas une hausse.

Le taux de variation

DÉFINITION

Les **taux de variation** permettent d'établir des comparaisons et de mesurer des évolutions, des variations.

Taux de variation = $\frac{\text{(Valeur d'arrivée – Valeur de départ)}}{\text{Valeur de départ}} \times 100$

DOCUMENT SUPPORT

Licences sportives et autres titres de participation par fédération agrée (en milliers)

	2015 Valeur de départ	2016 Valeur d'arrivée	Variation en %	Coefficient multiplicateur	Indices
F.f. de football	2135.2	2107.0	-1.3	0,987	98,7
F.f. de tennis	1052.1	1039.4	-1.2	0,988	98,8
F.f. d'équitation	673.0	663.2	-1.5	0,985	98,5
F.f. de basketball	600.2	641.4	6.9	1,069	106 ,9
F.f. de judo-jujitsu et disc.associées	605.7	612.4	1.1	1,011	101,1
F.f. de handball	513.2	519.7	1.3	1,013	101,3
F.f. de rugby	434.5	469.5	8.1	1,081	108,1
F.f. de golf	407	407	0	1	100

Source : MEOS ; Insee références, édition 2018.

Si le taux de variation est **négatif,** la variable **diminue**

Si le taux de variation est **positif,** la variable **augmente**

Si le taux de variation est **nul,** la variable **stagne**

Repérer la donnée qui correspond à la valeur d'arrivée.	Ici, 641 400 licenciés à la fédération française de basketball en 2016.
Repérer la donnée qui correspond à la valeur de départ.	Ici, 600 200 licenciés à la fédération française de basketball en 2015.
Effectuer le calcul : Taux de variation = $\frac{\text{(Valeur d'arrivée – Valeur de départ)}}{\text{Valeur de départ}} \times 100$	(641,4 – 600,2) / 600,2 = 0,069 0,069 × 100 = 6,9
Interpréter les résultats trouvés selon la valeur du taux de variation.	• Entre 2015 et 2016, en France, selon l'Insee, le nombre de licenciés à la fédération française de basketball a augmenté de 6,4 %. • Entre 2015 et 2016, en France, selon l'Insee, le nombre de licenciés à la fédération française de football a diminué de 1,3 %. • Entre 2015 et 2016, en France, selon l'Insee, le nombre de licenciés à la fédération française de golf a stagné.

Le coefficient multiplicateur

DÉFINITION

Le **coefficient multiplicateur** permet d'établir des comparaisons et de mesurer des variations, comme les taux de variation.

Coefficient multiplicateur = $\frac{\text{Valeur d'arrivée}}{\text{Valeur de départ}}$

Quand utiliser un coefficient multiplicateur ?

Quand on veut mesurer des variations de grande ampleur.	Dès qu'une variation est supérieure à 100 %, l'emploi du coefficient multiplicateur est plus pertinent que le taux de variation.

Calculer un coefficient multiplicateur

Repérer la donnée qui correspond à la valeur d'arrivée.	Ici, 469 500 licenciés à la fédération française de rugby en 2016.
Repérer la donnée qui correspond à la valeur de départ.	Ici, 434 500 licenciés à la fédération française de football en 2015.
Effectuer le calcul du : Coefficient multiplicateur = $\frac{\text{Valeur d'arrivée}}{\text{Valeur de départ}}$	469, 5 / 434,5 = 1,081
Interpréter les résultats trouvés selon la valeur du coefficient multiplicateur.	Entre 2015 et 2016, en France, selon l'Insee, le nombre de licenciés de la fédération française de rugby a été multiplié par 1,081.

Les indices

DÉFINITION

Les **indices** en base 100 permettent de calculer et de comparer facilement les évolutions de plusieurs grandeurs entre deux périodes données.

Indice base 100 = $\frac{\text{Valeur de l'année courante}}{\text{Valeur de l'année de base}} \times 100$

Astuces

Pour passer des indices en base 100 au taux de variation, il suffit d'enlever 100.

Pour passer des indices en base 100, au coefficient multiplicateur, il suffit de diviser par 100.

Il faut donc choisir, pour la variable dont on étudie la variation, une année de base qui servira d'année de référence, à partir de laquelle les variations seront calculées.

Quand utiliser un indice ?

Quand on veut comparer rapidement des variations mais pas des niveaux, dans la mesure où, justement, on fait comme si la valeur de l'année choisie comme base valait 100.
Les indices n'ont pas de d'unité. Les indices permettent de comparer des grandeurs à une mesure de référence choisie et appelée base ; ils permettent de voir rapidement les écarts avec celle-ci.

Calculer un indice ?

Repérer la donnée qui correspond à la valeur de l'année courante.	Ici, 469 500 de licenciés à la fédération française de rugby en 2016.
Repérer la donnée qui correspond à la valeur de de base.	Ici, 435 500 licenciés à la fédération française de rugby en 2015.
Effectuer le calcul : Indice base 100 = (valeur de l'année courante / valeur de l'année de base) × 100	L'année 2015 est la base égale à 100, d'où : (469,5 / 434,5) × 100 = 108,1
Interpréter les résultats trouvés selon la valeur de l'indice.	L'indice de 2016 équivaut à 108,1 : le nombre de licenciés à la fédération française de rugby a donc augmenté de 8,1 % entre 2015 et 2016.

Fiche outil

4 Calculer des moyennes arithmétiques et la médiane

Les moyennes arithmétiques

EXEMPLE

	Notes de Lisa à l'examen de fin d'année comportant trois matières		
	Matière A	Matière B	Matière C
Note obtenue pour chaque matière	12	6	11
Moyenne simple	$\frac{(12+6+11)}{3} = \frac{29}{3} = 9{,}66$		
Coefficient appliqué à chaque matière	6	1	3
Moyenne pondérée	$\frac{(6 \times 12)+(1 \times 6)+(3 \times 11)}{6+1+3} = \frac{111}{10} = 11{,}1$		

Moyenne arithmétique simple
Note qui résume les notes obtenues par Lisa à l'examen sans tenir compte du « poids » des différentes matières.

Moyenne arithmétique pondérée
Note qui résume les notes obtenues par Lisa à l'examen en tenant compte du « poids » des différentes matières, c'est-à-dire du coefficient de chacune.

Étape 1 Choisir l'indicateur le plus pertinent

La moyenne simple	*Quand je cherche à résumer une série d'informations sur un ensemble de valeurs données et que toutes les valeurs ont le même poids.*
La moyenne pondérée	*Quand je cherche à résumer une série d'informations sur un ensemble de valeurs données et que toutes les valeurs n'ont pas le même poids.*

Étape 2 Calculer la moyenne

La moyenne arithmétique simple s'obtient en divisant la somme des valeurs par le nombre de valeurs.	*La moyenne arithmétique simple de Lisa s'exprime de la manière suivante :*
Moyenne simple $= \frac{\text{Somme des valeurs}}{\text{Nombre de valeurs}} = \frac{x_1+x_2+x_3+...+x_n}{n}$	$\frac{(12+6+11)}{3} = \frac{29}{3} = 9{,}66$
La moyenne arithmétique pondérée : chaque valeur (x) est multipliée par son coefficient (c) et la somme des valeurs coefficientées est divisée par le total des coefficients.	*La moyenne arithmétique pondérée de Lisa s'exprime de la manière suivante :*
Moyenne pondérée $= \frac{\text{Somme des valeurs coefficientées}}{\text{Total des coefficients}} = \frac{(c_1 x1)+(c_2 x2)+...+(c_n xn)}{c_1+c_2+...+c_n}$	$\frac{(6x12)+(1x6)+(3x11)}{6+1+3} = \frac{111}{10} = 11{,}1$

La médiane

EXEMPLE 1

	Notes de Lisa à l'examen de fin d'année comportant trois matières		
	Matière A	Matière B	Matière C
Note obtenue pour chaque matière	12	6	11
Médiane		11	

Médiane
Note telle que Lisa a obtenu autant de notes supérieures que de notes inférieures.

Quand utiliser une médiane ?

Si la série est très dispersée, la médiane permet de voir quelle valeur divise la série statistique en deux groupes de taille égale.	*On constate que les notes de Lisa sont très dispersées (6, 11, 12) : la médiane peut permettre de savoir quelle note est située au milieu de la série de notes obtenues par Lisa.*

Comment calculer une médiane ?

Je classe les valeurs de la variable par ordre croissant (ou décroissant) et je retiens la valeur en dessous de laquelle je trouve autant de valeurs qui lui sont inférieures que de valeurs qui lui sont supérieures.	*Lisa a obtenu autant de notes supérieures à 11 que de notes inférieures à 11. La médiane est donc égale à 11.*

EXEMPLE 2

Une classe est composée de 11 élèves qui ont des tailles comprises entre 1,60 m et 1,85 m. Voici un tableau présentant la répartition des tailles dans la classe :

Taille	1,60	1,65	1,70	1,75	1,80	1,85
Nombre d'individus	**5**	**1**	**1**	**1**	**1**	**2**

- La taille moyenne dans la classe est égale à :
  (5 x 1,60 + 1,65 + 1,70 + 1,75 + 1,80 + 2 x 1,85) / 11 = 1,69 m
- La médiane est 1,65 m : lorsqu'on classe les 11 valeurs par ordre croissant, 1,65 est la valeur qui sépare la série statistique en deux séries de même effectif.
- On constate ici que la moyenne est supérieure à la médiane.

5 Lire et interpréter des indices synthétiques

Pour mesurer un phénomène complexe, les indices synthétiques permettent de disposer d'une unique donnée chiffrée résumant les niveaux atteints par les différentes variables qui composent ce phénomène.

Comprendre l'élaboration d'un indice synthétique

Fiche Outil p. 156
Fiche Outil p. 158

DÉFINITION

L'Indice des prix à la consommation (IPC) permet de connaître l'évolution, entre deux dates, du prix à payer pour obtenir le même panier de biens et services.

Le saviez-vous ?

Pour publier l'IPC, l'INSEE calcule une moyenne arithmétique pondérée.

Vidéo

INSEE : l'indice des prix à la consommation et le pouvoir d'achat

hatier-clic.fr/19ses2013

EXEMPLE

Prenons un exemple fictif pour comprendre la démarche de l'INSEE lorsqu'il cherche à connaître l'évolution du coût de la vie en France.
Imaginons le pays Simple, doté de la monnaie Sim, où l'on ne produit et consomme que des biens alimentaires, des vêtements et du logement (sous forme de loyers) : autant de biens dont les caractéristiques techniques sont stables.

L'Institut de statistiques du pays calcule l'évolution du prix du panier de biens consommés par les habitants de Simple en tenant compte de la diversité des produits et de leur poids dans la consommation totale

	Poids dans la consommation en % de la consommation	Dépense moyenne mensuelle par ménage		Indice des prix 2017 Base 100 en 2010
		2010	2017	
Biens alimentaires	30	437	467	107
Vêtements	10	142	133	94
Logement (loyer)	60	831	926	111

Méthode de calcul : moyenne pondérée des évolutions, mesurées par les indices de prix :
$0{,}3 \times 107 + 0{,}1 \times 94 + 0{,}6 \times 111 = 108{,}1$

Interprétation
En 7 ans, le prix du panier de biens a augmenté de 8,1 %. Sur cette période, les prix ont globalement augmenté dans le pays. Mais, pour les ménages qui n'auraient pas consommé de biens alimentaires sur la période, l'augmentation des prix serait moindre.

Lire et interpréter d'autres indices

L'IDH (Indice de développement humain)

DÉFINITION

Depuis 1990, le Programme des Nations-Unies pour le Développement (PNUD) publie l'**Indice de développement humain (IDH).** L'IDH est une moyenne de scores atteints sur des variables économiques et sociales. Il synthétise le niveau de revenu par habitant et les résultats obtenus en matière de santé et d'éducation. Par calcul, il est compris entre 0 et 1. Les informations que fournissent cet indice aideront les dirigeants, mais aussi les chercheurs dans leurs travaux d'analyse et d'élaboration de politiques publiques pour le développement.

EXEMPLE

(en 2017)	IDH	Revenu par habitant (en $/an)
Burundi	0,417	290
Niger	0,354	360

Interprétation

Le Burundi assure un meilleur développement économique et social à sa population que le Niger : son IDH est environ 1,2 fois plus élevé (0,417 contre 0,354). Le Burundi a un revenu par habitant moins élevé que celui du Niger mais fournit davantage d'éducation et d'accès à la santé que le Niger, ce qui lui permet d'avoir un IDH plus important. Le Burundi est donc plus développé que le Niger.

L'indicateur synthétique du climat des affaires

DÉFINITION

L'INSEE publie chaque mois l'**indicateur synthétique du climat des affaires** sur la base d'enquêtes européennes de conjoncture : plus il est haut, plus les chefs d'entreprises considèrent favorablement leurs opportunités d'activités. L'évolution de cet indicateur synthétique résume ainsi l'état d'esprit des chefs d'entreprises et permet de prévoir l'évolution à court terme du PIB.

EXEMPLE

En France	Indicateur du climat des affaires*
Septembre 2018	106
Décembre 2018	102

* Indicateur à 100 = moyenne de longue période

Interprétation

En septembre 2018, on peut relever l'optimisme des chefs d'entreprises français sur leur situation : l'indicateur du climat des affaires est supérieur de 6 % à sa moyenne de longue période. Ceci est le signe d'un contexte favorable à la création de richesses.

Mais, entre septembre et décembre 2018, l'opinion de ces chefs d'entreprises s'est dégradée de 4 points d'indice, ce qui peut se traduire par une diminution des investissements et des embauches.

6 Lire et comprendre des représentations graphiques

Tuto
Manuel numérique

Les types de graphiques

Les représentations graphiques permettent de visualiser des informations statistiques, chiffrées.
On en distingue deux types :
– des **représentations de séries chronologiques** pour représenter une évolution : une des variables présentées sera le temps ;
– des **diagrammes de répartition**, exprimée en % des sous caractéristiques du phénomène étudié.

La lecture et l'analyse du graphique

❶ Quoi ?

❹ Quand ?

❷ Où ?

❺ Comment ?

Origine sociale des étudiants de nationalité française en 2017-2018, en %

❸ **Quelle représentation ?**
Un graphique de répartition peut être présenté en secteurs ou en rectangles empilés à 100 %.

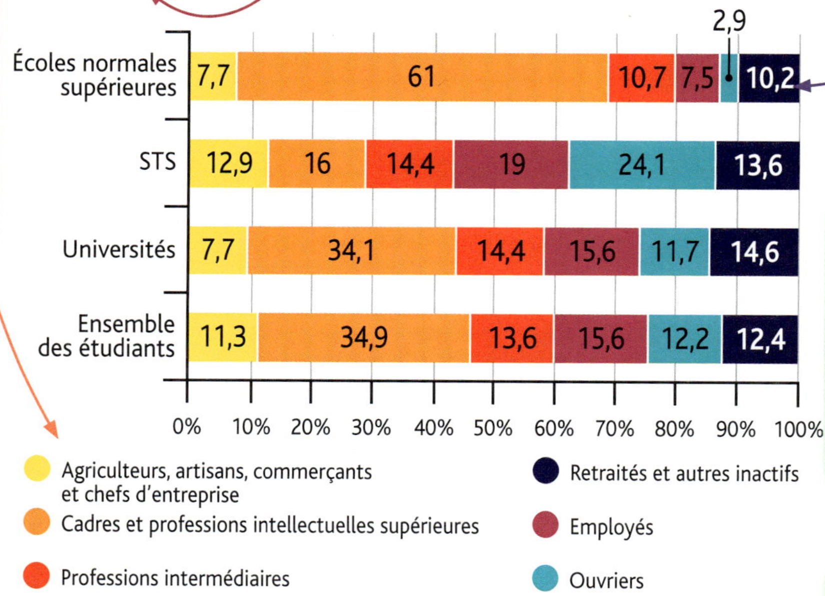

Écoles normales supérieures : filières très sélectives, l'entrée y est en très grande partie conditionnée par l'obtention d'un concours après une classe préparatoire aux grandes écoles (CPGE). Les normaliens sont en outre rémunérés durant leur 4 années de formation, environ 1 500 euros par mois.

STS : Section de technicien supérieur, filière sélective en 2 ans préparant à l'obtention d'un BTS (Brevet de technicien supérieur).

Universités : formations post-baccalauréat, le plus souvent non sélectives jusqu'au « bac+3 » (Licence).

Source : Publication annuelle de l'Éducation nationale, de l'Enseignement supérieur et de la Recherche, *Repères et références statistiques sur les enseignements, la formation et la recherche 2018*, 2018

❻ Qui ?

Astuce

Pensez à rapprocher des **proportions** lues à des **fractions simples.**
Par exemple, 24,1 % des étudiants de STS, c'est environ 1/4.

Fiche Outil p. 154

Rappel

Vous êtes capables de calculer des **différences de pourcentages** en les formulant en **points de pourcentages** !

Étape 1 Extraire les informations du graphique

Repérer le **type de graphique,** la source et le titre.	Les données sont présentées dans un diagramme de répartition sous forme de bâtons empilés à 100 %. Elles ont été publiées en 2018 par le Ministère de l'Éducation nationale, de l'Enseignement supérieur et de la Recherche sur les étudiants de l'année universitaire 2017-2018, en % des étudiants d'un même cursus.
Repérer les **caractéristiques** fournies : utiliser la légende.	L'origine sociale des étudiants est mesurée par la catégorie socio-professionnelle (CSP) des parents. Les étudiants observés suivent des cursus courts (STS) ou longs (universités et écoles normales supérieures), sélectifs (STS et écoles normales supérieures) ou non (universités).
Lire correctement une donnée extraite du document.	Lors de l'année scolaire 2017-2018, 34,1 % des étudiants de l'université étaient des filles/fils de cadres.

Astuce

Pensez à bien identifier l'ensemble total, de référence.

Étape 2 Donner du sens aux statistiques

Expliquer en utilisant ses connaissances.	Les enfants dont les parents ont un fort niveau de diplôme prennent le risque de faire des études longues et craignent moins que les autres la sélectivité. En revanche, lorsque les étudiants sont issus de milieux sociaux dans lesquels les parents ont un niveau de diplôme plus faible, ils ont tendance à s'autocensurer et s'orientent davantage vers des études courtes. Cependant, grâce à des passerelles vers l'université, il y a la perspective, une fois un premier diplôme obtenu, de poursuivre des études longues (licence 3, master, doctorat).

Conseil

Essayez de retrouver ce que vous savez déjà grâce à vos cours !

7 Comprendre les évolutions en valeur nominale et en valeur réelle

› Distinguer valeur nominale et valeur réelle

EXEMPLE

Une entreprise X fabrique des tables en chêne.

Prix au catalogue 2018
1 000 €

Prix au catalogue 2019
1 050 €

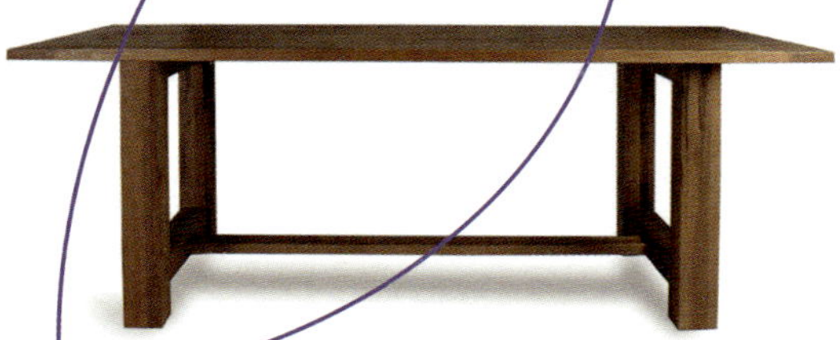

Caractéristiques
→ Table rectangulaire
→ 100 % chêne clair
→ Dimensions : 200 × 90 × 76 cm (Longueur × largeur × hauteur)
→ Poids : 30 kg

Le kilogramme **et** le centimètre sont des **étalons de mesure** invariables, contrairement à la **monnaie**.

Indice des prix en 2019

$$\frac{1050}{1000} \times 100 = 105$$

L'unité de mesure **qu'est la monnaie** a perdu de sa valeur : le prix a été multiplié par **1,05**.

Fiche Outil p. 160

Étape 1 Déterminer la valeur réelle du bien

En valeur nominale c'est-à-dire en euros courants, au prix de l'année en cours, le prix a augmenté	*Prix de la table en euros 2018 : 1 000 €* *Prix de la table en euros 2019 : 1 050 €*
En valeur réelle c'est-à-dire en euros constants en prenant comme référence l'année 2018 et en sachant que les prix ont augmenté de 5 %, la valeur reste inchangée	*Valeur réelle de la table en 2019 (au prix de 2018) : 1000 euros* *(Valeur nominale/Indice des prix) × 100* *(1050/105) × 100 = 1000*

Étape 2 Mesurer une évolution

EXEMPLE

Considérons maintenant l'ensemble de la production en tables de l'entreprise X.

	Production	Prix unitaire au catalogue	Chiffre d'affaires
2018	1 000 tables	1 000 €	1 000 000 €
2019	1 000 tables	1 050 €	1 050 000 €
	Volume de production	**Valeurs nominales** des tables	Production en **valeur nominale** de l'entreprise (= **euros courants**)

Si l'on mesure l'évolution de cette production en valeur, en euros courants, celle-ci semble avoir augmenté.	La production en valeur a augmenté de 5 % (1 050 000 – 1 000 000)/1 000 000 = 5 %
Mais si on mesure l'évolution en volume, en euros constants, la valeur réelle de la production est inchangée : on produit la même quantité de tables.	Si l'on prend en compte l'indice des prix entre 2018 et 2019, on peut calculer la production en volume de l'entreprise en 2019 : (1 050 000/105) x 100, soit 1 000 000 euros comme en 2018.

À retenir

Valeurs nominales ↔ euros courants = évolution mesurée en valeur
(ou à prix courants, c'est-à-dire aux prix de l'année en cours)

Valeurs réelles ↔ euros constants = évolution mesurée en volume
(ou à prix constants, c'est-à-dire aux prix d'une année de référence)

Application : l'exemple de l'évolution du PIB

Évolution du Produit intérieur brut de 2008 à 2017

	2008	2009	2010	2011	2012	2013	2014	2015	2016	2017
à prix courants	1 992,4	1 936,4	1 995,3	2 058,4	2 088,8	2 117,2	2 149,8	2 198,4	2 228,6	2 291,7
à prix constants*	2 085,7	2 025,8	2 065,3	2 110,6	2 117,2	2 129,4	2 149,8	2 173,7	2 199,1	2 246,7

*Milliards d'euros 2014.

■ Source : Insee, comptes nationaux base 2014.

Par exemple pour mesurer l'évolution du PIB on mesure celle-ci **en volume**, c'est-à-dire en **euros constants** (en prenant une **année de référence** pour la valeur de l'euro), ce qui revient à mesurer en valeur réelle l'évolution (en ayant éliminé l'effet de la hausse des prix).

L'évolution du PIB en valeur ne montre pas l'augmentation réelle de la richesse : il est mesuré dans une unité différente chaque année (la valeur de **l'euro pour l'année en cours**).

Évolution du PIB en France de 1950 à 2017

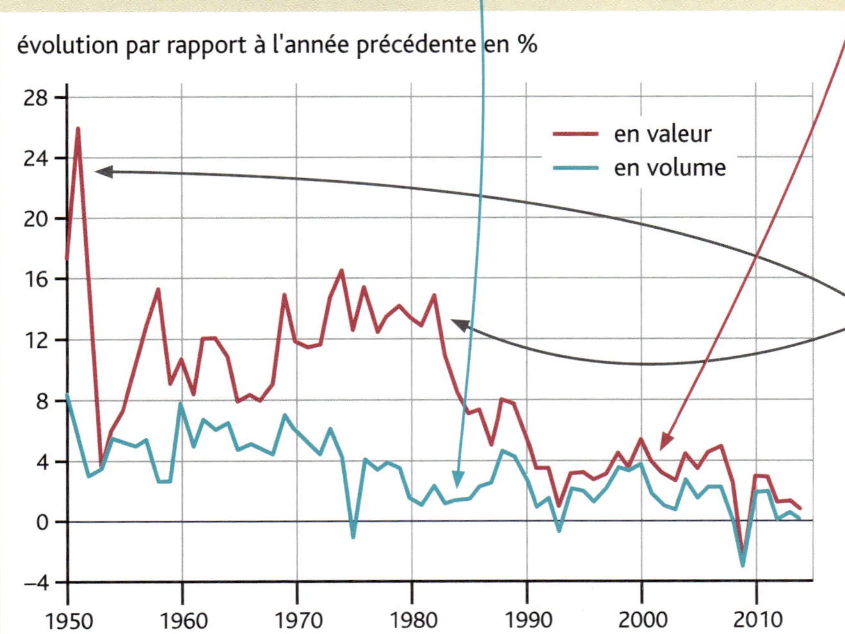

L'écart entre les deux courbes (ou entre **prix courants** et **prix constants**) caractérise l'effet prix c'est-à-dire ici l'inflation, la hausse généralisée des prix. L'inflation a été la plus forte au début des années 1950 et dans les années 1970/80.

■ Source : Insee, comptes nationaux base 2014.

DICO SES

Acteur social — 78, 79, 80, 81
Individu capable de vivre en société, c'est-à-dire qu'il y est intégré, qu'il partage une culture commune avec les autres, qu'il y a sa place... C'est suite à la socialisation qu'un individu devient un acteur social, un être social.

Administrations publiques — 36, 37, 48, 49
Acteurs productifs publics dont les productions sont non marchandes (État, collectivités locales et organismes de sécurité sociale).

Agents économiques — 19
Ensemble de personnes (physiques ou morales) qui ont les mêmes comportements économiques. L'Insee parle aussi de secteurs institutionnels.
Exemple : les entreprises, les ménages, les administrations publiques, les instituts sans but lucratif au service des ménages.

Allocation des ressources (optimale) — 18
Manière dont les ressources rares (matières premières, travail, capital, etc.) sont réparties pour satisfaire les besoins de consommation de la population. On parle d'allocation optimale des ressources quand il n'existe pas d'autre répartition engendrant une satisfaction supérieure de la population.

Assemblée nationale — 100, 101, 102, 103, 104, 105
Composée de 577 membres appelés députés, élus au suffrage universel direct (scrutin uninominal majoritaire à deux tours) pour une durée de cinq ans. Avec le Sénat, elle forme le Parlement. Le rôle de l'Assemblée est de proposer des textes de lois, d'en débattre, de proposer des amendements et, en fin de compte, de voter la loi. Elle est chargée également, comme le Sénat, de contrôler l'action du gouvernement et d'évaluer les politiques publiques. L'Assemblée peut également forcer la démission du gouvernement par le vote d'une motion de censure. En cas de désaccord avec le Sénat, l'Assemblée nationale a le dernier mot.

Bénéfice — 37, 41
Ce qu'il reste des recettes (le chiffre d'affaires) une fois soustrait l'ensemble des dépenses. Ou ce qu'il reste de la valeur ajoutée d'une entreprise une fois qu'elle a effectué les versements aux autres agents (salaires, impôts, intérêts, etc.).

Capabilité — 122, 123
Ce terme mesure les possibilités réelles des personnes de faire des choix, d'être ce qu'elles souhaitent être. Les personnes transforment les biens et services dont elles disposent en capabilités grâce à la famille, l'école, le système de santé, le système politique, les normes, les traditions, mais aussi les caractéristiques personnelles mentales ou physiques, ou encore l'environnement.
Ce concept est important pour analyser le développement des pays : le développement est perçu comme une augmentation des possibilités de choisir sa vie, en particulier grâce à l'école, l'accès à la santé et le recul du poids des traditions.

Capital culturel — 87
Ensemble des ressources culturelles (maîtrise de la langue, biens culturels, connaissances des arts, etc.) détenues par un individu, qu'il peut mobiliser et transmettre. On doit cette notion à Pierre Bourdieu.
→ *Voir schéma ci-après.*

Le capital culturel peut prendre 3 formes

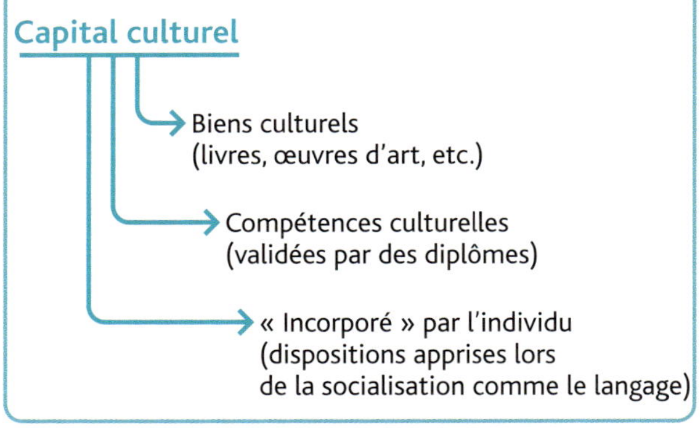

Capital humain — 122, 123, 127
Ensemble des capacités à produire d'un individu. Elles dépendent de son état de santé et de ses connaissances. Un individu doté de connaissances appropriées et en bonne santé est plus efficace. Ce capital accumulé dans l'individu est le produit d'un investissement. Cet investissement résulte d'une décision individuelle (acquérir plus de connaissances permet d'avoir un emploi mieux rémunéré, ce qui peut justifier le temps passé à l'école et le coût des études). L'investissement en capital humain est aussi le résultat d'une décision de l'État qui organise le système scolaire et le système de santé afin d'augmenter le niveau du capital humain de la population, ce qui permet d'augmenter la productivité, favoriser la croissance et le bien-être.

Causalité — 14, 15
Mise en évidence d'un lien de cause à effet pour expliquer une corrélation entre deux variables. On explique comment la variation d'une variable explique celle de l'autre variable (ex. : l'effet d'une hausse des prix sur la baisse de la demande).

Changement social — 20
Ensemble des transformations qui affectent durablement le fonctionnement d'une société (ex. : l'urbanisation, la tertiarisation, l'émancipation des femmes, les transformations de la famille, etc.).

Chiffre d'affaires (CA) — 40, 41
Recettes tirées de la vente d'une production.

Chômage — 124, 125, 128
Au sens du Bureau international du travail, le chômage rassemble les personnes en âge de travailler qui répondent à trois conditions :
– être sans emploi (ne pas avoir travaillé, même pas une heure durant la semaine où la mesure est faite) ;
– être disponible pour prendre un emploi dans les 15 jours ;
– avoir cherché activement un emploi durant le mois précédent ou en avoir trouvé un qui commence dans moins de trois mois.

À cette définition, on peut ajouter :
– **le halo du chômage** concerne des personnes qui ne sont pas disponibles rapidement (elles peuvent être en stage, avoir des problèmes de santé ou autres) ou des personnes qui n'ont pas recherché activement un emploi (par exemple, des chômeurs découragés : ils cherchent un emploi depuis longtemps mais leurs recherches sont restées infructueuses) ;

– **le sous-emploi** concerne des personnes qui travaillent à temps partiel, ou qui effectuent un travail saisonnier mais souhaitent travailler à temps plein. Ces personnes sont au chômage à temps partiel.

Circuit économique 16

Représentation du fonctionnement de l'économie sous forme de schéma. Il permet de décrire les différentes relations entre les agents économiques (flux réels comme la vente de biens et services, et flux monétaires comme la rémunération du travail ou les prélèvements obligatoires).

→ *Voir schéma ci-dessous.*

Consommation 18

Dépenses d'acquisitions de biens et de services destinés à satisfaire les besoins des ménages. La consommation entraîne la destruction immédiate ou progressive de la ressource consommée. On parle ici de consommation finale, à distinguer des consommations intermédiaires, qui servent à la production de biens et services.

Consommations intermédiaires (CI) 38, 40, 41, 42

Achat d'un bien ou d'un service qui sera transformé ou détruit lors d'un processus productif (ex. : matières premières, énergie, etc.).

Constitution 97, 100, 101, 102, 103

Loi fondamentale qui précise l'organisation et le fonctionnement d'un État ou d'un ensemble d'États. La constitution de la Ve République française date du 4 octobre 1958.

Corrélation 14, 15

Relation statistique entre au moins deux variables étudiées.
Elle peut être positive (si les deux variables évoluent dans le même sens à la hausse ou à la baisse) ou négative (si les deux variables évoluent en sens inverse, l'une augmente alors que l'autre baisse). Par exemple, sur un marché, il y a une corrélation négative entre les variations du prix et celles de la demande.

Circuit économique

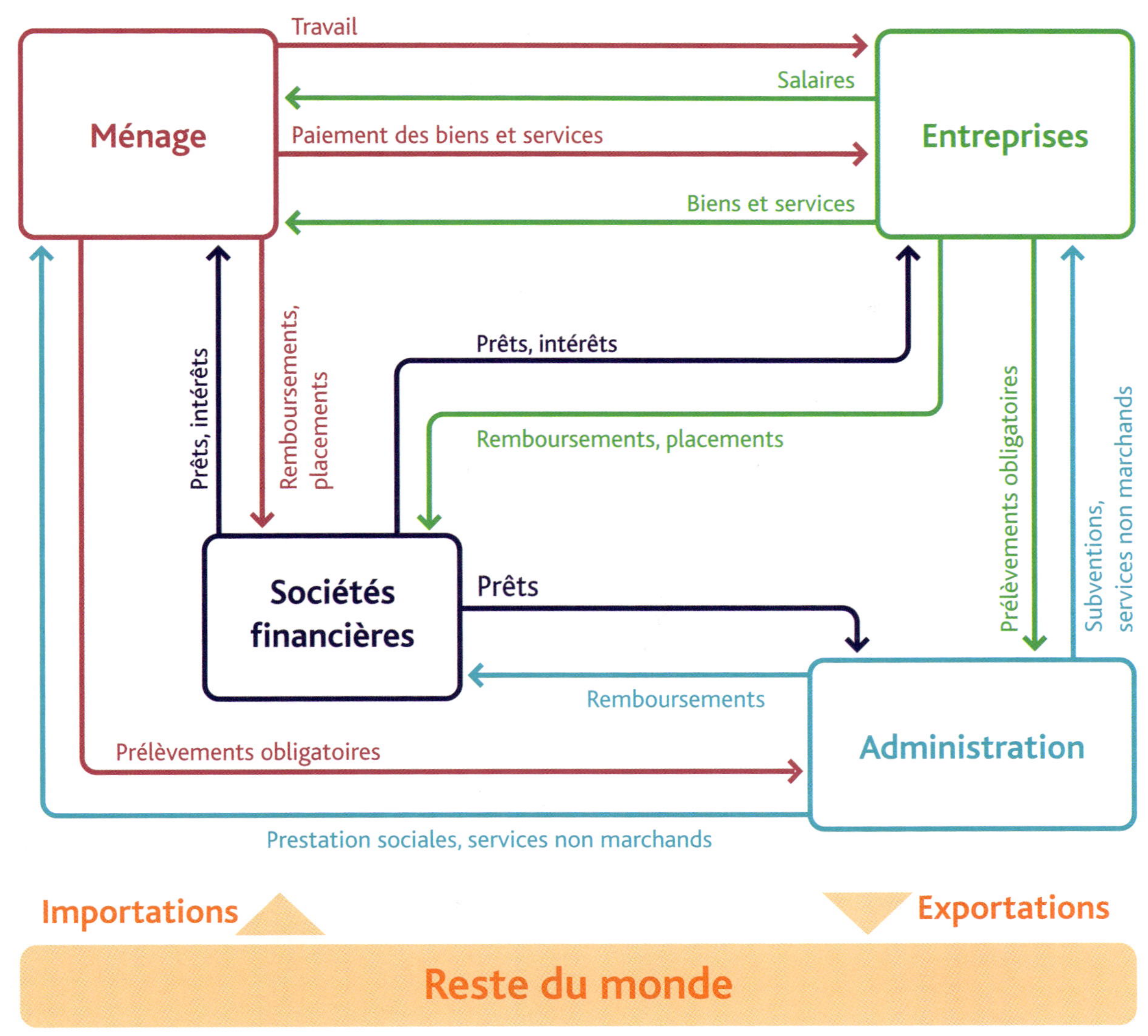

Croissance économique 33, 39, 42, 43, 44, 45, 123
Accroissement, sur une courte ou une longue période, des quantités de biens et services produits dans un pays, mesurées année après année, en général. Elle se mesure par la variation du PIB d'un pays en volume (et non en valeur).

Culture (au sens sociologique) 78
Ensemble des valeurs, des normes et des pratiques acquises et partagées par les membres d'un groupe ou d'une société.

D

Demande 58, 59, 62, 63
Ensemble des quantités d'un bien ou d'un service que les acheteurs sont prêts à acheter pour chaque niveau de prix possible.

Demande (loi de la) 58, 59
Relation décroissante entre les quantités demandées et le prix proposé : plus le prix est faible, plus la quantité demandée sera grande. Associé à la loi de l'offre, ce mécanisme indique que, si le prix est trop élevé pour garantir l'équilibre, le prix du marché aura tendance à baisser. Inversement, si le prix est trop bas pour garantir l'équilibre, le prix aura tendance à augmenter.

Loi de la demande

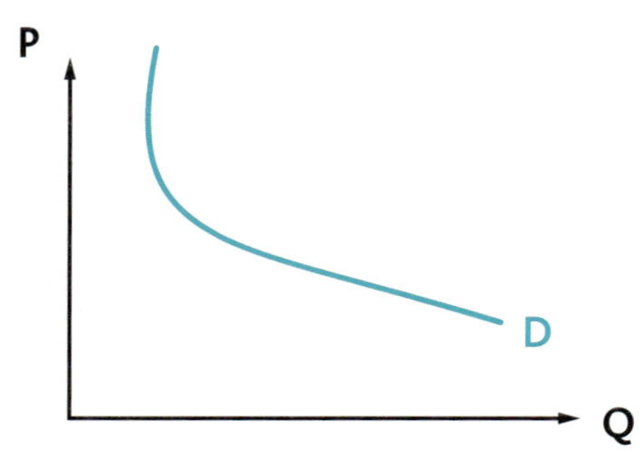

Démocratie représentative 100, 109
Système politique dans lequel la volonté des citoyens est exprimée par des représentants élus par ces derniers. Les citoyens délèguent donc leur souveraineté le temps du mandat des représentants qu'ils ont élus.

Déséquilibre 62, 63
Situation où, au prix du marché, la quantité offerte et la quantité demandée sont différentes.

Discrimination 128, 129
Traitement inégal et défavorable subis par des individus en raison de leur âge, genre, orientation sexuelle, origine sociale ou ethnique, de leur religion, mais aussi de leurs caractéristiques physiques ou mentales.
Les préjudices subis concernent l'accès aux études, l'accès à l'emploi, au logement, les obstacles aux promotions, l'accès à certains lieux publics. Afin de lutter contre les discriminations, on peut saisir le Défenseur des droits : www.defenseurdesdroits.fr.

Disposition à payer 58, 59
Montant maximal qu'un acheteur est prêt à payer pour obtenir une unité d'un bien (ou d'un service).

Disposition à recevoir 60, 61
Montant minimal qu'un vendeur est prêt à accepter pour proposer une unité d'un bien (ou d'un service).

Dissolution 100, 103
Droit qui renvoie à la capacité du chef de l'État à mettre fin prématurément au mandat de l'une des chambres du Parlement, ce qui entraîne alors de nouvelles élections. En France, sous la Ve République, seul le président de la République est en mesure de dissoudre l'Assemblée nationale. Ce droit de dissolution est dans les faits très peu utilisé.

É

École 80, 81, 122, 123
Instance de socialisation contribuant au même titre que la famille à la socialisation primaire des individus.

Économie sociale et solidaire (ESS) 37
Acteurs productifs privés qui font primer les valeurs de solidarité et d'utilité sociale. Leurs activités étant à but non lucratif, ils ne peuvent pas partager leurs bénéfices éventuels entre leurs membres (cas des associations) ou les utiliser pour verser beaucoup de dividendes aux apporteurs de capitaux (cas des coopératives). De plus, la recherche du profit ne doit pas primer sur d'autres objectifs.

Égalité des chances 130, 131, 132
Situation où les individus ont tous les mêmes chances d'accéder aux professions et aux positions sociales de leurs choix. Cela suppose que les conditions de départ sont identiques (ce qui implique de supprimer l'héritage comme les privilèges ou les handicaps). Dans cette situation idéale, les positions sociales occupées résultent du mérite, du talent et des efforts fournis par l'individu.

Emploi 124, 125
Travail rémunéré pour produire des biens ou des services. Il est encadré par des règles juridiques concernant les conditions de travail et de rémunération.

Entreprises 36
Acteurs productifs produisant des biens et/ou des services marchands. Celles du secteur marchand cherchent à dégager du bénéfice.

Équilibre (prix et quantité d') 62, 63, 64, 65

Situation où, pour un prix donné, les quantités offertes sont égales aux quantités demandées.

Équilibre (prix et quantité d')

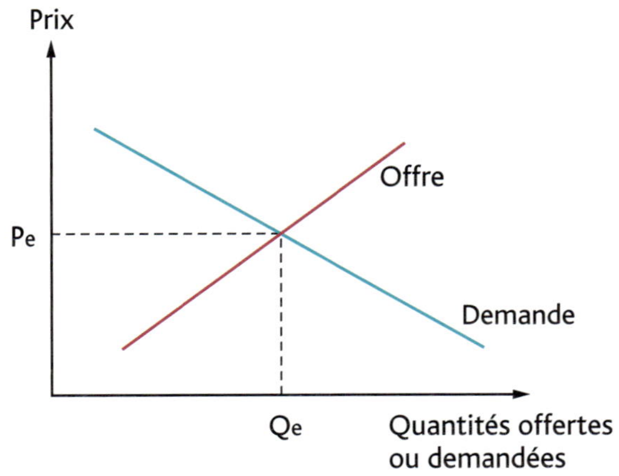

État 22, 23, 100, 101

En droit international, territoire délimité par des frontières à l'intérieur desquelles s'appliquent des lois qui lui sont propres.
En économie, agent économique qui mène les politiques économiques et sociales. Au sens strict, il représente le Gouvernement et les ministères (éducation, police, etc.) ; au sens large, on ajoute les collectivités territoriales et les organismes de protection sociale.

Excédent 62, 63

Situation de déséquilibre observée sur un marché lorsque, au prix proposé, la quantité offerte est supérieure à la quantité demandée.

Excédent

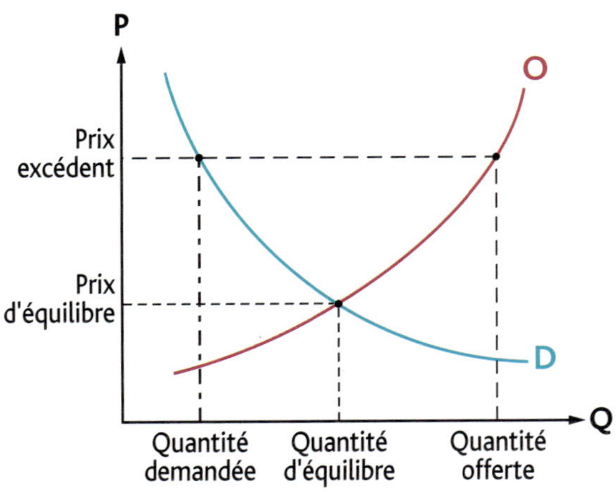

Facteurs de production 38, 39

Ressources utilisables dans plusieurs processus productifs (travail et capital).

Famille 80, 81

Ensemble de personnes ayant des liens de parenté ou d'alliance. C'est une instance de socialisation reposant sur des liens forts et affectifs.

Groupe de pairs 82, 83

Ensemble de personnes présentant des éléments communs avec un individu (âge, milieu social, centres d'intérêt, etc.) et susceptibles d'influencer celui-ci. Les relations à l'intérieur des groupes de pairs sont essentiellement électives (alors qu'elles sont essentiellement affectives dans la famille).

Gouvernement 100, 101, 102, 103

Institution politique incarnant le pouvoir exécutif, qui s'occupe de la conduite des affaires de l'État. En France, le Gouvernement est composé du Premier ministre (chef de Gouvernement) et des ministres. Le Premier ministre est nommé par le chef de l'État, qui nomme également les ministres, sur proposition du Premier ministre. Le Gouvernement est responsable politiquement devant le Parlement : l'Assemblée nationale peut voter une motion de censure lui permettant de le renverser.

Groupe de pression *(lobby)* 109

Ensemble de personnes qui cherchent à influencer les décideurs politiques en charge de l'élaboration ou du vote des lois et règlements. On distingue les *lobbies* professionnels, qui défendent des intérêts économiques (groupes industriels et financiers, par exemple), des *lobbies* citoyens, qui mettent davantage en avant des préoccupations sociales (associations ou organisations non gouvernementales).

Holisme 21

Démarche utilisée en sociologie, qui consiste à considérer que c'est la société qui détermine les comportements individuels. Dans cette approche, l'individu n'est pas acteur mais agent. Son comportement ne dépend pas de sa volonté mais de la société dans laquelle il vit. Le holisme s'oppose à l'individualisme méthodologique.

Individualisme méthodologique 21

Démarche utilisée en sociologie qui consiste à considérer l'individu comme le fondement de la société. Ce sont les individus, par leurs actions, qui construisent en permanence la société. Ils sont donc des acteurs autonomes. L'individualisme méthodologique s'oppose au holisme.

Inégalités de revenus 44, 45

Différences de revenus entre individus ou entre groupes sociaux qui induisent des avantages pour les uns et des désavantages pour les autres.

Innovation 38, 39
Application d'une découverte ou d'une invention par une entreprise pour produire des biens ou des services. Il peut s'agir d'un nouveau procédé pour produire un bien (l'électricité produite par l'énergie solaire) ou d'un nouveau produit (smartphone).

Instances de socialisation 80, 81, 82, 83
« Lieux » plus ou moins institutionnalisés qui contribuent au processus de socialisation par la transmission de normes et de valeurs (famille, école, etc.).

Institution politique 100
Structure sociale (ou système de relations sociales) dotée d'une certaine stabilité dans le temps. Le président de la République, le Parlement, le Premier ministre sont des exemples d'institutions politiques françaises.

Limites écologiques 44, 45
Effets environnementaux négatifs engendrés par la croissance économique et qui, en retour, compromettent sa poursuite.

Loi de la demande 58, 59
→ *Voir Demande.*

Loi de l'offre 60, 61
→ *Voir Offre.*

Marché 19, 54
Lieu (réel ou fictif) où se rencontrent l'offre et la demande d'un bien ou d'un service particulier, rencontre qui débouche sur des échanges qui se font à un prix, qualifié de prix du marché.

Médias 82, 83, 108, 109
Moyens de diffusion de messages sonores ou audiovisuels, constituant à la fois un moyen d'expression et un intermédiaire transmettant un message à l'intention d'un groupe. Dans les démocraties, ils jouent un rôle essentiel d'information des citoyens, à tel point qu'ils peuvent parfois être considérés comme un « quatrième pouvoir » à côté des pouvoirs exécutif, législatif et judiciaire. La liberté des médias et leur diversité est une des conditions d'un bon fonctionnement de la démocratie.

Milieu social 86, 87
Ensemble des groupes avec lesquels un individu est en interaction.

Mobilisation électorale 106, 107
Dans une démocratie, ensemble des actions mises en œuvre par les partis politiques pour diffuser une offre politique et persuader les électeurs d'y apporter leur vote. Cette mobilisation peut prendre des formes variées (meetings, porte-à-porte, diffusion de tracts, etc.).

Modélisation 16, 17
Construction de représentations simplifiées de la réalité parfois présentées sous forme de schémas (ex. : le circuit économique). Pour construire un modèle, il faut bien définir l'objet d'étude, trouver des indicateurs pour le mesurer et enfin établir des relations de causalité entre les variables étudiées.

Motion de censure 103
Vote qui permet à l'Assemblée nationale de remettre en cause la politique gouvernementale (ou d'exprimer sa désapprobation envers elle) et ainsi de renverser le Gouvernement. Une telle motion n'est recevable que si elle est signée par un dixième au moins des membres de l'Assemblée nationale. Elle ne peut être adoptée qu'à la majorité absolue des députés de l'Assemblée.

Normes 78, 79
Règles de conduite de la vie en société (écrites ou non) auxquelles les individus sont censés se conformer et auxquelles sont associées des sanctions (positives ou négatives). Lorsque les normes sont écrites (dans une loi ou un règlement, par exemple), elles sont qualifiées d'explicites. Lorsque les normes ne sont pas écrites, elles sont alors qualifiées d'implicites : elles se transmettent bien souvent par l'habitude et la tradition.

Offre 60, 61, 62, 63
Ensemble des quantités d'un bien ou d'un service que les vendeurs aimeraient vendre pour chaque niveau de prix possible.

Offre (loi de l') 60, 61
Relation croissante entre les quantités offertes et le prix proposé : plus le prix est élevé, plus la quantité offerte sera grande. Associé à la loi de la demande, ce mécanisme indique que, si le prix est trop élevé pour garantir l'équilibre, le prix du marché aura tendance à baisser. Inversement, si le prix est trop bas pour garantir l'équilibre, le prix aura tendance à augmenter.

Loi de l'offre

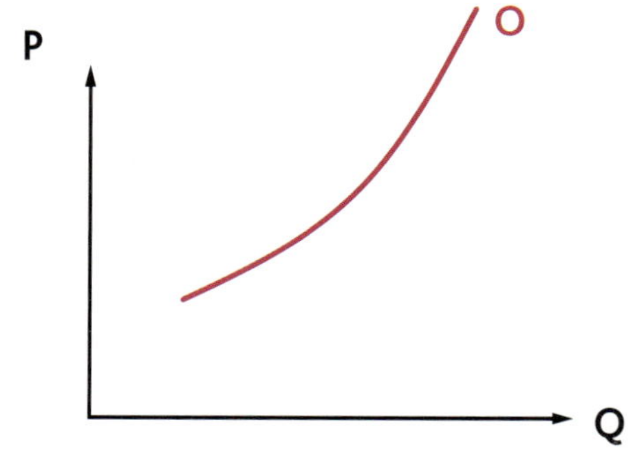

Parlement 100, 101
En France, il incarne le pouvoir législatif sous la Ve République. Il est bicaméral, ce qui signifie qu'il est composé de deux assemblées : le Sénat et l'Assemblée nationale.
Ces deux assemblées peuvent être réunies ensemble lors d'un Congrès : elles siègent alors dans la salle du Congrès du château de Versailles. Le Congrès est notamment réuni dans le cas d'une modification de la Constitution.

Parti politique 106, 107
Groupement organisé d'individus qui partagent des opinions politiques communes et qui cherchent à conquérir le pouvoir. Le parti politique présente des candidats aux élections et cherche à obtenir un soutien populaire lui permettant d'accéder aux responsabilités. Pour mobiliser les électeurs, le parti doit construire puis diffuser un programme, en s'appuyant sur un réseau de militants.

Pénurie 62, 63

Situation de déséquilibre observée sur un marché lorsqu'au prix proposé, la quantité offerte est inférieure à la quantité demandée.

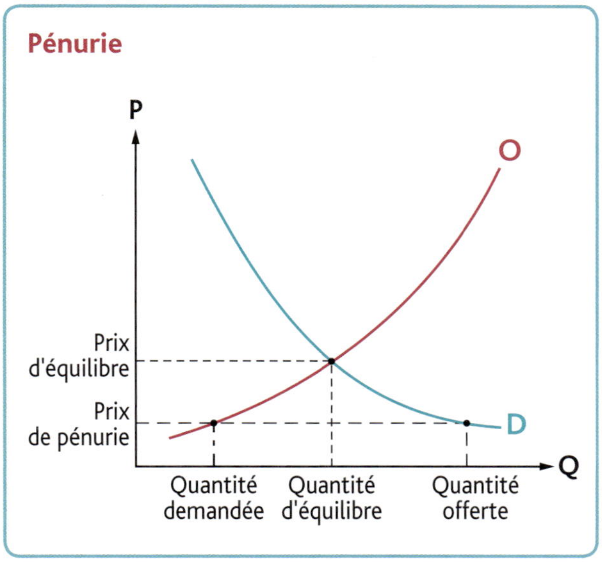

Politique (le, la, les) 22

Notion polysémique dont le sens diffère selon qu'on l'utilise au féminin, au masculin ou au pluriel.

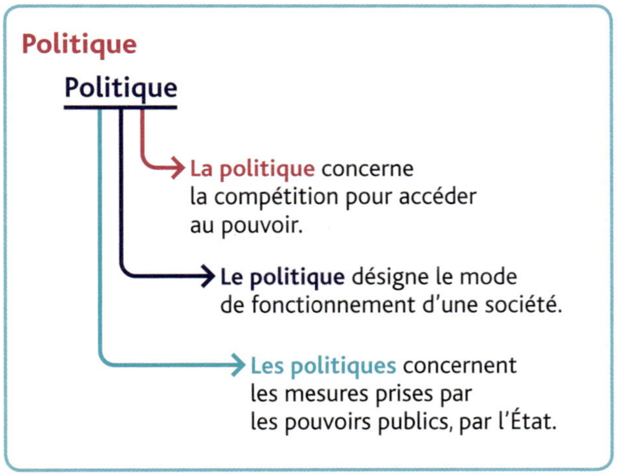

Pouvoir exécutif 100

→ *Voir schéma en bas de page.*

Pouvoir judiciaire 102

→ *Voir schéma en bas de page.*

Pouvoir législatif 101

→ *Voir schéma en bas de page.*

Pouvoir politique 22, 23, 100, 101, 108, 109

→ *Voir schéma en bas de page.*

Premier ministre 100, 101

Chef du Gouvernement français sous la Ve République. Il partage le pouvoir exécutif avec le président de la République. Nommé par le président de la République, il est en général issu du parti politique majoritaire à l'Assemblée nationale. S'il est du même bord politique que le président, alors c'est le président qui, dans la pratique, est à l'origine des politiques mises en œuvre dans le pays. Cependant, en cas de cohabitation, lorsque l'Assemblée n'est pas du même bord politique que le président, le Premier ministre incarne pleinement son rôle de chef du Gouvernement.

Président de la République 100, 101

Chef de l'État en France. Il est élu au suffrage universel direct, ce qui lui confère une forte légitimité. Il réside au palais de l'Élysée à Paris et incarne le pouvoir exécutif. D'après la constitution de la Ve République, le président de la République partage le pouvoir exécutif avec le Premier ministre. Dans la pratique, il concentre l'intégralité du pouvoir exécutif lorsque la majorité parlementaire lui est acquise. La République française s'est dotée pour la première fois d'un président sous la IIe République, entre 1848 et 1852.

Prix 55, 58, 60, 68

Montant dont s'acquitte un acheteur pour obtenir une unité d'un bien (ou d'un service) et qu'obtient un vendeur en échange d'une unité d'un bien (ou d'un service).

Prix d'équilibre 62, 63, 64, 65

→ *Voir Équilibre*

Production 18, 36, 38

Activité humaine qui consiste à fabriquer des biens et des services. Pour cela, elle nécessite l'utilisation de facteurs de productions (travail, capital) et des consommations intermédiaires (matières premières, etc.) pour réaliser de nouveaux produits.

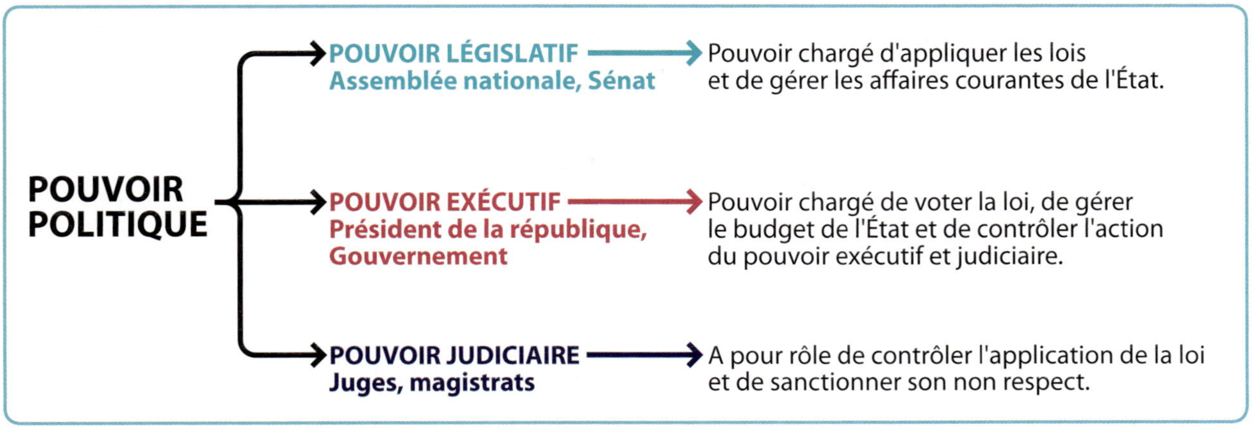

Production marchande 36, 37, 48, 49
Production destinée à être vendue sur un marché et à engendrer des bénéfices.

Production non marchande 36, 37, 48, 49
Production dont l'accès est gratuit ou quasi gratuit.

Productivité 127
Rapport entre une quantité produite (ex. : vêtements, avions, etc.) et la quantité de facteur travail et/ou capital mis en œuvre pour l'obtenir. La productivité mesure l'efficacité des facteurs de production et de leur combinaison. Les gains de productivité indiquent que l'entreprise, ou le pays est plus efficace.
On peut calculer différentes productivités :

- Productivité horaire du travail $= \dfrac{\text{quantité produite}}{\text{nombre d'heures de travail}}$
- Productivité par tête $= \dfrac{\text{quantité produite}}{\text{nombre de personnes employées}}$
- Productivité du capital $= \dfrac{\text{quantité produite}}{\text{capital fixe productif}}$
- Productivité globale des facteurs $= \dfrac{\text{quantité produite}}{\text{ensemble des facteurs de production utilisés}}$

Les gains de productivité résultent d'une augmentation de la qualification du travail, du progrès technique, d'une meilleure organisation de la production. Ils permettent de baisser les prix, d'augmenter les profits et les salaires et de diminuer le temps de travail. Si le travail est plus productif, on peut travailler moins longtemps.

Produit intérieur brut (PIB) 42, 43, 44, 45, 48
Somme des valeurs ajoutées de tous les acteurs productifs, de toutes nationalités et résidant sur le même territoire.

Progrès technique 39
Ensemble des innovations affectant les produits (innovations de produit) ou les processus productifs (innovations de procédé et innovations organisationnelles).

Qualification des emplois 124, 125
Définie par les employeurs qui indiquent les qualités personnelles, les compétences, les savoir-faire et les connaissances requises pour occuper un poste de travail.

Qualification des personnes (ou qualification individuelle) 124, 125
Ensemble des connaissances (sanctionnées ou non par des diplômes), des savoir-faire, des compétences, de l'expérience que possède un individu. La qualification individuelle peut être différente de la qualification de l'emploi occupé.

Quantité demandée 58, 59
Quantité particulière demandée pour un prix donné.

Quantité d'équilibre 62, 63, 64, 65
→ *Voir Équilibre*

Quantité offerte 60, 61
Quantité particulière proposée pour un prix donné.

Rareté 18, 19
Désigne le fait qu'une ressource soit disponible en quantité limitée. C'est le cas des biens et services produits mais aussi des ressources naturelles (sauf l'oxygène).

Salaire 126, 127, 128, 129
Rémunération versée par un employeur à un salarié. Il est, généralement fixé dans le cadre de conventions collectives (accords entre les syndicats représentants des salariés et le patronat), ou par la loi. C'est le cas du SMIC (Salaire minimum interprofessionnel de croissance). On distingue le salaire net (somme perçue par le salarié) et le salaire brut (salaire net auquel on ajoute les cotisations sociales payées par le salarié). Pour calculer le coût salarial pour l'entreprise, on ajoute au salaire brut les cotisations sociales patronales et les impôts sur les salaires.

Scrutin 104, 105, 110, 111
Le scrutin renvoie à l'ensemble des opérations qui constituent une élection, mais aussi à la méthode utilisée pour désigner les représentants élus.
Il existe deux types de scrutins, le scrutin majoritaire et le scrutin proportionnel, qui ont chacun leurs avantages et inconvénients.
→ *Voir schéma ci-dessous.*

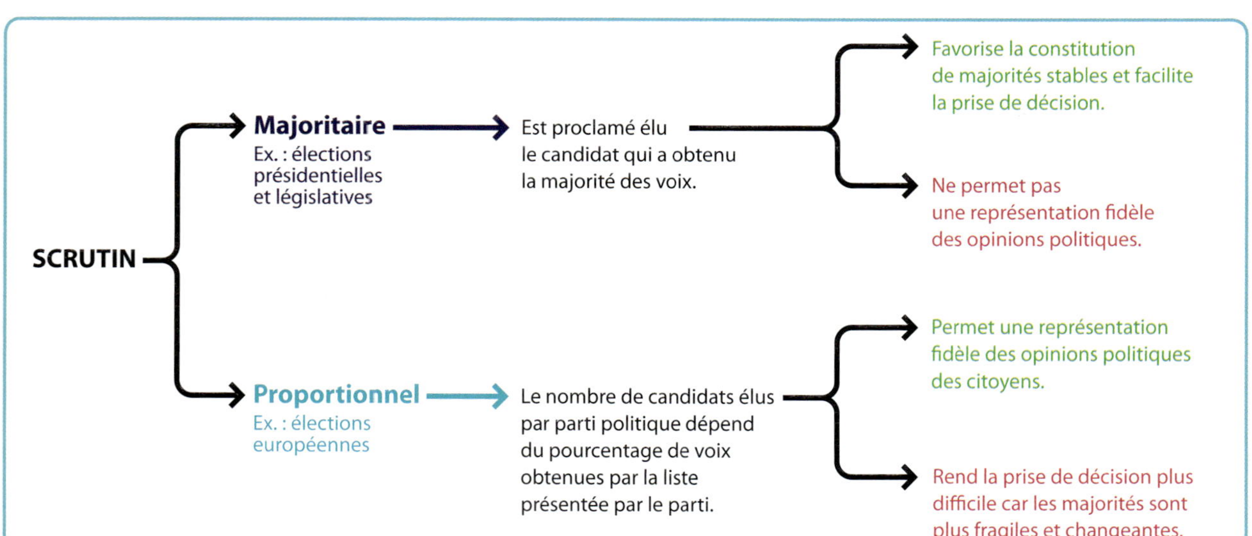

Sénat 100, 101

Chambre haute du Parlement français, il détient le pouvoir législatif avec l'Assemblée nationale. Il est chargé de contrôler l'action du Gouvernement et d'évaluer les politiques publiques. Le Sénat représente les collectivités territoriales. Il compte 348 sénateurs qui sont élus pour six ans, au suffrage universel indirect par 150 000 grands électeurs (députés, sénateurs, conseillers départementaux, conseillers régionaux, délégués des conseils municipaux). Les sièges sont renouvelés par moitié tous les trois ans.

Séparation des pouvoirs 102, 103

Principe essentiel des démocraties représentatives. À la différence des dictatures, dans lesquelles les pouvoirs exécutif, législatif et judiciaire sont concentrés entre les mains d'une personne ou d'un groupe de personnes, les démocraties cherchent à faire en sorte qu'il y ait un équilibre des pouvoirs visant à éviter l'avènement d'une tyrannie. Chaque forme de pouvoir doit être en mesure de limiter les éventuels excès d'une autre forme de pouvoir.
Selon les termes de Montesquieu, *« Pour qu'on ne puisse abuser du pouvoir, il faut que, par la disposition des choses, le pouvoir arrête le pouvoir »*. La Constitution française assure une certaine séparation des pouvoirs, mais n'empêche pas, parfois, une certaine confusion des pouvoirs. Par exemple, le Gouvernement incarne le pouvoir exécutif, mais en est en mesure d'intervenir dans le pouvoir législatif par l'intermédiaire de l'initiative législative, ce qui lui permet de proposer des textes de lois au Parlement.

Socialisation 78, 79, 80, 81, 82, 83, 88, 89

Processus par lequel un individu acquiert les normes et les valeurs du groupe auquel il appartient ou souhaite appartenir.
→ *Voir schéma ci-dessus.*

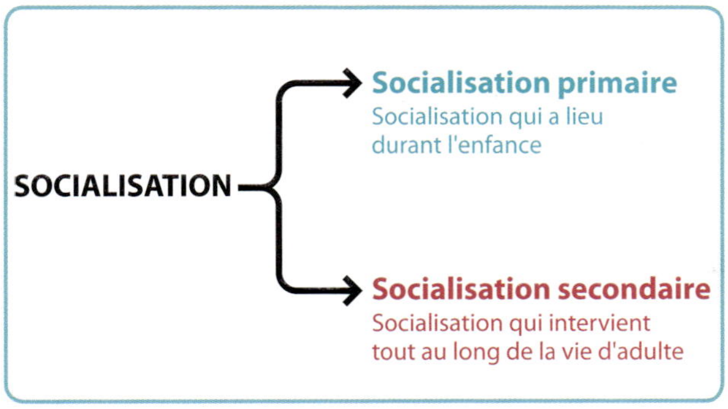

Socialisation différenciée 84, 85, 86, 87

Action des agents de socialisation primaire qui peut être différente selon le statut (sexe, âge, groupe social d'appartenance) de la personne.

Société 20

Ce qu'étudient les sociologues pour comprendre comment une somme d'individus forme ce tout appelé « société ». Elle est composée de l'ensemble des groupes sociaux auxquels on appartient, et les individus qui y participent partagent entre eux une culture commune.

Société civile organisée 108, 109

Ensemble des groupes d'intérêt qui cherchent à influencer les pouvoirs publics sans viser pour autant la conquête du pouvoir. Elle est composée des associations, des syndicats, des organisations patronales, des lobbies ou groupes de pression. Les acteurs de la société civile organisée peuvent coopérer avec les pouvoirs publics ou contester leurs actions.

Subvention 64, 65

Somme versée au consommateur par l'État sur chaque unité ou service acheté.

Syndicat 109

Au sens large, groupe d'individus qui se réunissent pour la défense ou la gestion d'intérêts communs. Il existe une grande diversité de syndicats (salariés, patronaux, étudiant, lycéen, etc.). En France, les principaux syndicats de salariés sont la CFDT (Confédération française démocratique du travail), la CGT (Confédération générale du travail), FO (Force ouvrière), la CFTC (Confédération française des travailleurs chrétiens) et la CFE-CGC (Confédération française de l'encadrement – Confédération générale des cadres).

T

Taxe 64, 65, 66, 67

Prélèvement opéré par l'État sur chaque unité de bien ou de service vendue sur un marché.

Technologie 39

Ensemble des techniques, des outils et des procédés disponibles à un moment donné.

Teneur de marché 59

Agent dont la tâche consiste à proposer des prix à l'achat aux acheteurs potentiels afin de permettre au marché de fonctionner au mieux.

V

Valeurs 78, 79

Idéaux auxquels les membres d'une société adhèrent et qui se manifestent concrètement dans leurs manières de penser, de sentir, d'agir. On dit parfois que c'est une norme intériorisée (ne pas voler, non par peur du gendarme, mais par respect de l'autre).

Valeur ajoutée 40, 41

Mesure de la création de richesses réalisée par un acteur productif. Elle s'obtient en soustrayant la valeur de ses consommations intermédiaires à celle de sa production.

Corrigés des exercices S'AUTOÉVALUER

Chapitre 1 p. 29
Exercice 1 : a4 ● b3 ● c1 ● d2
Exercice 2 : 1 : F ● 2 : V ● 3 : V ● 4 : V ● 5 : F ● 6 : F ● 7 : V ● 8 : F ● 9 : V ● 10 : V
Exercice 3 : a2 ● b5 ● c1 ● d6 ● e4 ● f3

Chapitre 2 p. 51
Exercice 1 : 1 : V ● 2 : F ● 3 : F ● 4 : V
Exercice 2 :
A : oui/non/oui B : oui/non/non
C : non/oui/non D : non/oui/non
Exercice 3 : a5 ● b2 ● c8 ● d10 ● e1 ● f6 ● g3 ● h4 ● i9 ● j7
Exercice 4 : a4 ● b5 ● c2 ● d6 ● e3 ● f1

Chapitre 3 p. 71
Exercice 1 : 1e ● 2a ● 3d ● 4b ● 5c
Exercice 2 : a. une pénurie ● b. monter ● c. un excédent ● d. baisser
Exercice 3 : a4 ● b5 ● c3 ● d1 ● e2

Chapitre 4 p. 93
Exercice 1 : A : 3 ● B : 1 ● A et B : 2, 4, 5, 6
Exercice 2 : A : 5, 6 ● B :1, 3 ● C : 4 ● D : 2
Exercice 3 : A : 1, 4 ● B : 2, 3

Chapitre 5 p. 115
Exercice 1 : 1a ● 2b ● 3c ● 4a ● 5b ● 6b
Exercice 2 : a : F ● b : F ● c : V ● d : V ● e : F
Exercice 3 : a1 ● b7 ● c2 ● d9 ● e5 ● f8 ● g4 ● h6 ● i11 ● j10 ● k3
Exercice 4 : a. groupe de pression/coopération ● b. syndicat/contestation ● c. association/coopération ● d. association/contestation ● e. syndicat/coopération

Chapitre 6 p. 137
Exercice 1 : 1A ● 2C ● 3B
Exercice 2 : 1b ● 2d ● 3c ● 4a
Exercice 3 : 2, 3, 4
Exercice 4 : 1c ● 2e ● 3a ● 4d ● 5b
Exercice 5 : 1 : V ● 2 : V ● 3 : V ● 4 : F ● 5 : V

Table des illustrations

10-hg	ph©	Photo12 / Alamy
10-hd	ph©	Getty Images
10-b	©	Ministère de la Transition écologique et solidaire
11-b	ph©	Hans Lucas / AFP
12-h	ph©	Getty Images
12-b	ph©	Xinhua News Agency / AFP
14	ph©	SPL / Cosmos
18	ph©	Aleksander Rubtsov / blendimages / Plainpicture
20	ph©	Print Collector / Agefotostock
21	ph©	Lubomirski Alexi / PA Photos / ABACA
22	©	Sébastien Thibault
25	ph©	Photo12 / Alamy
26-h	ph©	Corbis / Getty Images
26-m	ph©	Jean-Marie-Marcel/La Documentation française
26-b	ph©	Bridgeman
32-a	©	La Région Auvergne-Rhône-Alpes
32-b	©	MSF
32-c	©	Renault
32-d	©	Auchan
32-e	©	Ministère des Armées
32-f	©	www.handisport.org
33-h	ph©	Sofie Delauw / Agefotostock
33-b	ph©	FRED DUFOUR / AFP
34-h	ph©	Luc Nobout / IP3
34-b	ph©	Joerg Sarbach / ZUMA Press / RÉA
36	ph©	Getty Images
38	ph©	Baptiste Glorion
40	ph©	Antonova Ganna / Shutterstock
41	©	URBAN360
45	ph©	C.Guy / Hemis.fr
53	ph©	Prod DB © Archipel 33 / DR
54-g		Tate, London 2019. © Andreas Gursky / Courtesy Sprüth Magers / ADAGP, Paris 2019
54-d	ph©	Lonely Planet / Getty Images
56		Bill Watterson, Calvin et Hobbes, volume 19, Éditions Hors Collection, 2000 © Universal Uclick
58-g	ph©	GTW / imageBROKER / Agefotostock
58-d	ph©	Alfred Abad / Agefotostock
63	ph©	Nicolas Tavernier / RÉA
73	©	Citéco-Cité de l'Économie
74	©	Crédit Agricole
75-g	©	Éditions Les Arènes
75-d	©	Librairie Arthème Fayard 2018
76-h	ph©	Martin Parr / Magnum Photos
76-b	©	www.1jour1actu. C'est quoi un propos sexiste à l'école. Illustration d'Azam ¼ -02/10/2012
78	ph©	Oksana Kuzmina - stock.adobe.com
79	ph©	robertharding / Photononstop
80-h	ph©	J.P. Clatot / AFP
80-b	©	Collection Graf Déco
81	ph©	Bridgeman / Rue des Archives
82-h	ph©	MLB Photos / Getty Images
82-b	©	Anna Sandul
84-g	©	Association « Le jeu pour tous »
84-d	©	Association « Le jeu pour tous »
85	ph©	A. Poupeney / Divergences
86-h	ph©	Prod DB © David Koskas - HBB26 – Pathé© / DR
86-b	ph©	Prod DB © Pathé© Renn Productions / DR
87	ph©	J.Grill / BSIP
88	ph©	Jean Vigne / Simca
89	©	Thinkstock - Ministère de la Jeunesse et des Sports
98-h	ph©	L. Marin / AFP
98-b	ph©	BSIP / UIG / Getty Images
102	ph©	De Agostini / AKG
106-hg	ph©	P. Kovarik / AFP
106-hd	ph©	J. Thys / AFP
106-b	©	Primaires citoyennes
110	ph©	North Wind Picture / Leemage
111	ph©	De Agostini / AKG
117	©	Vie Publique
118	ph ©	Sebastião Salgado
119	ph©	F. Carta / Getty Images
120-h	ph©	M. Bureau / AFP
120-b	ph©	F. CRUSIAUX / RÉA
122	ph©	A. Anthony / hemis.fr
124		Hugo Sarcinella-Servanin
128	ph©	Arno Laam - Les Glorieuses-Collection Prod DB / DR
133-mg	©	Éditions la Découverte
133-md	©	Couverture des *Cahiers français* : L'école en crise ? Numéro 368, 2012. © Manuel Gracia
133-b	©	Observatoire des Inégalités
139	ph©	Prod DB © Recifilms / DR

Rabats :

Étudiant	ph©	PhotoAlto / Only France
Étudiante	ph©	PhotoAlto / Only France
Affiche du ministère de la Jeunesse et des Sports - CoupDeSiffletSexiste	©	Ministère de la Jeunesse et des Sports.
Supporters Fifa 2018	ph©	Badias / Andia.fr
Magasin de sport	ph©	Digital Vision / Getty Images
Table	ph©	DR

D.R. : Malgré nos efforts, il nous a été impossible de joindre certains photographes ou leurs ayants droit, ainsi que les éditeurs ou leurs ayants droit pour certains documents, afin de solliciter l'autorisation de reproduction, mais nous avons réservé en notre comptabilité des droits usuels.

Édition : Hannah-Belle Abdullah et Blandine Renard
Assistante d'édition : Typhaine Gilles
Mise en pages : Emmanuelle Sainte Fare Garnot
Maquette : Hung Ho Thanh
Infographie : Jean-Luc Guérin
Iconographie : Brigitte Hammond

Achevé d'imprimer en Espagne par Grafo à Basauri - Dépôt légal : 04606-1/04 - Juillet 2020